东南法学

（2015年辑秋季卷·总第8辑）

东南大学法学院
刘艳红　主编

东南大学出版社
南京

图书在版编目(CIP)数据

东南法学. 2015 年辑. 秋季卷/ 刘艳红主编. —南京：东南大学出版社，2016. 4

ISBN 978 - 7 - 5641 - 6433 - 1

Ⅰ. ①东… Ⅱ. ①刘… Ⅲ. ①法学—文集 Ⅳ. ①D90 - 53

中国版本图书馆 CIP 数据核字(2016)第 061857 号

东南法学(2015 年辑秋季卷 · 总第 8 辑)

出版发行	东南大学出版社
地　　址	南京市四牌楼 2 号　邮编:210096
出 版 人	江建中
网　　址	http://www.seupress.com
经　　销	全国各地新华书店
印　　刷	江苏凤凰数码印务有限公司
开　　本	787 mm×1092 mm　1/16
印　　张	13
字　　数	313 千字
版　　次	2016 年 4 月第 1 版
印　　次	2016 年 4 月第 1 次印刷
书　　号	ISBN 978 - 7 - 5641 - 6433 - 1
定　　价	36.00 元

本社图书若有印装质量问题，请直接与营销部联系。电话(传真):025 - 83791830。

CONTENTS 目　录

东南法学
SOUTHEAST LAW REVIEW

名家讲坛

德国刑法的问题与思考(座谈录)
([德]乌尔斯·金德霍伊泽尔教授等) 1

特色学科专论(工程法、交通法、医事法)

"友好专家证人"的民事责任
——基于 Pace v. Swerdlow 案之分析(陈玉玲) 13

理论前沿

ICSID 裁决在中国承认与执行的问题与解决之策
(张晓君　魏彬彬) 22

公众认同视野下的行刑宗教化(马荣春　胡海波) 29

法治评估正当性的拷问(王朝霞) 39

专利非正常行为的征税权问题
——技术信息输入国情境下的认识(宋青霞) 52

域外法制

美国法官续任选举制度及其启示
（谢小剑　丁丹丹）　65

立法进程与文本解读
——美国1906年《联邦食品与药品法》释析（吴　强）　76

先验的废话与功能的进路
（[美]费利克斯·S.科恩著　韩振文译）　94

趋同是否正在发生？
——欧盟公司治理趋同化研究（洪祥星）　121

青年论坛

强制企业兼并重组：一种行政征收
——重读“山西煤矿兼并重组事件”（孙展望　孙　祥）　133

公司法人人格否认制度的司法适用（卢　迎）　141

论我国宪法宣誓制度之构建（高谭媚　贾燕飞）　159

实务论坛

走出中心之惑：理性对待以审判为中心（蔡福华　严义挺）　174

涉自贸区争议解决机制的创新与合同纠纷审理的司法对策
（石　萍）　186

健全行政执法检察监督：从问题到对策
（“行政执法检察监督制度研究”课题组）　193

名家讲坛

德国刑法的问题与思考(座谈录)①

[德]乌尔斯·金德霍伊泽尔教授* 等

时　　间:2015 年 9 月 10 日下午 15:30～17:30
地　　点:东南大学九龙湖校区法学院会议室
翻　　译:陈　　璇　中国人民大学法学院副教授
主　　持:欧阳本祺　东南大学法学院副院长、教授、博士生导师
到场老师:周 少 华　东南大学法学院教授、博士生导师
　　　　　李　　川　东南大学法学院副教授、硕士生导师
　　　　　刘 建 利　东南大学法学院副教授
　　　　　梁 云 宝　东南大学法学院讲师
　　　　　杨 志 琼　东南大学法学院讲师
参会人员:杜宣、葛恒浩、李琳、冀洋、徐彰、李森、杜方正、倪震、夏伟、凌霞
文稿整理:凌霞

一、德国的刑事审判中是否存在法官造法的问题?成文法体系的僵化性和社会发展的无限性之间的矛盾,导致法官需要对法律不断地解释,这种解释是否和罪刑法定的明确性原则冲突,或者说刑法明确性原则实现的界限在哪里?

首先,德国刑法学界对于刑法条文的解释有很多的标准,也有很多的方法,其中比较古老的一种就是历史解释或者称为主观的解释。通过这种解释方法,我们要考察的是立法者在订立法条时究竟想达到什么样的目标。历史解释的方法可能在多数情况下能够被接受,但是,在有的情况下也会产生问题,尤其是当这个法条制定出来,已经经历了很长时间之后。比如说就德国刑法典来讲,有不少的条文实际上在 1870 年两德统一之后制定的第一部刑法典当中就已经存在了。也就是说,到今天为止它已经经历了两百多年的历史,那么这样一来就很难遵守历史解释的方法,再去探讨当时的立法者他究竟通过

* 乌尔斯·金德霍伊泽尔(Prof. Urs Kindhäuser),德国当代著名刑法学家、波恩大学法学院教授。

① 本文根据金德霍伊泽尔教授和东南大学法学院刑法学师生座谈录音整理。整理工作由东南大学法学院 2015 级刑法博士生凌霞同学负责完成。

这个法条想达到什么样的目的。接下来的一个问题是,当我们采纳了对于这些犯罪的构成要件,采纳了合目的性的这种解释方法后,这种解释和罪刑法定原则之间究竟是一种什么样的关系,会不会违反罪刑法定原则?德国联邦宪法法院作出的判决认为,这个犯罪构成要件的自然语义是我们对它解释的最外层的边界,或者说是最宽的边界也就只能在这个地方了。也就是说,所有的解释的方法,不论它是历史解释也好,还是目的解释也好,它都必须在这个法条自然语意的范围之内来进行,我们分析它的语法,它的自然语意究竟多宽,那就不能背离这个基本的框架。

为此我想举两个例子。首先,19世纪到20世纪,德国和法国一样都经历了一个电气化的进程。在这个进程中出现了一个问题,行为人将他人的电偷到了自己家去用,但是并没有为此而支付费用。这究竟是不是一种盗窃呢?按照德国帝国法院的见解,盗窃罪法条说的盗窃罪的对象只能是财物,只能是物。物就必须是一个有体性的物体,但是我们发现电并没有这样一种特性在,所以尽管这种偷电的行为会损害他人的财产,但是根据罪刑法定的原则,这是不允许的。但是与此相反的是,法国的法院却认为不管它是一般的财物也好,还是电也好,都是一样的。也就是说,既然已经让他人遭受了损害,那么都应当作为盗窃罪来处理。这样一来,我们可以看到,法国法院可能更多的去强化使用目的理性的解释方法,而且它对目的理性的这种应用已经违反了罪刑法定的原则,但是德国帝国法院可能在罪刑法定原则的坚守上做得较为彻底。在帝国法院作出这个判决之后,接下来德国人要考虑的问题就是:既然如此,对于偷电的行为,我们所做的只能是是否在立法上增添一个新的条款。

第二个例子,实际上就涉及我们的日常用语,日常用语是我们讲到的罪刑法定原则所说的最外层的边界,且日常用语本身也是处在一个变化的过程当中的,比较典型的表现是德国刑法中有关滥用信用卡的犯罪。

滥用信用卡的犯罪实际上涉及了三方主体,比如客户与一个交易的对方用信用卡进行支付,在当时的买卖中他不需要支付现金,而银行就按照信用卡向交易方支付钱款,最后这家银行再去找行为人要钱。出现的问题是,等他找到行为人时,他的信用卡里并没有钱,这个时候银行就受到了损害。刚才我们所讲到的信用卡滥用的行为,涉及到银行是一个三方的主体,而现在出现了一种只有两方主体的新情况,比如说一个超市给其顾客发放可以赊账的卡,顾客可以用该卡支付价款。如果从日常用语来讲,这种卡也叫做“信用卡”。于是问题来了,如果坚持历史解释的方法,信用卡必须是三方主体才能适用。但是,现在社会对于信用卡的理解已经发生变化,它不再限于包括银行在内的三方,而是只要两方就足够了。

对于这种现状,我们当然可以认为是法条当中所说的信用卡概念本身发生了变化。在实际日常用语的角度来说,信用卡这个概念是可以包含两方主体之间的卡。有的学者就认为这样的解释是可以的,因为它遵循了我们日常用语的变化。也就是说,两方主体之间的信用卡,也可成为信用卡滥用罪当中的对象。但是,德国的法院判决包括我本人也认为这样的解释是不行的。因为它必须是三方主体才能够构成信用卡滥用罪当中的信用卡,在这个时候需要坚持的是历史解释的方法。这种方法当然是不违反罪刑法定原则的,因为它所恪守语意的界限要比日常语意界限更严格。既然是更严格,当然不违反罪刑法定原则。

二、从德国翻译的教科书中所知,德意志帝国第四法院判决的癖马案开启了期待可能性理论。然后由学者不断演绎构造的期待可能性理论又被德国的立法界所接受,融入到法条之中。现在德国的刑法界、立法界,为了把这个期待可能性理论具体化之后变成法条,对这种期待可能性的判断就更加严格,此种现象是否也是由于要遵行罪刑法定原则的要求,所以才有这样立法的趋势?

第一,期待可能性这样的理论严格来讲,它的发源或者说引起它产生的根源并不是癖马案,而是在于终止妊娠的案件或者堕胎一类的案件当中。癖马案更多的是与过失犯罪相关联的。

第二,需要注意的是期待可能性是一种对于行为人有利的事由,它是用来限缩犯罪成立条件,或者是限缩惩罚性的一种事由。既然它是一种限缩,实际上它和罪刑法定原则也就并不相违背,即与罪刑法定原则是无关的。因为罪刑法定原则仅仅是要在增加或者是扩大犯罪的成立的情况下才考虑,而期待可能性本身就是一个减轻或免除责任的事由,所以不论是否在立法上面明确地对它加以规定,它和罪刑法定原则是没有直接关联的。

三、按照金教授关于行为的理解,行为概念是包含行为可选择回避的能力,这实质是有责性内容,即行为内涵包括了违法性和有责性的内容,而行为本是属于构成要件要素,选择是违法性要素,这样行为的概念是否会导致违法有责混同,进而导致违法有责的阶层犯罪论体系崩溃?

首先,在德国的犯罪论中我们总结出一个问题点,就是根据怎样的一个顺序去判断一个行为是犯罪才能够更好地对犯罪进行一个界定。或者说,现在有犯罪成立的具体要素或很多具体的点,按照什么样的顺序去判断、去检验,才是更为合理的。就这些点来说,如果每一个点都具有了否定性的回答,这个行为肯定是不可罚的。不管是行为具有故意、过失,还是行为具有违法性、责任,只要其中任何一个点被排除掉了,它的回答就是否定性的,即此行为总归是不构成犯罪的。就这个效果来说,不论是从哪个点开始,最终得出的结论都是统一的。

为了进一步的说明,我想举一个例子。比如说,一个人被指控杀了另外一个人,我们现在可以考虑在法庭庭审的过程当中,被告人有可能提出各种的辩护理由。被告人及其辩护人有可能提出的辩护理由有:其一,“当时事件发生的时候,我是在另外一个国家”。也就是说,在这种情况下行为人和这件事情之间的关联就完全被排除掉了,所以他当然不可能被作为犯罪人来处理。其二,被告人和辩护人说,“虽然我确实杀了人,但是我在实施这个行为的时候并不知道这个构成要件的事实”。比如说,行为人把一杯饮料递给了受害人让他去喝,实际上这个里面是有毒的,然而这一点行为人并不知道。这种情况下,行为人的行为也不可罚。其三,虽然被告人承认杀了人,而且也知道他的行为导致了对方的死亡结果,但是他可以说,“我这是正当防卫”。其四,虽然被告人是杀了人,而且也知道这个杀人的事实,也没有正当化的事由,但是有可能是免责事由——为了救护自己的性命而没有期待可能性,导致行为人被免责。另外即便是行为人承认自己杀了人,而且知道这个情况,没有正当化事由,也没有免责性事由,但是追诉时效已经过了,在此种情况下这个行为也不可罚。

也就是说,对一个犯罪来说这里面有很多决定性的因素。这个时候我们就需要有一个“顺序”,这个顺序应该如何排列呢?首先就是必须将最明显的、最重要的事由放在最前面。比如,我们刚才所讲到的,为什么把这个行为人根本就不在当场作为第一个要件来看?因为它就说明这个行为人跟这个犯罪一点关系都没有,这是起决定性作用或者说基础性作用的因素,是可以直接把犯罪排除出去的。然后,再逐步地把与这个犯罪关联的、越来越紧密的其他的排除性事由按照顺序考虑进来。

又回到您刚才提到的问题,我再举一个例子。比如说,我开着一辆完全遵守交通规章的车,并且非常正确地在合法的道路上行驶,突然间有一个人窜出来,此人想自杀,而我之前根本无法预料到这种情形。在这种情况下,等到我发现这个人的时候已经没有办法将车平稳地刹住了,于是我将该人撞死(以下简称“驾车案”)。从客观上来讲,我是实施了一个行为导致了一个人的死亡,具有因果关系,但是我的行为方式并没有一个可选择性。根据上面所讲的“顺序”,我在很早先的重要环节就可以把我的可罚性排除出去。那接下来就不需要去考察我是否具有违法性或者是有责性,直接可以认为我的行为是不够成犯罪的。当然我们可以将“可选择性”当作一个责任要件,但是本案中有太过重要的、直接能够排除犯罪性的事由存在,我们就应该在前面首选将其排出,而不需要再往后面看有没有责任的问题。

四、选择回避的能力按照教授理解包括行为能力和动机能力,等同将行为的概念视同行为人,是否导致行为刑法转向行为人刑法?

我认为动机能力和行为能力,并不会将行为刑法和行为人刑法相混淆。相反,这种区分实际是更好地保证了行为刑法的原则。

首先,我们先要确定一个归责的对象,也就是说,究竟是对于什么东西,我需要进行负责。那么,就必须先出现一个事件。比如“驾车案”,你要这个行为人承担责任,要考虑他的行为能力和动机能力。第一步,你先要确定他需要为什么东西而承担罚责或者说承担责任,这个时候就必须在现实当中出现一个法益侵害的行为。恰好这就保证了行为刑法的基本原则,也就是说,必须先要有法益侵害的事实存在。

那么接下来,我们再去考虑行为人能不能避免发生这种法益侵害的事实状态呢?这个就涉及到了归责标准的问题,也就是说,行为能力和动机能力,它其实都是在确定了归责对象的前提下进行的。即在此之下,我再来考虑行为人是否需要对这样的事实进行答责的归责标准问题。所以,不会出现这两种的混合。

五、金教授不太赞同客观归责理论，而主张的是主观归责理论(故意的归责)，即故意归责的标准就是一个风险认识的标准、风险联系的标准。主观归责的、风险联系的故意标准，和客观归责里面的制造并实现法所不允许的风险或是危险，在逻辑上有什么区别或者说这两者对该危险有什么不同的认识?

首先，关于客观归责的概念本身。客观归责概念在刑法学界首次被提出是在1930年，也就是在这个时候，霍尼悉教授在他的一篇论文当中第一次提出客观归责。在我看来，霍尼悉教授他本身就是一个非常重要的刑法学者和刑法学的大家。但是很可惜的是，他本人是一个犹太人，所以在这个纳粹德国时期，他被迫离开了德国。在我看来，他离开德国的这件事情，对德国刑法学来说应该是一种灾难、一种重大的损失。

霍尼悉教授提出客观归责理论的时候，他想解决的一个问题就是：对于构成要件的实现来讲，原先的条件说或者叫做等价说是不够用的。因为所有必要的条件，它都会被纳入到刑法考察的范围之内，会导致我们认定犯罪构成要件的范围过于宽泛。在此之后主要在民法领域当中出现的相当性理论或者相当因果关系说，在他看来其实也不合理。因为它所提出来的一些标准，比如说是否可预见等这些标准与刑法是无关的。霍尼悉教授认为，我们现在需要有一个工具，它是用来限缩等价性理论的。也就是说，这个工具应该根据一般人、一个客观的理性人——他如何去预见，或者说他能不能够看到自己的行为是会发生何种的结果。首先，通过这种客观的理性人或者说平均人的标准来对原先的等价性理论，或者条件说进行一个限缩。但是，很可惜霍尼悉教授的这种观点或观念没有再延续下去，因为我刚才已经谈到了，他在纳粹德国期间就离开了德国，先是到了土耳其，后来又到了美国。直到战后，霍尼悉教授才返回德国，并且在哥廷根大学任教。

当时年轻的罗克辛教授也在哥廷根大学任教，罗克辛教授提出，我们应该继续把霍尼悉教授所创的、所倡导的客观归责理论发扬光大。所以，罗克辛提出了自己的一种客观归责的理论。但是在我看来，可能罗克辛并没有正确地理解霍尼悉教授的观点，他把客观归责理论和相当因果关系理论放在了一起，一方面接纳了客观归责理论，另外一方面又在里面掺入了相当因果关系的一些标准。这些在我看来是存在一些问题的。这个情况发生在1970年，大约在这个时候，极端的或者说主观的目的行为论已经逐渐消亡了。在目的行为论逐渐衰退的时刻，罗克辛突然提出来一个新的观念，也就是客观归责的理论，这个理论受到了极大的欢迎，当然也在情理之中，可能所有的学说都建立在这样一种基础之上。随后在刑法学界关于罗克辛的客观归责理论的讨论当中，实际上出现了各种各样的、众说纷纭的各种学说，所有的这些学说都是在所谓的客观归责理论的这个框架的名下进行的。但是我们必须要注意的是：在这个里面并不存在统一的客观归责的学说或者说一种概念。许多学者都是在讲客观归责，但是他们的观点既不同，而且还有可能是相互之间矛盾的。所以我就很难去说，客观归责理论究竟是一个什么样的状态，因为它本身就是夹杂了很多不同的观点。

在我看来客观归责的第一个关键点，即客观归责最重要的一个因素或者说一个原理就是行为人和被害人关系的问题。也就是说，我们都知道有一个客观归责的基本原理就是被害人的自我答责，或者也包括被害人的承诺。在这种情况下，被害人对于自己所遭受的法益侵害或法益侵害的风险,他是表示同意的,他是自陷风险或者是自行招致的损害。所以由此在被害人身上所产生的损害结果就不能够归责于行为人。这应该就是客观归责理论当中最重要的一个原理,而且在德国刑法界差不多所有的学者对这样一个原理,对于把这样一个原理放在客观归责当中去,应该都是没有异议的,也都是持赞同态度的。

客观归责理论的第二个关键点,在我看来应该就是风险的联系与过失犯的责任之间的关系问题。就过失犯来说,行为人引起的结果,原因是他在过程当中没有尽到注意义务,不够小心、不够谨慎。其实本来如果他尽到这个注意义务的话,他是可以避免这样的结果出现的。所以,因为他没有尽到这样一种谨慎、小心的注意义务,那么他就不能否定在行为当时欠缺了可以避免的能力。因为假如他足够小心的话,他还是可以避免结果的出现的。在这种情况下,我们就可以把最终导致的结果归责于行为人,由他承担过失犯的责任。在德国刑法学界几乎所有的刑法学者也都认可这样的一个原理,应该说是客观归责当中下属的一个基本原则。

客观归责理论的第三个关键点,就是刚才欧阳老师所提到的问题。我想在这个问题上面,德国刑法学界有很大的争论。我有的时候也会到国外去访问,就我个人的感观来说,我感觉外国的许多同行可能对德国所讨论的客观归责理论的状况,理解得不是那么充分或是不是那么准确。他们以为在这个故意犯当中,风险关联或者风险联系也是要放在客观归责理论当中来进行判断的。但是,实际上在德国刑法学界大量的学者不赞同这种学说,我也是属于这种反对学者当中的一员。

我想举一个例子来说明这个问题,本身这个例子也是由罗克辛提出来的,他的理论也涉及到这个例子:一个行为人通过开枪把另外一个人打伤,后来这个被害人被送到医院去。但是在当天晚上由于恐怖分子的袭击,在医院放了一把火,该火导致了被害人的死亡(以下简称"开枪案")。按照罗克辛的观点,行为人创造了一个枪击风险,也就是开枪导致他人伤害的风险,但是此风险没有在被害人最后的死亡结果当中得以实现,因为被害人不是死于枪伤,而是死于恐怖分子在医院所放的火。因此最初开枪的人至多只能够成立一个故意杀人罪的未遂。在罗克辛看来,这里面所谈论的结果归责问题全部都是发生在客观的构成要件当中的,至于说行为人有没有认识到这一点或者说行为人对此有没有认识的可能性,在这个判断当中都是不受影响的。因此他是一种完全的,所谓的客观归责。罗克辛更进一步引申了他的理论,他说如果我创造了一个风险,但是从创造风险的行为本身看没有超出社会认知的危险的行为,或者说是一个正常的行为的话,同样背后的损害结果也不能归责于我的行为。比如说,我怂恿一个朋友或是怂恿另外一个人到一个湖里面去游泳,但是他到湖里去游泳的时候,因为突然间有一股冰冷的水流经他,导致他遭遇心脏病而死亡(以下简称"游泳案")。这种情况下,罗克辛认为最终被害人的死亡结果不能够归责于行为人,因为劝别人去游泳的行为本身并没有任何的危险。

我认为这种观点是完全错误的,因为任何一个结果实际上都是一种风险所导致的。也就是说,任何一个风险它最终实现了一个结果,实际上在它实现的过程当中一定都会有各种各样的其他因素介入。当然这就包括有可能介入的,比如说恐怖分子的袭击,湖当中突然出现的冰冷的寒流,我们不能够因此而否定行为人的责任。而刑法学对这样的问题所关心的并不在于这个结果是不是有一个原因,因为有结果它必然是风险所实现的一个结局。因此刑法上所感兴趣的应该是行为人对于这样一种风险有没有认识。

就刚才所举的“游泳案”为例,假如他认识到寒流经过的风险,这个结果当然就应当归责于劝说的行为人。即便说,一般来讲劝一个朋友去游泳是一个无危险的行为,但在这个例子当中,毫无疑问应当归责于行为人。在前面的“开枪案”当中,如果他认识到他把这个人打伤了之后,这个人被送到的医院会受到恐怖袭击,或者他希望被害人就在这个医院被恐怖分子所杀害的话,最终被害人烧死的结果当然也仍然是可以归责于他的。比如说,我们在教科书当中经常能看到的一个例子,即丈夫劝他的妻子乘坐火车去旅游,在火车行驶的过程当中,恐怖分子在火车上面放置了炸弹导致妻子的死亡(以下简称“旅游案”)。当然我们说正常的、一般的来讲,劝自己的妻子搭乘火车去旅行确实没有什么风险,这是个正常的生活行为。但是就在这个具体的案件当中,在这个具体的时刻,假如丈夫是知道有恐怖分子在火车上面放置炸弹的话,他就对这种风险有了认知,此时他就不能够说我劝说妻子去搭乘火车的行为在这个社会当中完全是一个正常的、没有风险的行为,所以最后的结果不能答责于我。这当然是不行的。

因此,我认为所谓的风险理论,即客观归责当中所谓的风险理论基本上没有什么意义。因为任何一个结果,只要它出现了,在它前面,必然是有一个风险的存在,这种结果必然是风险最终实现的结局,所以说制造风险或是实现风险没有什么太多的用处。在这里我们要特别注意的是以一个法官的视角去解决这样的案件,也就是说法官他一定是在事后、这个行为发生完了之后来判断这个行为是否是犯罪、是否要处罚的。首先,要看的是结果出现了没有;其次,就是说哪一种风险导致的这个结果的出现;最后,看行为人对这样的风险究竟是否有所认识,或者说有认识的可能性。比如“开枪案”,第一步就是受到枪伤的这个被害人最终死了,有一个死亡的结果。第二步,这个死亡结果究竟是怎么导致的呢?我们发现是恐怖分子所放的火导致的。第三步,再看行为人最先是否对于这样一把火也就是恐怖分子的行为有所认识?如果已经认识到了,他当然需要对最后的结果负以刑事上的责任。这个时候,他先前开枪把对方打伤的行为,对这个结果归责来说,其实已经没有任何的意义了。

接下来我们再来看一下刚才所说的“旅游案”。第一步,妻子的死亡结果已经出现。第二步,我们看这个死亡结果是谁引起的,什么原因引起的呢?是恐怖分子所放置的炸弹引起的。第三步,这个丈夫他是否认识到这个危险因素的存在呢?如果可以肯定他是认识到的话,无论去劝一人去旅行这个行为在我们日常生活当中多么正常,或者说我们发现这个行为多么无危险,对于本案的判决都是没有任何意义的。最后再来看一下“游泳案”。第一步,被害人死亡了。第二步,什么原因导致死亡结果的呢?是寒流导致的。第三步,行为人是否认识到了呢?如果他已经认识到了,当然他需要为这个结果负责,这个时候所谓的说劝别人去湖里游泳的行为毫无危险性这样的论据,对于结果归责来说是没有任何影响的。

再回到您刚才所提到的这个问题。所谓的风险关联,我们当然是需要考虑的,但是必须是按照一个正确的顺序或思路来考虑这个风险的关联。就像我刚才所说到的,首先第一个看有没有结果;第二个看是何种因素、何种风险引起的这种结果,这些都是所谓的客观构成要件所要考虑的问题;最后我们在主观构成要件当中再去考虑行为人对这样的一种风险因素是否认识到了?这个认识与否就决定了他能不能最终对这个结果负责。所以说,如果按照像罗克辛所提出来的现代的客观归责理论中所讲到的判断思路,也就是说,是在具体的风险当中去遴选哪些风险会导致结果的发生,哪些不能的话,在我看来这应该已经是误入歧途了。

六、"故意"在金教授的理论里面,它是所有归责对象的一个组成部分,还是属于归责的标准?它与归责标准里面的行为能力和动机能力是什么关系?也就是说,它是属于一个归责对象的要件,还是属于归责标准的要件?

首先我对第二个问题给一个简短的回答,就是这个故意当然是属于归责标准。接下来我想用一个日常的例子来说明这个问题,比如说,a 和 b 他们两个人是好朋友,a 有一次在 b 即将从另外一个地方回到家乡之前,向他允诺说"四点钟你快到的时候,我在火车站等你,把你接回家"。可是等到 b 回来到站的时候,发现 a 并不在那儿。这就是我们要讨论的案件,这时候就有一个归责的对象,这个归责的对象就是一个客观归责的事实状态——a 不在火车站,没有把 b 给接走。也就是说,他已经爽约了(以下简称"爽约案")。

我们把这个例子对照到犯罪论体系当中,首先第一步就是所谓的构成要件的实现,我们发现 a 最终是没有把 b 从火车站接走的这个事实,已经符合了构成要件,就相当于已经构成构成要件了。接下来需要判定归责的问题,也就是说,b 这个时候能不能谴责 a,因为 a 没有把我按照约定从火车站接走,a 是不是做了一件错事?在这种情况下,假如 a 当时是有能力来,但是他不去做这件事情的话,我们当然就可以对 a 提出这种谴责,并且认为他做错了这件事情。因此这个归责理论是这样解决问题的,行为人在当时有没有这样一个能力去避免实现构成要件符合的事实状态。

谈到归责问题,归责就谈到两种能力,一种是行为能力,一种是动机能力。对于行为能力来说,首先最重要的一个因素就是要去考察,假如我想这么做的话,我当时能不能这么做?比如"爽约案"中如果我想按照约定把 b 从火车站接走,我怎样才能实现这一点,我必须要具备什么样的能力呢?至少我就必须首先知道他什么时候到站,车站在什么地方,以及我怎样才能准时到达车站去接他。在刑法当中,我们就可以说与这种认识相关的、相对应的就是故意。除了这个认知的因素之外,我还必须具有一定的身体条件,也就是说,就刚才这个例子当中所讲的,我要准时去接他,我就必须要能够过去才行。在身体允许的情况下才能过去,假如我瘫痪了,我动不了,当然我就去不了。同时我还必须借助一定的工具,比如说我必须能够自己开车,或乘坐公共汽车、打出租汽车,也就是说我必须要有实现这种事实情况的可能性的存在。

在刑法当中我们所讲到的身体能力或者是身体的条件往往是放在不作为犯罪中去检验的。行为能力,实际上就是我们归责判断的第一步。在今天占主导地位的德国刑法、德国犯罪论体系当中,像行为能力这种要素都放在了所谓主观的构成要件要素当中。我们可以看到这种犯罪论体系,也就是我们刚才所讲到的,既承认主观的构成要件要素,又承认客观的构成要件要素的犯罪构成在德国处于通说地位。犯罪论体系当中,构成要件它实际上是包含了两种完全不同的东西:第一种,客观的状态,就是我们刚才所讲到的,归责的对象,也就是这种法益侵害的行为本身;第二种,则是包含了认知和行为人的身体能力,而所谓认知和身体能力其实讲的不是客观的一种状态或是归责的对象,它讲的是归责的标准的问题。所以,我们发现在德国的犯罪论体系当中,构成要件里面其实是包含了两种完全不同的东西。

所以就是说,第一步我们要先确定他没有来是一个事实状态;第二步,假设他是知道并且是有能力准时来接 b 的。这两者就可以确定，行为人其实是具有行为能力的。接下来我们可能要考虑的问题是，是不是有一些什么充足的理由，可以解释他没有来接朋友的事实状态？也可能会有。比如说，行为人在当时是为了去挽救他处于生命危险状态的一位邻居，为了把他紧急地送到医院去，导致他不可能准时来接 b。在生命的威胁和生命的这种法益重要性远远高于去接朋友的情况下，当然就会认为他的这种行为其实是正确的。这种情况下，对应的实际上就是犯罪论体系当中所说的正当化事由。

如果我们可以确定在当时的情况下行为人对行为的各种事实有所认知，并且也有避免结果发生的各种可能性，同时也没有任何正当化的事由，那么接下来我们要考虑到的就是动机能力的问题，即行为人有没有这样一种动机能力。他欠缺动机能力，是什么样的情形呢？比如说，这个人没有准时去火车站，有可能是自己的精神状态出现了问题，也有可能他饮酒过度导致当时已经神志不清了。所以，我们可以看到刚才所说到的行为能力是指，假如我愿意去避免形成构成要件的话，我怎样才能做到这一点。现在我们发现，所谓动机能力所要考察的就是为什么在现实当中我没有形成这样一种他所要求的意志？我刚才所说到的精神状态出问题或饮酒过度、神智不清，这些都有可能影响到我来形成这种意志的能力。当然也可能辩解说：“哦，我以为我当时给你说的只是玩笑话，我根本没有想到这会对我产生任何的约束力，我就该去接你。”假如他真是这样认识的，有这样一种认识错误的话，在刑法领域刑法体系当中，它其实就相当于是禁止性的错误。禁止性的错误，实际上涉及的也是这里所说的动机能力。所有刚才我们所提到的这些涉及到动机能力的问题，都是放在责任当中去考察的。

现在还有更重要的一个问题就是，假如 b 指责 a：“你说好了要过来接我，你为什么没有来，你做错了事情。”但是，a 可能会说：“我确实不知道你什么时候到站，我对列车时刻点一点也不知道。”这个时候我们还可以进一步地去问，既然你不知道的话，其实可以事先去查询列车的时刻表，我们知道其实你本来是可以知道的。在这种情况下，实际上我们就会发现，即便行为人在行为的当时确实没有行为能力，但是如果他对于自己欠缺行为能力的状态本身是负有责任的话，最终的结果还是会由他负责。这个在我们刑法当中对应的是过失犯的责任。可以说，我们在刑法当中有一个首选的基本原理，行为人只有在具备行为能力的情况下，才能对最终的结果负责。但是现在我们发现这里面有一个例外，也就是说，假如行为人对于自己在行为时欠缺行为能力这一点他本身就负有责任的话，我们仍然可以要求他对最后的结果负责任。

我们还可以设想一种情况，a 辩解说：“我之所以到点没有来接你是因为我当时在家里喝酒喝多了，完全属于醉酒状态，所以开不了车，当时昏昏沉沉的根本就没有办法过来开车接你。”这个时候，我们又可以进一步地追问，既然你知道当天要去接你的朋友，那你为什么在当时又喝了这么多酒？你本来是可以避免的。也就是说，a 虽然当时确实是欠缺去接 b 的能力，但是对于这种能力的欠缺状态，a 本身是负有责任的。因此，我们可以看出，这也是对于行为时没有行为能力，行为人就不用负责的一个例外。对于这样的一种例外，我们刑法上就称之为“原因中的自由行为”。那么，这个地方涉及到的是动机上的问题。

由此可以看到，刑法的体系、犯罪论的体系实际上是一个非常复杂的构造，在这个复杂的构造当中，包含了各种准则。首先，我们要先确定各种规则的对象，也就是一个事实状态；接下来，我们就要考察行为人有没有相应的行为能力去避免出现这样一种事实状态；然后，我们又要去考察对于导致这个结果的行为来说，他有没有可以解释的好的理由，这就是所谓的正当化的事由；再然后，我们又要去考虑他有没有形成动机的这样一种能力。所以我们可以看到，在这个体系当中一会儿是归责的准则，比如说全部是涉及能力的，不论是行为能力也好，还是这个动机能力也好，最终是涉及到归责准则的问题；一会儿又涉及到规范的判断问题，比如说刚才所讲到的违法阻却事由，或正当化事由的问题。

七、金老师的规范论中的一个观点：犯罪是对行为规范效力的一种否认，而刑罚的目的就是为了保障这种行为规范的效力。我的问题是有关规范效力的。在很多情况下犯罪嫌疑人、犯罪人根本就没有否认规范的效力。比如说贪污腐败犯罪，有的腐败分子，他本身就是反贪局局长或者是政法委的书记，他对于刑法的禁止贪污、禁止受贿的规范心知肚明。这种情况下，这些人根本就没有否认规范的效力。不仅如此，他们很确认这些规范是有效的，那么犯罪是对行为规范的一种否认，会不会存在疑问？

首先，我们需要弄清楚什么叫做规范的效力。在你所举的那个例子当中，这个腐败分子，腐败的官员，他们没有否定规范的效力，其实我们应该准确地讲，他没有否定这个规则的规范效力。也就是说，需要对这个效力进行一个区分，第一个是规范的效力，第二个是事实上的效力。就规范效力来说，它只要是由立法机关从形式上公布的一条法律，它当然就具有规范上的一个效力。比如说，在中国由全国人大公布出来的一些法条、法律，当然就具有规范上的效力，所有法院都必须根据这些法条进行判案。那么，我们就可以说，这些法律规范在中国是有效的。但是这样的所谓一种规范性的效力，在刑法的判断当中是没有意义的。之所以说，这种规范上的效力在刑法上是没有意义的，其实是很简单的一个道理，这个腐败分子实施了这些贪污腐败的行为，不能因此就说，由于你实施了贪污腐败的行为，实施了违法的行为，那中华人民共和国的刑法或者说有关于贪污腐败的法条就无效了。又如，某一个实施了盗窃犯罪的行为人实施了盗窃犯罪，就意味着中国刑法关于盗窃罪的法条在实际意义上就失效了，我们不能这样认为。

另外一个就是关于事实上的效力。只有当规范在我们社会当中，事实上是被我们大多数人所遵守的，这个时候我们才能够说规范具有事实上的效力。比如，在中国所有的人都不去实施盗窃，有关于盗窃罪的规定所反映出来的规范的效力，即事实上的效力就没有得到损害。同样的道理，对于官员来说，假如所有的官员在中国不去贪污腐败的话，实际上关于禁止贪污腐败的规范在事实上面就产生了效力。而这样一种事实规范的事实效力，就是积极的一般预防理论的核心。那么接下来，我们再进一步地展开。

如果说刑法的罪刑条文所反映的规范都能够得到遵守的话，会在社会中产生一个比较良好的效益。比如，盗窃罪所反映的是禁止盗窃的一种规范，如果所有的人都遵守这个规范，所有人的合法财产都不会受到他人的窃取，我们说这个法益就得到了很好的保障。既然是这样的话，该规范得到普遍的遵从会有那么多好处，为什么还有犯罪人要去违反这个规范呢？从第一眼来看，似乎犯罪人的行为是不可理喻的。但是，实际上我们会发现在社会现实当中，不遵守规范的行为实际上也有理性因素的考量。它的理性因素有的时候甚至并不比遵守规范的要少。比如说，陈先生正在奋力工作，之后他得到了一个比较好的报酬，拿着这个酬金买了一块表。而我，并没有工作，我也没有表，我偷偷将陈先生的表拿走了(以下简称“盗表案”)。在这种情况下，实际上陈先生就受到了双重的损害。第一方面，他工作了，他做事情付出了他的精力；第二方面，他的表又不见了。而我没有工作，却有了表。由此可见，我现在所处的状态就远比陈先生的要好得多，甚至我可以说，我比他聪明。但是恐怕陈先生也不傻，既然他发现有人可以不劳而获地把自己的手表拿走，那么自己也可以把偷表的这个行为继续做下去。也就是说，我也把别人的财物，把别人的手表拿走。这样一来，我们就会发现所有人都可以实施盗窃的行为，这样一来整个法律体系就会崩溃。

由此可以看到，我们定下来的这些禁止规范应该是由所有的公民遵守。保障所有的公民都遵守这个规范这就是刑法的任务。比如“盗表案”，从事实上讲我似乎比他要聪明。但是，这个时候刑法的回答：不对，你并不比他聪明，你反而比他更笨。因为这个时候国家出面要把我手中的表拿走，同时还要把我投进监狱里面去，这样我实际上就受到了双重的损害。通过这种方式，实际上就证明我所做的事情并不明智，我也并没有得到比守法更好的一个结果。所以，我认为这就是所谓积极的一般预防的一个重要的核心价值。也就是，他不是说去恐吓、去威慑犯罪人从而抑制他的犯罪。积极的一般预防，实际上对于守法公民是在起着撑腰的作用，也就是说，它使得守法的公民处于一个更有利的状态，使违法的公民处于一个相对不利的状态，从而由此确定法律规范的效力，从而强化公民守法的意识。

再回到你们刚才所提到的，关于官员贪污腐败的情形当中。如果这个贪腐行为不受法律制裁的话，守法的廉洁官员就会考虑了，为什么我就不能够像贪污分子那样去做呢？他贪污了，又没有受到任何的处罚，得到了很多好处，为什么我这么傻，我还要去守法呢？这样一来的话，实际上就会强化贪腐的现象，所有的官员可能由此都会跟随贪污腐化的趋势去行事。但是，如果贪腐分子、贪腐官员受到了及时的处罚，那就是告诉其他合法的或者说廉洁的官员，你保持廉洁，你保持合法的这种状态，这个决定是正确的，你并不会因此而受到任何的损害，相反违法违规的人将会受到更多的不利的处遇。

八、我发现了积极的一般预防，它是通过强化公民的守法意识和对法的忠诚感来达到维护规则的有效性。如果它通过刑罚的适用来达成的话，可能会走到传统的威慑的一般预防的道路上去。我认为一般预防只能作为刑法的目的，不能作为刑罚的目的。因为，积极的一般预防主要是通过规范的适用来达成的。不知道我的这种看法有没有道理？

我想明确一点：您在这里所提到的刑罚的目的当中的“刑罚”究竟是指法条当中规定的刑罚，还是说行为人实际上所遭受到的刑罚，比如行为人坐牢的这种刑罚？

提问人：我指的是实际遭受的刑罚。

根据我的理解，积极的一般预防的理论基础实际上是试图把刑事实体法和刑事程序法构建在一个体系当中,使它们两者之间建立起切实的关联。我们说法条当中规定的刑罚毫无疑问是可以对潜在的犯罪产生一种威慑的作用,这一点没有任何人会否认,但是我想说的是这种威慑的作用并不是为什么我们要设置刑罚的实在根据,只是说是我们设定刑罚的一个附随的效应而已。同样的道理,比如说对一个犯罪人施加刑罚,让他去坐牢,我们当然是需要在行刑的过程中对犯罪人给予一定的帮助,帮助他实现再社会化。我们可以说,这就是一个特殊预防的效果,但是这种特殊预防的效果并不是刑罚的目的,而只能算是附随的效应。

在我看来,刑罚的目的和刑法的目的没有太大的区别,没有本质的区别。就我对于刑罚理论的认识,我认为应当在三个环节上进行考量:第一个是立法方面设置这个刑罚;第二个是通过裁判,对行为人判决刑罚;第三个环节,就是实际的行刑。我认为在这些环节当中刑罚所起的作用是不一样的。比如说,在设定刑罚的时候当然会产生一个威慑的作用,这是任何人无法否定的;在行刑的过程当中,我们当然也要把握特殊预防的效果,这也是没有问题的。但是所有的这些不能够说明为什么国家是需要这样一个刑罚以及刑罚追求的是什么东西。在我看来刑罚所追求的核心还是在于积极的一般预防,只不过这种积极的一般预防在上述具体的这三个环节当中可能有不同的体现,也可能有不同的附随效应。

特色学科专论(工程法、交通法、医事法)

"友好专家证人"的民事责任[①]

——基于 Pace v. Swerdlow 案之分析

陈玉玲[*]

摘　要　在案件事实争议涉及专业知识时,当事人自己聘请"友好专家证人"提供专业意见和举证,法院支持当事人对"友好专家证人"在作证过程中的职业过失索赔,这已成为英美等国司法实践的发展趋势。佩斯诉斯瓦尔德洛(Pace v. Swerdlow)案展现法官论证"友好专家证人"承担责任应证明存在直接因果关系要件的思维过程,揭示实现法律政策的路径,即通过对"友好专家证人"民事责任构成要件的选择与证明标准的考量,可以在"鼓励友好专家证人帮助当事人举证"与"要求友好专家证人独立尽职作证"之间达致平衡。

关键词　友好专家证人　民事责任　直接因果关系　专家证人意见　医疗损害

一、引言

专家证人是指对案件事实认定过程中涉及专业知识问题提供专家意见的人。在外延上分类包括司法鉴定中的专家鉴定人、医疗损害鉴定中的医师专家、辅助法院对鉴定意见和事实认定的专家,以及当事人为诉讼或仲裁自聘的专家[②]。为行文论证方便,下文使用"专家证人"一词通称前述各类专家证人,将当事人一方在诉讼或仲裁中聘请的为自己提供专业意见和帮助的专家,称为"友好专家证人"(Friendly Expert Witness)。

涉及科学技术专门问题的纠纷案件,专家证人在其中作用不可或缺,甚至扮演着核心且充满争议的角色。尤其是医疗损害索赔案件,法官裁判很大程度上是以医疗损害鉴定意见、司法鉴定意见作为事实认定的依据。可是,医疗损害赔偿案中存在的重复鉴定、多头鉴定、鉴定市场化等问题严重影响了专家意见的公信力和司法效率。我国司法鉴定规范对鉴定人

---

* 陈玉玲,东南大学法学院副教授、法学博士。研究方向:民商法学,医事法学。

① 本文为东南大学基本科研业务费资助项目"医事法学视野下的刑民交叉问题研究"(项目号:3213055311)的项目成果。

② 《最高人民法院关于民事诉讼证据的若干规定》(2002 年)第 61 条规定:"当事人可以向人民法院申请由一至二名具有专门知识的人员出庭就案件的专门性问题进行说明。"《民事诉讼法》第 79 条规定:"当事人可以申请人民法院通知有专门知识的人出庭,就鉴定人作出的鉴定意见或者专业问题提出意见。"

执业过失责任做了原则性规定[①]，司法实践中对涉及司法鉴定而提起的民事诉讼案中，法院判决的案件多数是将鉴定机构作为被告、赔偿范围也仅限于退赔鉴定费用。对于当事人自聘的"友好专家证人"在提供专家意见、参与庭审作证时发生的过失，是否允许当事人对其主张民事责任，少有文献研究。

佩斯诉斯瓦尔德洛案是涉及友好专家证人的民事责任被较多引用的判例，主要涉及"友好专家证人"作证过程中改变证词引发的民事责任索赔争议。我们在 WESTLAW 数据库中以"Pace v. Swerdlow"[②]为关键词查询，结果是：截至 2015 年 3 月 31 日，引用该判例的法律文献多达 370 多个，其中判决案 107 个，有 3 个案件标为红色，进一步查阅这 3 个案件与"Pace v. Swerdlow"案的不同法律见解之处，主要是关于法院在认定证据的真实性、合理性的理解以及地区法院对材料进行司法确认（Take Judicial Notice of Material）的问题，换言之，至今没有判例否定佩斯诉斯瓦尔德洛案中有关友好专家证人案件的主要裁判观点。

二、佩斯诉斯瓦尔德洛案概要

（一）主要事实与诉讼过程

案件初审是在犹他州地区法院，后又上诉至联邦第十巡回上诉法院。

原告（上诉人）：托马斯 A. 佩斯和卡罗尔·佩斯，分别为安琪·帕特曼的父母和继承人（下文简称"佩斯"）；被告（被上诉人）：斯瓦尔德洛（Barry N. Swerdlow），加利福尼亚执业麻醉师和内科医师。

患者帕特曼在犹他州盐湖城的山间诊疗中心（Intermountain Health Center）接受丰胸手术后死亡。佩斯作为帕特曼共同继承人在犹他州地区法院起诉山间中心、手术外科医师和麻醉医师舒普特（Steven Shuput）存在医疗过失[③]。佩斯后来放弃对山间诊疗中心和手术医师的起诉，只针对舒普特提起医疗过失赔偿请求，主要事实和理由：帕特曼在术后曾向舒普特说自己感到呼吸困难，但舒普特错误地认为"帕特曼十有八九会感到呼吸困难和疼痛"，这是术后正常反应，并且还允许帕特曼出院的。帕特曼出院当晚就死了，没有证据表明帕特曼有其他死因。

被告斯瓦尔德洛作为友好专家证人，是一位具有麻醉师、内科医师双重注册执业许可资格的医师。佩斯聘请斯瓦尔德洛作为自己的专家证人参与诉讼，并将帕特曼生前病历交给斯瓦尔德洛。2003 年 9 月 8 日斯瓦尔德洛出具了宣誓书面专家证词，认为舒普特的诊疗行为存在过失，即"基于医疗业界已经形成的普遍认知，山间诊疗中心麻醉师舒普特在帕特曼术后感到呼吸困难的情况下，允许帕特曼出院，是违背了医疗上的合理注意义务"。斯瓦尔德洛进一步指出，"虽然医疗通常存在不确定性，但是换作自己处于当时的情景下，基于理性

① 《全国人大常务委员会关于司法鉴定管理问题的决定》（以下简称《决定》）第 10 条规定："司法鉴定实行鉴定人负责制度。鉴定人应当独立进行鉴定，对鉴定意见负责并在鉴定书上签名或者盖章。多人参加的鉴定，对鉴定意见有不同意见的，应当注明。"《司法鉴定人登记管理办法》第 31 条规定："司法鉴定人在执业活动中，因故意或者重大过失行为给当事人造成损失的，其所在司法鉴定机构依法承担赔偿责任后，可以向有过错的司法鉴定人追偿。"

② Pace v. Swerdlow, 519 F. 3d 1067 (10th Cir. (Utah) 2008).

③ Pace v. Sellers, et al., Utah Third Judicial District No. 030906272.

医师之专业判断，他是不会允许帕特曼出院的。舒普特应当对帕特曼实施监护，如果帕特曼一直处于监护中，很可能至今她还活着"。在有关因果关系要件分析上，斯瓦尔德洛还在打印好的专家证词上，手工添写了一句话——"那是非常有可能性的"(It Is Very Likely That)。斯瓦尔德洛的专家证人意见的结论是："舒普特过早允许帕特曼出院，存在诊疗行为过错，该过错行为与患者帕特曼死亡之间存在直接因果关系。"

2004年4月23日，佩斯的律师劳伦斯写信给斯瓦尔德洛，提到了麻醉师舒普特的证词，即"当时让帕特曼出院，是劝告她去医院就诊，并告知帕特曼如果觉得不舒服就要来复诊"。斯瓦尔德洛在庭前交换证据之前一直未修改其专家证词。到了庭前证据质证时，法官询问斯瓦尔德洛："在出具专家证人证词之前，没有阅读到麻醉师舒普特的证词，就贸然对舒普特的诊疗行为作出否定评价，这样做是否有悖道德要求?"斯瓦尔德洛答道："如果我先看了麻醉师舒普特的证词，对我独立判断没有什么好处，所以我没有再要求审查麻醉师舒普特的证词，我也不需要这样做，因为我是作为专家证人来作证，不是基于道德约束，而是基于专业判断。"斯瓦尔德洛当庭表示"自己从来没有充当过专家证人，这是第一次受聘担任专家证人"。在法庭审查因果关系要件时，斯瓦尔德洛解释道，他没有说过这样的话——"如果尽到合理谨慎的注意义务，如果患者住院，就肯定能活着"，但是，他又认为"住院可以增加患者存活的可能性，当时患者感到非常疼痛还允许其出院，这不是一个合理谨慎的医师在相同情形下会作出的医疗专业判断……事实上，麻醉师舒普特没有查看患者帕特曼术后疼痛分级病历，如果麻醉师舒普特当时能确认患者的疼痛分级是中度的、是符合手术合理预期的，那么没有查看疼痛分级病历记录，也不违背合理的诊疗注意义务。"

庭前证据交换质证之后，斯瓦尔德洛打电话给佩斯的律师劳伦斯，说是舒普特的代理律师对他进行了"暗示"，并且以向美国麻醉医师协会举报作为威胁，他不想让自己的执业许可证出现任何问题。斯瓦尔德洛还向律师劳伦斯索要麻醉师舒普特的证词复印件和山间诊疗中心两名护士的证词。收到这些资料后，斯瓦尔德洛断绝与佩斯和律师劳伦斯联系。2005年1月4日，斯瓦尔德洛在原先已提供给佩斯和法官的专家证词基础上，又写了一份"附件"。"附件"中写道，"根据山间诊疗中心的医疗记录，有关诊疗行为是否存在违法性的问题，从对于一名谨慎的麻醉师处在相同情形下的所必须达到的要求来看，允许患者帕特曼出院也并没有什么错……有关因果关系要件的分析，基于医疗界已有共识基础和医疗上的确定性考虑，不能说'如果患者术后整晚留在医院，就一定还活着'"，这份看起来像是斯瓦尔德洛基于中立立场作出修正的"附件"，直接推翻了他自己在2003年9月8日出具的专家证词，甚至还认为舒普特允许帕特曼出院是符合诊疗护理标准的，在有关因果关系要件的分析中也未提供"存在直接因果关系"的证词。

2005年2月11日，斯瓦尔德洛未与委托人佩斯及其律师劳伦斯商议，直接将"附件"同时传真给双方当事人的律师，"附件"上标注日期为2005年2月6日。事实上，在几天前，麻醉师舒普特曾提出动议，认为斯瓦尔德洛的专家证词中并没有指出舒普特的医疗行为是引起帕特曼死亡的原因。2005年2月14日听证的前几天，佩斯电话联系斯瓦尔德洛，想要就有关"附件"的事宜进行商谈，未果，佩斯又写信给斯瓦尔德洛，要求斯瓦尔德洛修改专家证词，以弥补"附件"对医疗过失案件诉讼结果带来的不利影响，但未如愿。在简易判决动议中，佩斯申请了短暂的诉讼延期。当斯瓦尔德洛仍坚持不合作时，佩斯再次申请短暂的诉讼延期，并且撤销了聘请斯瓦尔德洛担任其专家证人的委托，同时向法庭提出另选新的专家证人的请求。但是,佩斯没有向法院提交"反对案件适用简易判决"的法律意见书,也没有对麻醉师舒普特的抗辩提出反对意见。最后,犹他州地区法院否决了佩斯的动议,判决认定麻醉师舒普特不构成医疗过失。

佩斯没有上诉,而是直接在犹他州地区法院起诉斯瓦尔德洛,声称斯瓦尔德洛受聘为专家证人的所作所为存在职业过失。佩斯认为,斯瓦尔德洛在法庭开庭前突然改变宣誓的书面专家证词内容和立场,令其在起诉麻醉师舒普特医疗过失索赔案中败诉。佩斯诉称被告斯瓦尔德洛存在如下过错:(1) 职业过失;(2) 欺诈;(3) 过失作出错误陈述;(4) 违背受托人责任;(5) 违反合同约定;(6) 违背契约的诚实信用原则和交易公平原则;(7) 基于一般过失而损害他人精神利益。

斯瓦尔德洛抗辩认为,"根据犹他州法律,自己作为专家证人享有豁免权;自己修改宣誓书面专家证词行为与原告佩斯在诉舒普特案中败诉没有直接因果关系"。

犹他州地区法院多数法官支持被告斯瓦尔德洛的抗辩。法官金布尔(Hon. Dale A. Kimball)认为,斯瓦尔德洛改变自己的宣誓书面专家证词不是导致佩斯诉舒普特案的请求被驳回的直接原因,即使没有后来的"附件",斯瓦尔德洛原本的宣誓书面专家证词的证明力也不足以支持佩斯的诉请,因为斯瓦尔德洛最初证词中有关直接原因的证词之间,不同表述用语存在冲突。斯瓦尔德洛专家证词中"如果帕特曼整晚得到监护,她至今可能还活着"和"提早允许帕特曼出院是导致帕特曼死亡的最直接的直接因果关系"这两句证词表述的意思是冲突的,而这一点对于佩斯败诉至关重要。

佩斯不服并上诉。因斯瓦尔德洛是加利福尼亚州居民,案件被移送到联邦第十巡区上诉法院,依照美国联邦民事诉讼规则第 12 条第 b 款第 6 规定,犹他州地区法院作出判决的主要理由有:(1) 依据专家证人豁免制度,法院不支持佩斯对斯瓦尔德洛立法起诉;(2) 斯瓦尔德洛在佩斯诉舒普特案件中修改其专家意见的行为,不是单独或者主要导致佩斯诉舒普特案被驳回的直接原因;(3) 佩斯诉斯瓦尔德洛案的每个诉请不具有独立的理由 。联邦第十巡回上诉法院认为,佩斯没有对法官做出的总结提出反对意见,很大程度上促使犹他州地区法院对佩斯诉舒普特案作出有利于舒普特的简易判决。犹他州地区法院没有对有关"专家证人豁免权"的敏感问题作裁决,而是另辟蹊径,指出斯瓦尔德洛改变证词不是导致佩斯败诉的"直接因果关系要件",而这一点对案件结果具有决定性意义。

(二) 法官意见与分析

1. 以布里斯科(Briscoe)法官为代表的多数法官的意见

依照美国联邦民事诉讼规则第 12 条 b 款 6 规定,法院驳回佩斯的诉讼请求,是基于以下两个主要理由:(1) "假设所有的诉讼抗辩都是真实的、是以最明了的方式给原告做出解释"。(2) 法庭决定驳回诉请,必须有合法的依据。犹他州地区法院在审理佩斯诉舒普特案中,对斯瓦尔德洛的两份证词之间的关系采用了极为不合理的推定,初审法院认为专家证词中"如果帕特曼整晚得到监护,她至今可能还活着"与"提早允许帕特曼出院是导致帕特曼死亡的最直接的直接因果关系",这二句话的表述是存在冲突的,意思含混不清。但是,多数上诉法院法官认为,斯瓦尔德洛专家证词中"很有可能"的意思是指一个较高程度的可能性,这与斯瓦尔德洛后来的证词表述"直接因果关系"的意思是一致的。

根据犹他州法律,原告要证明:(1) 相同或者类似情形下,医师应当尽到的注意义务是什么内容;(2) 当前涉案医师违背了该注意义务;(3) 该医师违背注意义务的过失行为与原告损害之间存在直接因果关系;(4) 损害的发生是被告违背责任的结果。医疗过失案件中,认定直接因果关系非常复杂,原告要自己聘请专家证人证明诊疗服务者的过失行为与损害发生之间存在直接因果关系。犹他州法院对有关直接因果关系的定义是:"原因是在自然和持续状态下的结果(没有被介入因素阻断),如果没有这个原因则结果不会发生",这样的定义用于由单一因素引起后果的因果关系判断,是有效的。但是医疗损害中经常是有不止一个直接因果关系共同作用导致一个结果发生。那么,当前的案件中,被告斯瓦尔德洛最初的宣誓书面专家证词几乎可以肯定——佩斯在诉舒普特案中可以赢得简易判决。根据犹他州法律,直接因果关系通常是作为一个事实问题由陪审团认定,只有少数情形下直接因果关系是作为一个法律适用问题由法官裁定。联邦第十巡回上诉法院指出,根据犹他州法律有关直接因果关系定义和判断标准,佩斯不需要证明"斯瓦尔德洛改变证词"是导致犹他州地区法院驳回佩斯诉舒普特医疗过失案的唯一的直接原因,但是,佩斯至少要证明"斯瓦尔德洛改变宣誓书面专家证词是导致佩斯诉舒普特案的诉请被驳回"的几个共同原因中的一个直接原因。事实上,佩斯诉舒普特案中,舒普特抗辩称"帕特曼死亡的原因不是提早出院引起的",佩斯的代理律师未对舒普特抗辩理由提出任何反对意见,这从另外一个角度证明——佩斯在诉舒普特案中败诉不是被告斯瓦尔德洛作为专家证人改变证词所导致的结果。

联邦第十巡回上诉法院法官进一步分析认为,"犹他州地区法院认为佩斯的代理律师存在职业疏失,即未能提出反对舒普特的法律意见,也未及时反对案件适用简易判决,以致于佩斯的诉请被驳回",进一步地,根据犹他州关于"患者死因不明的医疗过失争议案,必须要由专家对因果关系进行鉴定" 的法律规定,上诉法院法官认为,斯瓦尔德洛作证时的疏失与佩斯在诉舒普特案中败诉是无关的,因为在斯瓦尔德洛改变专家证词的时间节点上,并没有专家证人就有关因果关系作出鉴定,并且,斯瓦尔德洛改变专家证词的行为距离简易判决的听审时间仅隔了一天。

最后,联邦第十巡回上诉法院推翻犹他州地区法院的判决,并将案件发回重审,要求地区法院对被告斯瓦尔德洛的抗辩意见逐一审查,诸如佩斯的每个诉讼请求是否能单独成立、是否能够仅仅就依据专家证人豁免权就将佩斯的所有诉讼请求驳回、专家证人豁免权是否需要得到犹他州最高法院的认可等法律问题进行审查。

2. 葛尔苏奇(Gorsuch)法官部分赞同、部分反对多数人的意见

葛尔苏奇法官同意多数人关于直接因果关系要件的分析和结论,即因果关系要件作为一个法律问题,斯瓦尔德洛最初的宣誓书面证词没有说服力且存在矛盾之处,不能凭此专家证词就推翻犹他州地区法院关于佩斯诉舒普特的医疗过失案的判决。然而,葛尔苏奇法官认为,犹他州地区法院享有对任何证据作出裁定的自由,案件裁判不能完全取决于直接因果关系要件的问题。

葛尔苏奇法官认为,犹他州地区法院驳回诉请,具有法律政策考量因素,即支持佩斯对友好专家证人斯瓦尔德洛的诉讼请求,就意味着给那些今后担任证人的专家们一个暗示——即使改变证词可能符合专业的职业规范标准,对于作证过程中改变观点的行为也要特别小心!原告佩斯从未证明"任何一个专家同样获得斯瓦尔德洛后来获得所有病历资料信息后,仍然还是会确信舒普特的行为构成医疗过错"。换言之,"佩斯没有提供证据证明,任何一个负责任的、可靠的医生在完整阅读医疗记录后,还会认为麻醉师舒普特的行为构成

医疗过失"。葛尔苏奇指出,佩斯自己也承认"之所以对当初自聘的专家证人斯瓦尔德洛不满意,是因为斯瓦尔德洛没有提交给他曾经一直许诺过的专家证词",同时佩斯也受到警告,"怂恿专家证人作出违背公正的意见,对案件是存在很大的潜在不利影响的"。法官可以从两个方面推测麻醉师斯瓦尔德洛改变专家证词的原因:一是斯瓦尔德洛的行为太不职业化,因为担心自己的麻醉师执业许可将来可能会出问题而改变证词,那么,佩斯可据此主张斯瓦尔德洛存在职业过失或者行为不法;二是斯瓦尔德洛改变证词只是因为后来阅读了案件的全部资料,基于诚信和专业态度改变其原先的专家证词。

三、美英法中追究"友好专家证人"民事责任的法律政策

佩斯诉斯瓦尔德洛案的裁判过程,反映了美国司法实践对于追究"友好专家证人"民事责任的谨慎态度,专家证人不能对自己所提供的对一方当事人不利的证言自动地享有绝对豁免权。当前,美国和英国已不断有判例宣示不再对专家证人(包括友好专家证人)责任适用绝对豁免,但是澳大利亚和新西兰仍然保留专家责任豁免,新加坡处于不明朗的阶段。[1]美国和英国的司法实践已经表明,允许对"友好专家证人"追究职业过失承担民事责任,已经成为发展趋势。

鼓励专家证人作证与限制专家成为"枪手"之间的法律政策需要权衡。专家作证时一方面担心受专家证词不利影响的当事人的报复,另一方面科学技术本身存在不确定性因素会影响专家的分析判断,基于鼓励专家证人如实坦言、帮助法庭发现事实真相的法律政策,赋予专家证人责任豁免权十分必要。并且,在诉讼程序上,证人作证时都要求作宣誓证词,告知其作伪证将受到依法制裁。民事诉讼程序中的交叉询问、质证环节,一定程度上还能减少、降低、避免专家证人责任豁免的不利影响。然而,专家证人的责任绝对豁免可能导致专家证人作为"枪手"出现,影响到司法公正。一般情形下,人们基于对专家学识地位的信赖,都充分相信专家是凭借自己的专业知识对证据进行真实性、专业性和客观性的评价。在对抗性诉讼过程中,当事人聘请专家对自己主张的事实和证据来作证,慷慨地给专家支付报酬,实际上对专家证人施加了实质影响,因而专家证人在很多场景下就很不幸地被别人看作是"枪手"。当专家证人在法庭上为当事人辩护时,当事人是冒着直接的危险并花费高昂代价怂恿专家隐瞒专业判断意见,而不是基于显而易见的事实去改变观点。但是,法官审案更关注程序合法性,对专家证言是否存在偏向性很少审查、也无力审查,于是,专家证人证言很大程度上决定当事人诉讼成败。由于缺乏对于专家证人的人品和证言真实性的审查标准,专家证人作证时偏袒于出价高的一方或者出于经济利益考虑成为了职业证人,如此发展的结果是对正义和真理的伤害,而真理和正义恰恰是司法制度所苦苦追求的终极目标。

在美国,1983 年的布里斯科诉拉休(Briscoe v. LaHue,460 U. S. 325)案中,美国最高法院的法官马绍尔(Marshall)提出与多数法官不同的意见,认为"对公共政策的考量不足以使他(证人)获得绝对的证人豁免权,绝对豁免权应当是适用于'公共政策使其成为必要'的例外情况"[2]。1989 年的布如斯诉伯恩-斯蒂文斯工程咨询公司(Bruce v. Byrne-Stevens & Associates Engineers, Inc)案①,布如斯拥有的房屋因邻居施工渗水导致房屋地基沉降,

① Bruce v. Byrne-Stevens & Associates Engineers, Inc., 113 Wash. 2d 123, 776 P. 2d 666 (1989).

他自聘工程师伯恩对房屋受损情况进行评估，伯恩评估认为修复费用需要 10 020 美元，法院据此支持了这笔赔偿数额。但是，后来布如斯发现修复房产和土地的花费支出翻了 1 倍，于是，布如斯在修复房产后起诉伯恩作为执业工程师存在业务过失造成其损失并索赔。初审法院支持了被告伯恩的抗辩理由，以专家证人责任豁免为由驳回布如斯的诉请。华盛顿州上诉法院驳回伯恩的抗辩理由，案件被发回重新诉讼。最后，华盛顿州最高法院推翻了上诉法院判决，认为放弃专家证人责任豁免特权，会导致专家因担心受到不利证据影响的当事人的起诉而不愿意作证或者尽量做出有利于的当事人的证言，使得专家证言的客观性丧失、可靠性降低。但是，多数法官也认为，证人享有绝对豁免权制度的目的在于鼓励证人如实和完整地陈述自己的意见，防止对判决结果不满意的当事人对证人提起诽谤之诉，并非用以保护专家证人免于不当的职业过失责任。最终，华盛顿州最高法院在有竞争性的法律政策之下权衡利弊，做出了倾向性的选择，即伯恩作为当事人自聘的"友好专家证人"，即使不是受聘于法院，也享有专家责任豁免权。此后，有学者撰文认为，实际上在 1984 年新泽西州等州的法院对法庭聘请的专家在作证时违背谨慎注意义务已不再适用责任豁免特权，但是在 1989 年的布如斯诉伯恩-斯蒂文斯工程咨询公司案中，华盛顿州最高法院的关于当事人诉自聘的"友好专家证人"的执业过失责任案中的论证，给全美国都留下深刻印象。法庭认为，此案是在扩充专家证人的责任豁免特权，在诉前、诉中、诉后提供证言的专家证人都享有责任豁免特权，即使专家证人的意见存在偏见，或者法庭没有采信专家证人意见。到了 1997 年，在马特可福格公司诉亚瑟扬公司(Mattco Forge, Inc. v. Arthur Young & Co.)案中，加州上诉法院开始明确允许原告起诉"友好专家证人"职业过失，法庭认为运用责任豁免特权来保护被告亚瑟扬的渎职行为对于鼓励证人如实作证毫无帮助，责任豁免特权是为了保护当事人、律师和证人免于几乎所有的侵权责任，但是这个特权并不是绝对权利。[3]

在英国，最高法院通过琼斯诉卡内(Jones v. Kaney[2011] UKSC 13)案[4]发出了废除专家证人绝对豁免权的信号。琼斯骑车被汽车撞倒，汽车司机承认自己的过失责任。对于琼斯来说，索赔时主要的举证事项是其损害是否可以康复。友好专家证人医师卡内出具了对琼斯的体检报告，报告中认为琼斯患有创伤后精神紧张性(精神)障碍。保险公司聘请的精神病医师也对琼斯进行体检，认为琼斯夸大了自己的病症。法庭要求保险公司的精神病医师和卡内两位医师作为专家证人共同出具一份意见书，就同意或者不同意琼斯的病情陈述作出说明。二位专家证人通过电话沟通意见之后，保险公司精神病医师将准备的初稿文本发给了卡内医师，卡内医师未作任何改动就签名提交给法院。而这份由保险公司的精神病医师和卡内二位专家证人联合签名的文件与卡内医师之前给过原告琼斯的报告在内容上是存在矛盾的。琼斯因此被认定是存在欺诈，所谓的创伤后精神紧张性(精神)障碍是虚假的。琼斯的机动车损害索赔案最终以庭外和解结案，但是赔偿数额远低于琼斯的预期。于是琼斯以卡内存在专家证人执业过失为由起诉索赔，一审法院以卡内医师享有专家证人责任豁免为由，没有支持琼斯的诉请。英国最高法院以 5∶2 多数意见认定"专家责任豁免"不适用于本案，最高法院认为，追究专家证人的违约责任与专家证人没有尽到谨慎注意义务的事实之间，二者是存在明显不同的，专家证人以合理的技能和谨慎注意标准提供专业服务与其承担的为法院提供帮助服务之间并不矛盾，放弃对专家证人绝对豁免的同时，并不影响对专家证人提起"诽谤"之诉的绝对豁免。专家证人的民事责任由绝对豁免发展为有限豁免，这种变化带来了法律政策平衡的积极效果。专家作证有助于法庭发现事实真相维护司法公正、当事人实现诉讼利益、专家个人赚取报酬等多重利益的实现，但是，如果这些利益之间存在冲突，专家证人成为被告，司法豁免权优先适用公共利益保护，即"如果这种利益特别重大时，被告人应当享有绝对豁免权；如果该利益的重要性相对较小，那么被告人就应当享有有条件的豁免权，并且只有在被告人的行为是合理实施的并且是出于善意时才可以免责"。[2]唯如此，可得期待专家证人尽职履行执业准则和注意义务、提高对当事人的服务质量，相应地，当事人也需要花费更大的代价自聘专家证人为己服务，"友好专家证人"和"委托人"之间也可以在不违背公平原则之下签订限制或者免除友好专家证人的民事责任的合同条款。对"友好专家证人"而言，在面临需要改变最初已经告知了委托人相关专家意见观点的情形时，需要特别小心谨慎，毕竟专家作证这件事不仅仅是关乎当事人付费以及案件审理结果是否能够获得当事人的满意这么简单。

四、"友好专家证人"民事责任构成要件

友好专家证人作证是基于个人的专业知识作判断的工作过程，如果其中存在个人偏见，一般人无从检验其对专门问题判断是否合理。因此，判断"友好专家证人"民事责任构成，需要从专家证人资格审查和专家证人侵权两方面入手。

第一，审查专家证人资格是以相同专业背景、熟悉操作实践为基本要求。以医疗专家证人为例，首先，专家证人的医师执业范围应当与涉案被告医师的执业范围相同，即便是相同大类科别，也不能跨越三级学科划分范围进行评鉴。如，内科医师不能对曾长期给予治疗的患者在其他医师那里所做的小肠外科手术进行评鉴，即使该内科医师对小肠疾病诊疗有很深的造诣并且了解该患者的基本病情。又如，同为外科医师，矫形外科医师不能对脊柱融合外科手术进行评鉴。其次，医师必须熟悉涉案争议疾病的诊疗规范并具备相应的实际操作技能。如，血管扩张术中，心脏科医师对于介入治疗中的患者所要使用药物是非常熟悉和有经验的，有资格对介入治疗医疗过失案中的药物使用问题进行评鉴。再者，如果某个疾病涉及多个学科，每个学科项下的医师对于疾病的诊断治疗均有相关治疗经验，则相关专科医师均有作为专家证人的资格。如，神经科医师、耳鼻喉科医师分别都有资格对交通事故中的脑外伤治疗评鉴。最后，医师不具有对护理行为作评鉴的资格。虽然护理行为是要遵从医嘱，但是护理专业与医师专业教育背景不同，护士的护理工作内容与医师诊断治疗内容是不相同的。

第二，专家证人作证过程中的职业过失构成侵权。因为友好专家证人原本是接受当事人委托而参与到诉讼之中，现在反而是委托人作为原告对自聘的友好专家证人提起职业过失诉讼，这就相当于是"诉中之诉"。在后一个诉中，原告(委托人)要证明受聘的友好专家证人在作证过程中的行为存在过失、原告遭受了损失以及二者之间因果关系。

1. 友好专家证人的职业过失体现在未尽到谨慎合理的注意义务。医疗专业分工巨细，其知识范围是非一般普通人所知悉的，友好专家证人需要对涉案被告医师"在实施诊疗行为的当时情境下应当做到什么以及没有做到什么，以至于违背诊疗注意义务"的行为作评鉴并出具专家意见，最终由法庭行使裁量权。所以，除非该专家经常性地从事专家作证业务，否则大多数的技术专家对于作证这件事并不在行。换言之，与其说是友好专家证人负有谨慎合理的注意义务，不如说是作为友好专家证人遵从的是内心的道德义务——实事求是。虽

然道德义务标准高于合理的注意义务标准,但对于以专家身份接受当事人委托的医师而言,当事人对专家充满了信赖,判断友好专家证人在作证过程中是否尽到合理注意义务,着眼点在于专家作证行为过程而不是其专家证言是否被法庭采信,即要求专家要基于善意、符合职业道德规范、能够运用自己的专业知识和技能服务于委托人。如果法庭认为友好专家证人出具的专家意见证言不能满足证明力所要求的科学性、可靠性、关联性,不能就此认为友好专家证人存在职业过失,也不能以专家证人是否满足委托人的要求作为判断职业过失之标准,更不能要求自聘的专家证人背离客观真实性的要求来作证。

2. 当事人要证明自己遭受了损失。这里的损失具有一定的假设性,是指"假如友好专家证人尽到谨慎合理注意义务来提供专家意见,当事人就具有了在前一个诉中胜诉可能性"。这就要求审理"后一个诉"的法官对"前一个诉"证据和法律适用等问题重新审查——假设专家证人合理举证并被法庭采信,则可推理产生有利于"前一个诉"中原告的裁判结果。特别指出的是,这里的损失应当不高于再次启动诉讼所花费的诉讼成本,与当事人在"前一个诉"中与预期可实现的诉讼利益之损失不是同一概念。本文认为,这里有关假设性损失的证明力,要求要达到一般人都可得预见到当事人能够赢得"前一个诉"的程度,否则,难免会出现当事人仅仅是因为对友好专家证人如实作证不满意就动辄诉讼的情况。

3. 当事人要举证"专家证人在'前一个诉'的作证过程中存在执业过失是导致原告在'前一个诉',未能达到诉讼目的"的原因。原因可分为直接原因和间接原因,在"诉中之诉"中要满足"直接原因",以此提高因果关系要件的证明要求,实现对逐利却不敬业的友好专家证人之责任追究、廓清责任豁免之情形,还可以此限制当事人对友好专家证人承担民事责任的合理范围。

结语

伴随科学技术的不断发展,涉及案件事实的专业取证和作证过程中,当事人自行聘请专家证人参与诉讼的数量将不断增加,"友好专家证人"在诉讼中的地位和作用类似于受托的代理律师,司法实践中已发生当事人对其代理律师追究职业过失责任的实例,相信出现"友好专家证人"承担民事责任案例是迟早之事,希望本文能为此抛砖引玉。

参考文献:

[1] Andrew Ross. Expert Witness Immunity: A Comparative Study. Arbitration, 2013, 79(1):62-71.

[2] [美]莱斯利 · R. 马斯特森;何进平,译. 论专家证人渎职责任[J]. 四川文理学院学报,2009(1).

[3] Douglas R. Pahl, Absolute Immunity for the Negligent Expert Witness: Bruce v. Byrne-Stevens, 26 Williamette Law Review 1051 (Fall, 1990).

[4] Stefan Cucos, UK: Liability Of Expert Witnesses Post Jones v. Kaney, http://www.mondaq.com/x/152772, 2014-12-08 visited.

(责任编辑:王禄生)

理论前沿

ICSID 裁决在中国承认与执行的问题与解决之策

张晓君　魏彬彬*

摘　要　ICSID 是国际上解决投资者与东道国投资争端的最为重要的机构。中国作为 ICSID 公约的成员国,面临着国家豁免、相关国内法缺乏、公共秩序保留、审判监督程序、《纽约公约》的适用等困扰 ICSID 裁决承认与执行的问题。在中国实施"一带一路"战略,加大改善投资环境力度,改革涉外投资体制的背景下,如何遵守公约义务,确保 ICSID 裁决在中国顺利承认与执行,扩大投资合作,保护投资者的利益显得尤为重要。本文拟围绕 ICSID 裁决在中国承认与执行存在的问题及其解决展开分析。

关键词　ICSID 裁决　承认与执行　国家豁免　公共秩序保留　解决之策

一、ICSID 裁决承认与执行的实践检视

（一）ICSID 裁决承认与执行的内容

《ICSID 公约》体系下各缔约国承担承认 ICSID 裁决的约束力并且在本国强制执行 ICSID 裁决所加的财政义务。[①] 对裁决的承认可以产生两种影响,一种是对裁决约束力的确认,即在承认裁决的国家产生"既判力"的作用;另一种是构成了执行裁决的前提。而执行裁决是指一国法院在承认某一裁决效力之后,依照本国的执行程序对裁决予以强制执行。

《ICSID 公约》第四章第六节是关于裁决的承认与执行的条文,包含有第五十三、五十四、五十五条。其第五十三条规定:"ICSID 裁决对双方都具有约束力。不得采用任何司法上诉或采取非本公约规定的任何其他补救办法。每一方应遵守和履行裁决的规定,除非依照本公约的相关规定得以停止执行的情形。"第五十三条针对的对象是争议双方当事人,成员国作为争议当事人之一,必须受到 ICSID 仲裁裁决的约束和履行仲裁裁决规定的义务。第五十四条规定:"每个缔约国都应承认遵从本公约作出的裁决具有约束力,并在其国内执行本裁决所加的金钱上的义务,就像本裁决是该国法院的最终判决一样。有联邦宪法的缔约国可以在该国联邦法院或通过该联邦法院执行本裁决,并可规定联邦法院应把本裁决视

---

* 张晓君,西南政法大学国际法学院教授,博士生导师。魏彬彬,西南政法大学国际法学院研究生。

① 参见《关于解决国家和他国国民之间投资争端公约》第五十四条。

为是其组成的一邦的法院所作出的最终判决。"此规定将裁决的效力扩大到每一缔约国。[1](P141)之所以排除其他种类的裁决义务的执行,一方面是因为各国国内立法对可执行性规定不一,存在差异;另一方面是因为其他种类的执行可能更容易触及公共秩序问题,而金钱义务便于强制执行。[2](P615)第五十五条规定:"第五十四条不得解释为背离任何缔约国现行的关于该国或任何外国执行豁免的法律。"此规定没有明确主权国家享有国家豁免或放弃豁免。

(二)ICSID裁决在缔约国的实践

《ICSID公约》第六十九条规定:"每一缔约国应采取必要的立法或其他措施以使公约的规定在其领域内生效。"实践中,非洲一些国家制定了相配套的国内法方便《ICSID公约》的实施。有些国家则直接根据《ICSID公约》第五十四条的有关规定,将ICSID仲裁裁决按照国内法院终审判决进行处理。目前,外国投资者请求ICSID其他缔约国协助强制执行裁决的案件有四个,即1980年的班邦公司诉刚果案(Benvenuti and Bonfant Srl vs. The Government of the People's Republic of the Congo)[3]、1986年的利比里亚东方木材公司诉利比里亚共和国政府案(The Liberian Eastern Timber Corporation v. Government of the Republic of Liberia)、1988年的西非混凝土工业公司诉塞内加尔案(Societe Ouest Africaine des Betons Industriels v. State of Senegal)以及2004年的AIG诉哈萨克斯坦案(AIG Capital Partners,Inc. And CJSC Tema Real Estate Company v. Republic of Kazakhstan)。这些案件涉及到法国、美国和英国三个国家。它们在承认和执行ICSID裁决时,虽然承认了裁决,但却适用主权执行豁免拒绝强制执行败诉国的财产。不过,在Siag v. Egypt案中,美国纽约南区法院根据纽约民事诉讼法的规定,承认并赋予了相关ICSID仲裁裁决以执行力。有关国家豁免立法的实践方面,英美法国家常常采用成文立法的方式,典型如美国1976年《外国主权豁免法》和英国1978年《国家豁免法》。大陆法系国家大都没有关于国家豁免的专门立法。关于是否适用审判监督程序的问题,在美国司法实践中允许出现某些事由时对裁决的执行进行抗辩,例如当事人欺骗性行为、根本性违反程序等。在阿根廷,主张ICSID裁决至少要受到和本国法院的终审判决一样的待遇——接受审查,不给予ICSID仲裁裁决的债权人比当地法院终审判决债权人更好的待遇。

(三)《纽约公约》适用于ICSID裁决的问题

1958年《承认与执行外国仲裁裁决公约》(简称《纽约公约》)专门用以处理外国仲裁裁决承认与执行的问题。既被设计用于私人之间的裁决,也适用于私人与国家之间的裁决。《纽约公约》的适用范围比较广,除了包括一般的国际商事仲裁,还包括由ICC仲裁机构所作出的与投资者和东道国相关的仲裁,部分ICSID裁决也可以依据《纽约公约》承认与执行。不过,如果缔约国对《纽约公约》作出了"商事保留",就不适用于ICSID裁决。中国加入《纽约公约》时,作出了"互惠保留"和"商事保留",即《纽约公约》只适用于"按照我国法律属于契约性和非契约性商事法律关系所引起的争议"。最高法院为此发布了《关于执行我国加入的〈承认与执行外国仲裁裁决公约〉的通知》,明确何为"契约性和非契约性商事法律关系",直接排除外国投资者与东道国政府之间的争端。这即是说,中国目前无法律依据适用《纽约公约》承认与执行ICSID裁决。如果将争端交给ICSID以外的机构仲裁,也很难在中国承认与执行该仲裁裁决。①

二、ICSID裁决在中国承认与执行中存在的问题

（一）国家绝对豁免的问题

中国遵循的是国家及财产的“绝对豁免理论”。然而，对ICSID裁决执行方面的“绝对豁免理论”会导致国家和私人之间的不平等。在签订投资协议时，如果国家的约束是可选择的，而私人投资者必须要接受约束，当事国仅从交易中获利而不承担义务，这就有违公平。此外，放弃承认豁免却不放弃执行豁免不合逻辑。如果国家愿意以ICSID仲裁的方式解决争端，则就表明它愿意承担仲裁的后果，即使是对自己不利的裁决。对此，有西方学者建议推广“放弃执行豁免权条款”，并通过诸如“不可撤销地放弃”“无论其财产是否为商业财产”等措辞来解决此类问题。不过，这一建议虽然可以较好地解决绝对豁免的弊端，但过于激进，容易对东道国的主权造成冲击，很可能不为大部分国家尤其是发展中国家所接受，所以没有可实施性。[4] 最终将会影响到ICSID在解决东道国与私人投资者争端中所发挥的作用。

（二）《ICSID公约》相配套的国内法问题

中国缺乏根据《ICSID公约》第六十九条规定的配套法律制度。国内法如果未能明确区分ICSID裁决承认与执行这两个不同的程序，在实践中就容易混淆，导致申请承认裁决的过程模糊而艰难。在班邦公司诉刚果案、西非混凝土工业公司诉塞内加尔案、利比里亚东方木材公司诉利比里亚共和国政府案和AIG诉哈萨克斯坦案等案件中，就是因国内法没有明确的规定，导致对ICSID裁决的承认受阻。此外，由于中国对《纽约公约》作出了商事保留，外国投资者又不能依据《纽约公约》来申请承认和执行ICSID裁决。因此，如何充分运用《ICSID公约》各项条款，以适应ICSID仲裁机制的改革和发展，制定相应配套的国内法，切实改善吸引外资的法制环境，是我国当前应当认真思考和解决的问题。

（三）公共秩序保留适用的问题

根据中国《民事诉讼法》的相关规定，若一项外国法院的裁判或外国仲裁机构裁决的承认与执行与我国的社会公共利益相违背，则可以拒绝承认与执行该判决或裁决。② 在ICSID仲裁裁决的承认和执行实践中，一般被申请方是外国主权国家，这有可能会导致承认和执行ICSID裁决会违反公共秩序保留原则，结果就是执行国以此为由拒绝执行ICSID裁决。如法国法院受理的SOABI v. Senegal案，SOABI是一家由比利时人控制的公司，向法国法院申请承认与执行关于塞内加尔的ICSID裁决，虽然法国初审法院承认了ICSID的裁决，但

① 参见《最高人民法院关于执行我国加入的〈纽约公约〉的通知》，如果外国投资者依据《ICSID公约》之外的仲裁规则对中国政府提起仲裁，而中国政府拒不履行对其不利的裁决，外国投资者既不能依据《ICSID公约》的裁决承认与执行，也不能依据《纽约公约》在其他缔约国请求强制执行裁决。

② 参见《民事诉讼法》第二百七十四条、1958年《纽约公约》第五条第2款。

是后来法国上诉法院撤销了初审法院的决定，其中一个原因就是公共秩序。另外在 Benvenuti&Bonfant v. Congo 案中，当事人申请对刚果政府的 ICSID 仲裁裁决的承认与执行，法国巴黎初审法院不认为该 ICSID 裁决与法国公共秩序相违背，因此承认和执行了 ICSID 裁决。事实上，将是否违反本国公共秩序作为承认和执行 ICSID 裁决的标准极为不妥。ICSID 裁决与一般的商事仲裁裁决有所不同，其本身就应排除当事国的主权豁免因素。ICSID 公约的裁决国往往是基于本国的法律，而非 ICSID 本身的承认和执行机制来考虑，如此将容易导致以公共秩序保留为借口免除当事国的义务，致使以财产为执行的标的不能被执行，外国投资者合法利益也无从得到保障。

（四）审判监督程序的问题

根据《ICSID 公约》第五十四条的规定，ICSID 裁决相当于缔约国法院的最终判决。其本意是强调裁决具有确定的效力和终局性。然而，根据中国国内法，法院的最终判决是要接受审判监督程序的审查。① 在美国的司法实践中，也存在情事变更、管辖权问题等执行的抗辩理由。许多国家的民事诉讼法典也允许法院对终审裁决进行审查，审查裁决是否违反了法律基本原则和法院对事实的认定有无错误等。如前所述，阿根廷政府认为 ICSID 仲裁裁决必须要接受审查，如同法院终审判决执行的程序一样。但是，阿根廷的这一做法受到了包括 ICSID 仲裁庭、其他国家政府和国际理论界的反对。因此，需要思考中国法理上将 ICSID 裁决纳入到审判监督程序的恰当性问题。

（五）《纽约公约》的商事保留问题

《纽约公约》的适用范围比较广，除了包括一般的国际商事仲裁，还包括由 ICC 仲裁机构所作出的与投资者和东道国相关的仲裁，这意味着 ICSID 裁决应可以援引《纽约公约》予以承认与执行。适用《纽约公约》承认与执行 ICSID 裁决主要包含两种情况：第一，东道国败诉后不履行 ICSID 裁决，但是有财产在非 ICSID 缔约国境内，同时投资者的母国和此非 ICSID 缔约国都是《纽约公约》的缔约国，则投资者可以请求此非 ICSID 缔约国适用《纽约公约》来承认与执行 ICSID 裁决。第二，ICSID 裁决作出后，其金钱义务可以依照《ICSID 公约》执行，而非金钱义务，则需适用《纽约公约》来承认与执行。但是中国在 1987 年加入《纽约公约》时，作出了“商事保留声明”，即《纽约公约》不适用于“外国投资者与东道国政府之间的争端”。此商事保留实际上排除了 ICSID 裁决可以依据《纽约公约》在中国承认与执行。

三、中国对 ICSID 裁决承认与执行问题的解决之策

（一）遵循限制豁免理论

目前世界上越来越多的国家放弃“绝对豁免理论”[5](P142-148)，转而支持“限制豁免理论”。与“绝对豁免”相比较，“限制豁免理论”认为应该把外国的国家行为分为公法行为和私法行为，外国国家以主权者资格行使的政治、军事和外交等行为属于公法行为，应当给予豁免。

① 参见《民事诉讼法》第十六章的有关规定。

外国国家直接参与经济贸易等商业活动的行为属于私法行为，不应当给予豁免。绝对豁免理论的适用将有可能免除当事国应承担的义务，导致投资者转而援引《ICSID 公约》第二十七条第 1 款向其母国寻求外交保护，有可能会引发国家间关系的紧张，导致国际投资纠纷的政治化。在现实中，当投资者赢得 ICSID 裁决，其往往对适用"限制豁免理论"的国家法院更感兴趣。[6](P227) 对于中国而言，应当遵循"限制豁免理论"处理 ICSID 裁决的承认与执行的问题。况且，2005 年 9 月 14 日，中国签署了《联合国国家及其财产管辖豁免公约》，该公约在肯定国家豁免作为一般原则的同时作出了对国家豁免加以限制的具体规定。这预示着有限豁免理论将成为主流发展趋势。

（二）制定相配套的国内法

《ICSID 公约》需要借助缔约国的国内法或其他措施使得 ICSID 裁决承认和执行。目前中国的国内法在与《ICSID 公约》配合方面出现短板，没能正式推出与《ICSID 公约》配套的立法，因此需要加强国内立法的完善。[7](P49-50) 许多 ICSID 裁决的承认与执行受挫就是因为没有制定与《ICSID 公约》相配套的国内法。《ICSID 公约》将裁决区分为承认和执行两个阶段：首先是承认阶段，确立了缔约国自动承认裁决的制度；其次是执行阶段，这就与各国国内法的规定密切相关。我国应尽早将 ICSID 裁决的承认与执行问题提上立法议事日程，出台相关配套法律。同时，为了更好的履行《ICSID 公约》里的义务，中国应完善相关司法解释，如由最高人民法院就相关问题发布司法解释。此外，《ICSID 公约》第五十四条规定当事人应向有关机关提交关于执行 ICSID 裁决的裁决书，中国目前并未指定相关机关。在实践中，其他国家大多指定本国的法院，也有国家指定司法部或总检察长办公室。为此，中国应尽快指定接收裁决书的机关。

（三）排除公共秩序保留的适用

中国对公共秩序保留制度一贯持肯定的态度。如我国《民法通则》第一百五十条和《民事诉讼法》第二百七十四条的规定。ICSID 裁决中的被申请执行当事人往往是主权国家，而主权国家当事人往往可以法院地国家的公共秩序保留制度抗辩该裁决的承认与执行。事实上，因公共秩序保留而拒绝履行有关 ICSID 仲裁裁决的承认与执行的行为是错误的。[8](P94-107)《ICSID 公约》建立了一种十分简便的执行程序，它与一般国际仲裁裁决执行的规定不同，因此不能将 ICSID 裁决的承认与执行和一般国际仲裁裁决的承认与执行相混淆。公共秩序保留不能成为缔约国拒绝承认和执行 ICSID 裁决的借口。中国针对 ICSID 裁决的承认与执行应当排除公共秩序保留的运用。

（四）不适用我国的审判监督程序

《ICSID 公约》第五十四条的规定表明 ICSID 裁决相当于我国法院的终审判决，根据中国的《民事诉讼法》，我国法院的终审判决还要受到审判监督程序的限制。审判监督程序是否适用于 ICSID 裁决呢？阿根廷政府主张 ICSID 裁决要受到审查，结果受到 ICSID 和其他国家的谴责。《ICSID 公约》第五十三条规定："ICSID 裁决对双方都具有约束力。不得采用任何上诉或采取非本公约规定的任何其他补救办法。除依照本公约有相关规定予以停止执行的情况外，每一方应遵守和履行裁决的规定。"该规定表明 ICSID 裁决具有确定的终局性，争议双方当事人不可以对裁决提出上诉或其他补救措施，同时也表明，缔约国国内法院不能像审查外国法院的裁决一样去审查ICSID裁决。这实际上代表了国际社会对ICSID裁决的态度。因而，我国审判监督程序不应适用于ICSID裁决的承认与执行。

（五）《纽约公约》的适用

中国虽然在加入《纽约公约》时作了"商事保留声明"，导致无法适用《纽约公约》来承认与执行ICSID裁决。如果暂时不能直接撤回《纽约公约》的商事保留，则可以参考中国与墨西哥签订BIT时的做法来解决这个问题。首先在BIT中规定"应任一争端方的请求，依本节提起的任何仲裁应在《纽约公约》缔约国内进行"，其次规定裁决和裁决执行的专门条款，如"缔约各方应在其领土内采取一切必要措施以有效执行依本条作出的裁决，并应为执行以其为当事一方的程序作出的任何裁决提供便利"。[9](P115-142)如此，才能避开商事保留，适用《纽约公约》来更好地保证ICSID裁决在中国的承认与执行。当然，长远来看，解决此问题，应当是撤回《纽约公约》中关于"商事保留的声明"。

四、小结

ICSID争端解决机制满足了国际投资争端当事方对解决争端的需求和选择，ICSID的受案数量已从过去的寥寥无几发展到今天的数目繁多，ICSID已被广泛运用到投资争端解决当中[10]，并发挥着越来越重要的作用。ICSID裁决承认与执行机制也有自身的特点和适用范围，相比《纽约公约》的外国裁决有更强的执行力。中国自1992年批准加入《ICSID公约》至今，虽然与中国有关的ICSID仲裁案件仅有五个，即谢叶深诉秘鲁案[11]、Ansung Housing Co., Ltd. 诉中国案[12]、平安保险公司诉比利时案[13]、Ekran Berhad诉中国案[14]和北京城建集团诉也门案[15]，而且这五个案件均处于仲裁程序之中，但这并不意味着中国对未来ICSID裁决执行中可能存在的问题可以不予考虑，况且，其他国家ICSID裁决承认与执行也会涉及到中国。因此，充分认识到ICSID裁决在中国承认与执行中可能存在的问题，根据缔约国的实践有针对性的提出解决之策，如此才能优化中国国际投资法治环境，促进经济的发展。

参考文献：

[1] 张晓君. 国际经济法学[M]. 厦门：厦门大学出版社，2012.

[2] 王传丽. 国际经济法[M]. 北京：高等教育出版社，2013.

[3] ICSID Case No. ARB/77/2[EB/OL]. [2005-03-01]. https://icsid.worldbank.org/apps/ICSIDWEB/cases/Pages/casedetail.aspx? CaseNo=ARB/77/2.

[4] A. Broches. Convention on the Settlement of Investment Disputes Between States and Nationals of Other States[J]. Collected Courses of The Hague Academy of International Law, 1972.

[5] 张潇剑. 论ICSID仲裁裁决的承认与执行[J]. 西北大学学报，2010，4(1).

[6] 周成新. 国际投资争议的解决方法[M]. 北京：中国政法大学出版社，1989.

[7] 曾华群. 仲裁解决中外投资争议的新发展[J]. 中国外资，1999，5(1).

[8] 肖芳. 国际投资仲裁裁决在中国的承认与执行[J]. 法学家，2011，6(1).

[9] 陈辉萍. ICSID 仲裁裁决承认与执行机制的实践检视及其对中国的启示[J]. 国际经济法学刊,2011,2(1).
[10] UNCTAD, Latest Developments in Investor-State Dispute Settlement, 2006, p. 2[EB/OL]. (2007-01-08) http://www.unctad.org/sections/dite-pcbb/docs/webiteiia200611-en.pdf.
[11] ICSID Case No. ARB/07/6[EB/OL]. [2005-03-01]. https://icsid.worldbank.org/apps/ICSIDWEB/cases/Pages/casedetail.aspx? CaseNo=ARB/07/6.
[12] ICSID Case No. ARB/14/25[EB/OL]. [2005-03-01]. https://icsid.worldbank.org/apps/ICSIDWEB/cases/Pages/casedetail.aspx? CaseNo=ARB/14/25.
[13] ICSID Case No. ARB/12/29[EB/OL]. [2005-03-01]. https://icsid.worldbank.org/apps/ICSIDWEB/cases/Pages/casedetail.aspx? CaseNo=ARB/12/29.
[14] ICSID Case No. ARB/11/15[EB/OL]. [2005-03-01]. https://icsid.worldbank.org/apps/ICSIDWEB/cases/Pages/casedetail.aspx? CaseNo=ARB/11/15.
[15] ICSID Case No. ARB/14/30[EB/OL]. [2005-03-01]. https://icsid.worldbank.org/apps/ICSIDWEB/cases/Pages/casedetail.aspx? CaseNo=ARB/14/30.

(责任编辑:熊樟林)

公众认同视野下的行刑宗教化

马荣春　胡海波*

摘　要　行刑宗教化是法治与宗教结合的一种体现。促进法治文明以提升整个社会文明，是对行刑宗教化公众认同的务虚说明。通过以谦卑和大爱为内容的灵魂救赎和伦理自律而教服刑人向善，是对行刑宗教化公众认同的务实说明，并可将之实践到我国当下的行刑实践之中。行刑宗教化将在如何改造罪犯上开启我国行刑事业发展的一个新方向。

关键词　公众认同　行刑　宗教　法治文明　伦理自律

一、行刑宗教化公众认同的"务虚"说明

宗教化对行刑的公众认同可以放在社会文明的话语背景中进行一番"务虚"说明。有人说："我们根据其推动社会文明的力量来衡量一切宗教。"[1](P1055)当宗教能够通过其介入或渗入行刑而实现对罪犯灵魂的救赎，从而使得罪犯出狱或刑满释放时真正地弃恶从善，则宗教便可以看成是在刑事领域的一种推动社会文明的力量。宗教在行刑之外通过教人向善而释放其推动社会文明的力量，而宗教在行刑之内则通过教罪犯向善同样释放着推动社会文明的力量。

在人类法制文明史上，围绕着刑罚的本质问题长久地进行着报应论与预防论的争执。而如今，既是报应又是预防表达着人们对刑罚本质问题的妥协性共识。作为事物本质的东西不应是二元的，即二元的东西不应成为事物的本质，因为二元的东西将对应着两个本质即两个事物。于是，当我们讨论事物的本质，则心照不宣地是讨论某一个确定的事物的本质。回到刑罚的本质问题上来，我们只能在报应和预防两者中间取其一，那么我们所选取的不是报应而是预防，因为报应反映的只能是犯罪与刑罚之间自然反应的层面，而刑法的本质问题所反映的应是价值层面的问题。由于价值问题所反映的是事物之于人们需要的问题，故预防显然较报应更能说明着人们的需要，从而有资格担当刑罚的本质。当我们说报应能够起到强化人们规范禁忌的作用，则预防显然比报应显得更加内在，而内在的东西显然比外在的东西更有作为事物本质的资格。刑罚的预防价值虽然早已为人们所认识，但在人类社会的早期，对应着当时生产力的发展水平和人们的精神观念水平，刑罚所呈现给人们的较多的或过多的是报应色彩。随着生产力的发展和人们精神观念水平的提高，刑罚的预防这个本来就存在的层面便越来越受到人们的关注，即刑罚的预防由原来的"潜在"逐渐变成"显在"。在刑事古典学派形成之前，与资本主义萌芽相对应的西方启蒙时期的一系列刑法思想已经

* 马荣春，扬州大学法学院教授，法学博士后。胡海波，江苏省扬州市人民检察院公诉处检察员，法律硕士。

给出有力的说明。资本主义经济对人权的天然要求使得刑罚突显的不是报应而是预防。在和谐发展和可持续发展的时代迫切要求面前,预防更是在刑罚中以其原生力量而突显其时代价值。于是,死刑的依然保留也只好用极端的预防来诠释。行刑的宗教化的提倡和推行不仅显然有助于从根本上摈弃刑罚报应观念而呼应刑罚的预防这一本质要求,更重要的是行刑的宗教化将使刑罚在合乎心理规律或精神规律之中本质地显示其预防的力量或显示其预防的本质力量,从而收到改造罪犯的深刻效果。当有人提出削弱刑法的强制性而增进刑法的诱导性刑事策略[2](P15-20),则这一策略隐含着对刑罚本质的主张,即淡化强制性的报应而强化诱导性的预防。如果把刑法活动分为刑法立法、刑法裁量和行刑三个环节,则刑法诱导性的增强应主要是在后两个环节特别是在最后一个环节即行刑环节。如何在行刑环节增强刑法的诱导性?行刑的宗教化应是一个不可低估的手段或途径。日本学者中已有人提出刑罚的复合性命题,即现实的刑罚中有报应的要素也有教育的要素,有赎罪的要素也有社会防卫的要素,有一般预防的要素也有特别预防的要素,而鉴于刑罚的复合性质,只要刑罚的运用作为整体能够发挥刑罚的机能,则为适当的运用[3](P177)。显然,行刑的宗教化能够被刑罚的复合性命题所容纳,且行刑的宗教化能够将刑罚的教育性、赎罪性和个别预防性予以统括。总之,行刑的宗教化是刑罚的本质在顺应时代新要求之下必然要闪烁出的一圈新光环。既然行刑的宗教化是在映现着刑罚的预防本质而与和谐发展与可持续发展发生了联结,则行刑的宗教化的意义便可在社会文明中得到说明。

行刑的宗教化还可以通过影响监狱构序来体现其对法治文明乃至整个社会文明的意义。随着时代的发展与进步,我们的监狱功能朝着使罪犯重返社会这一目标而逐步走向健全。但是,累犯率的居高不下说明我们当前的监狱构序基本上或在骨子里还是那种传统的"权力—服从"构序。作为一种工具性的构序,从而是压制性的政治构序而非法治构序,"权力—服从"构序出于政治需要和监狱本身安全需要使得罪犯即服刑人成了只承担义务的行刑客体。于是,罪犯的主体性得以消弭。这种构序正如国外学者指出,监狱是一个"彻底而严厉的制度",不仅在封闭森严的环境里"对罪犯施展一种几乎是绝对的权力",而且"具有内在的压迫和惩罚机制,实行一种专制的纪律。"[4](P264)也如学者指出,传统监狱秩序在传统社会法律工具主义的思想影响下,其构造秩序的规则是国家政治决策设计的结果,不仅在体系上不完整,还使监狱行刑并未从真正意义上构建起符合现代法治社会所要求的法律关系即国家或监狱与罪犯之间的权利义务关系,从而行刑权力缺乏相关规则制约而变得骄横,并使得处于无权地位的罪犯成了权力与规则作用的客体,最终监狱强制处于合法性危机之中。而其结果是,不仅体现出施体性即对罪犯自由的限制或剥夺而产生的痛苦,而且还具有"加辱性"即将罪犯置于社会谴责的地位,并从道德上予以否定评价,使罪犯产生精神的痛苦与煎熬。于是,刑罚不仅不会起到应有的惩罚和改造作用,而且还会使罪犯在一种不人道的行刑环境中走向自我贬格[5](P595-606)。所谓"自我贬格",就是俗话说的"破罐破摔",其通常表现就是刑后再犯乃至刑内再犯。如今,若是推行行刑的宗教化,则监狱的"权力—服从"传统构序将得到重整,而其恶果将得到扭转,因此行刑的宗教化是以救赎罪犯的灵魂并使其养成伦理自律为目标,而这将使得罪犯由原先的被压制对象变成交流对象,由行刑客体即义务主体变成行刑主体即权利主体,即由"权力—服从"传统构序向"权利—义务"与"权力—责任"双向互动的新构序演变,甚至一种"指导—协商"的非强制性行刑机制也悄然建立,而这种尊重罪犯人性尊严和促进罪犯自律性人格发展的行刑机制,也许会为陷入困境的行刑现状带来些许生机与活力[5](P631)。当行刑的宗教化能对监狱构序发生前述影响，则行刑的宗教化便发挥着推动行刑文明，从而也是在推动法治文明和整个社会文明发展进步的作用，因此行刑是法治，从而也是整个社会文明的当然构成部分和极其重要的构成部分。

在对监狱构序的重整之中，行刑的宗教化对社会文明的勾连可以运用两个理论予以具体展开：一是“需要层次理论”。众所周知，美国学者马斯洛将人的需要从低到高分为五个层次，即生理需要、安全和保障需要、爱与归属需要、尊重自我和他人需要、自我实现需要。这里，行刑的宗教化所能满足的是罪犯的自我实现需要，因为行刑的宗教化的功能在于对罪犯实现灵魂救赎和养成其伦理自律，而灵魂救赎和其伦理自律的养成则是一种意义特别和境界特别的自我实现。当行刑的宗教化内含着罪犯的自我实现，则其便通达着社会文明，因为个体自我实现是社会文明的最高体征。二是“道德判断能力阶段理论”。科尔伯格与其同事经过长期调研认为，人的道德判断能力要经历六个阶段。第一是“惩罚和服从倾向阶段”。在此阶段，个人就如同孩子服从父母那样服从他人的权力意志。第二是“手段交换倾向阶段”或“工具相对主义阶段”。在此阶段，个人同意那些会给自己带来好处的规定并报之以服从。第三是“奖赏阶段”或“好孩子倾向阶段”。在此阶段，个人与他人保持一致以博取赞赏。第四是“法律和秩序倾向阶段”。在此阶段，个人服从法规是因为他关心和考虑社会共同体的整体利益。第五是“社会契约遵法倾向阶段”。在此阶段，个人不再只是默守法规而是考虑公正和人权的实现。第六是“普遍道德原则倾向阶段”。在此阶段，个人的道德全面成熟并能够理性地根据普遍一致的道德原则来作出个人的道德选择。从第一个阶段到第六个阶段是一个由低到高的进步过程，标志着个人逐步控制自己而逐步成为一个独立的道德选择者[6](P230-231)。那么，一个人走上犯罪道路似乎意味着他或她在第四和第六个阶段出了道德判断能力问题。而当行刑的宗教化有助于修复罪犯在此两个阶段的道德判断能力，则行刑的宗教化便是在行刑领域助推着社会道德文明的发展进步。或许是巧合，行刑的宗教化有助于罪犯道德判断能力的修复和行刑的宗教化有助于罪犯在灵魂救赎和伦理自律上实现自我，是可以相互说明的。而在此相互说明之中，行刑的宗教化的社会文明意义得到了更加深切和全面的阐释。

立于我国的宗教政策和宪法规定，行刑的宗教化无疑将面临着宗教信仰自由的观念与法律障碍。但是，任何一种有助于社会文明进步的事业都值得我们去设想和推行。行刑的宗教化符合着刑罚重塑罪犯人格的心理规律或精神规律，通达着犯罪预防，促进着法治文明和整个社会文明。随着改革开放的不断推进，我们的物质文明可谓“与时俱荣”，我国的各项制度包括法律制度也在“与时俱备”。然而，犯罪的“与时俱增”却在说明着的我们的精神文明至少在某个或某些方面“逆时而退”。而个中原因，信仰问题当为首推。信仰有多种，但在市场经济年代，就罪犯教化以防止其再犯而言，具有必要性和可行性的信仰不是靠公而忘私之类的意识形态所能培植，因为人之为人必有欲望，而欲望是不能消灭的。既然欲望只能予以限制，则宗教将在预防再犯上发挥其积极作用。于是，行刑的宗教化便仿佛是一束亮光在投射到预防再犯上之后，又反射到整个法治文明上。当行刑的宗教化的意义能够得到“社会文明”的高度说明，则行刑的宗教化的公众认同便不应受到怀疑，因为公众正是在一定的“社会文明”中才得以形成是非标准和价值立场，从而形成公众认同自身，或曰公众认同本身就是“社会文明”所决定的①。

二、行刑宗教化公众认同的“务实”说明

这里的“务实”说明指的是在行刑中宗教化对罪犯即服刑人的心理作用机制。而由此具体的心理作用机制中，公众将切实感受到行刑宗教化的实践可行性及其有效性，从而打消行刑宗教化是“伪科学”乃至“无稽之谈”的疑虑以最终认可和接受，即赋予其公众认同。

有人说：“宗教既不是传闻、假设或臆想，也不是通常的主张或声明；既不是对任何一种时尚的模仿，也不是对一种独特奇想的虔敬行为，这些行为包括哀婉动人的祈祷，激烈的申辩，肉体上的克制，情绪上的反常，以及对他人的纯朴习俗所表示的反感。宗教存在于深深的谦卑和对全人类的爱之中。”[1](P1054)这一论断可使我们将宗教与行刑联结起来，而首要的联结点便是所谓“宗教存在于深深的谦卑之中”。具言之，犯罪这种无视法律规范的行为在相当意义上可以看成是人性的一种张扬，而刑罚作为一种否定性的对立物，其在相当意义上就是出于消磨这种张扬而代之以谦卑。刑罚何以能够通过使罪犯谦卑而实现对代表着张扬的犯罪的否定，那就是行刑的宗教化。行刑的宗教化通过使罪犯谦卑以消蚀其对法律规范的张扬性对峙。佛教教人以因果报应，基督教教人以容忍，这些都可在观念上培育着人们包括罪犯对道德伦理和法律规范包括刑法规范的尊重乃至敬畏，从而道德伦理和法律规范包括刑法规范便可在人们包括罪犯的心目中获得主体化或人格化的自我认同地位。那么，对规范的诚服心理便可形成，而个别预防的效果将从根本上获得最大化。民间常把一个人去参加基督教宣讲活动称之为“靠主”，这一说法耐人寻味。“靠主”之人是因为没有“主”才去“靠主”，而所谓“靠主”实质是指去寻找并依靠某种人生观和价值观，并借此去重新开启或匡正其人生的方向。而在此过程中，“靠主”之人将形成自我的交往理念和行为规范。当其自我的交往理念与行为规范与法律规范相呼应或相吻合时，则宗教本身将以一种前置性的教化效果而令法律规范包括刑法规范“坐享其成”。我们常说法律对人的作用是外在的他律，而道德对人的作用是内在的自律。同样作为规范，内在的自律在效果上当然大于外在的他

---

① 纵观刑罚史，如果说一部死刑史便是一部残酷史，则其残酷不是残酷在死刑本身，而是残酷在死刑的执行方式上。无论是中国还是外国，那些曾经盛行过的五花八门的死刑执行方式昭示着一部死刑史便是一部残酷史，因为那些执行方式嗜好于让受刑者肉体疼痛而让观刑者心灵恐怖，进而麻木于受刑者的最起码的人格尊严。在当代中国，特别是在“严打”时期，曾经有过在山坳里或树林边等荒野的场所让众人围观的“批量”枪决执行。及至后来，在一个四周是高墙电网，内有水池垂柳的花园式场所枪决执行被一些地方法院先后采用。而如今，在一个单人间式的洁净场所注射执行已被逐步推广。可见，随着社会文明的不断进步，死刑的执行方式在我们这个国度也在不可逆转地变得“柔和”和“圆文明”起来，即死刑执行逐步采取了公众认同的方式。对于死刑的执行，有人不无渲染地作出过这样的描述：“在法律中，各种各样的仪式都有一定的表演色彩，比如死刑执行的仪式就很典型。生死之谜，常常引起人们千思百虑，牵肠挂肚，无限深情中生出无限神奇与感慨，或凄惘，或执著，或留恋，或激昂而慷慨，或低沉而徘徊，或者有无限之遗恨，或者有不尽之伤感。虽为死囚，难免人之常情；纵然有罪，赴死亦足为大事。此死中，有自然大化运行的力量，有人间牵三挂四的勾连，有伦理整体的庄严，也有国法冷峻严厉的命令。所以，不管赴死之人的善恶智愚，也不管其人贵贱寿夭，必先有审判程序之严格，继之以执行仪式之严肃，未可草草了事，草草敷衍。整个过程前后衔接，节奏鲜明。死刑之执行地，是为法场，或者是固定的或者是非固定的，或者在荒郊，或者在闹市。观众万头窜动，是古代的景观，现在也有遗风。他们或者怒目而视，或者高声叫嚷，或者詈骂之，或者喝彩之，或者叹惋之，或者深思之，不一而足。执法者要宣布罪犯身份，所犯何罪，而后享有或者死前三碗酒，或者与亲人最后晤面的权利等。而后才是斧砍，或绞或斩，或枪决，或注射……”（吕世伦主编：《法的真善美》，法律出版社 2004 年版，第 530-531 页。）而现在，死刑执行若再呈现出公开性和残酷性，则公众便是难以认同的，因为社会文明已经进步到了公众对死刑执行的公开性和残酷性难以认同的阶段。

律。如今看来,作为最原初的行为规范,宗教的规范效果不仅大于作为外在强制的法律规范,也大于一般的道德规范,因为宗教通常是借助人们的谦卑心理来发挥其内在的自律作用的。

用谦卑一词来说明宗教对人们的内心自律作用,从而将其与行刑活动相联结难免带上一种消极的色彩,而"宗教存在于深深的对全人类的爱之中",则可使宗教与行刑的联结幻化出一种积极的色彩。宗教无论是教人爱别人乃至爱自己的仇敌,还是教人忍受苦难,都是教人要胸怀大爱。那么,所有的疏忽、算计、报复、纠葛与冲突都将在大爱之中荡然消解。当大爱给人们的心田撒下一片纯净,则违法乱纪的心理动机将不再生成。如此,则行刑的宗教化将可使罪犯用大爱来荡涤其犯罪人格,从而其改造将是积极和彻底的。需要强调的是,行刑的宗教化本身也是一种大爱,即行刑的宗教化是让受刑者即罪犯在行刑者所给予的大爱中养成受刑者对社会的大爱以消除其犯罪人格。在某个角度及某种意义上,我们可将刑罚的目的看成是确证法律规范本身,乃至培养公民所谓"对法律的忠诚",但在行刑的宗教化这一论题之下,前述刑罚目的便显得境界不高了,因为由雅科布斯所提出的"对法律的忠诚"终究是通过承担破坏规范的代价来培养[7](P39),而行刑的宗教化将使罪犯在其今后的人际交往中不是用所谓法律规范来约束自己,而是用谦卑乃至大爱来引导自己。

意大利学者加罗法洛将犯罪区分为自然犯和法定犯。自然犯所具有的是"自体恶",而法定犯所具有的是"禁止恶"。所谓"自体恶"是指不法行为与生俱来的恶,而"禁止恶"是指不法行为本来无关伦理道德而纯因法律的规定方始具有恶。具有"自体恶"的自然犯所指向的是缺乏人类生来具有的爱他情感中最本质的怜悯之情和诚实的行为为内容的犯罪。如今,当提出行刑的宗教化,则自然犯便是其首要的适用对象,因为在某种意义上,自然犯才是真正的"灵魂的犯罪"而真正需要"灵魂的救赎"。在中国的传统文化中,犯罪包含着较多的伦理内涵;而在西方的文化传统中,犯罪则包含着更多的伦理内涵即道德评价因素,因为西方的犯罪概念深受宗教的浸润,特别是基督教的原罪思想对犯罪概念具有深刻的影响,乃至西方文化被称为罪感文化[8](P179—185)。这就是西方国家的行刑活动伴有宣教和祈祷内容的原因。那么,虽然我们正处在市场经济不断推进的时代,但是我们的行刑活动仍应适度地渗入教罪犯向善的宗教内容,毕竟经济发展无论带给我们这个社会以怎样的繁荣,但最基本的人伦关系终究是我们这个社会成其为社会的根基。而对于最基本的人伦关系的维系,肉体的强制远不如灵魂的救赎和伦理自律更有效。就作为基督教载体的圣经而言,其所欲传达给人们的是"神"的大爱,而"神"的大爱意味着不嫉妒、不自夸、不张狂、不做害羞的事、不轻易发怒、不算计别人,爱是忍耐、包容、相信和期盼。于是,圣经能够通过"神的大爱"而对所有的人包括官员和犯人的心灵给予这样的熏陶:我们所有的人都是普通的人,我们没有什么高别人一等而值得高傲的。因此,我们应该用"最平常的心"去面对一切,善待并宽容他人。而当我们遇到打击和困难的时候,我们要用孩童般的心去切切仰望。可以想见,将以前述大爱为内容的宗教宣教加入到我们的行刑活动中,则爱的话语借助宗教的氛围必将对犯人产生特殊的心灵浸染作用,从而在预防再犯上收到独到效果。反之,离开了灵魂救赎,则用控制肉体自由的手段来"改造"罪犯,则无异于囚禁野生动物,而即使将其放出来,则仍然野性不改甚或野上加野。

由上论述可知,行刑的宗教化的实质就是运用宗教来对罪犯进行灵魂救赎和伦理自律而教犯人向善,而灵魂救赎和伦理自律的两个作用点就是谦卑和大爱。人类发展的历史已经有力地说明了一点:佛教、伊斯兰教和基督教曾经就是没有国家强制力作后盾,而其教义规范效果却大于当今有国家强制力作为后盾的实定法。而在这一点中,灵魂救赎和伦理自律之于人类行为的规范作用则又是更为实质的一点。当灵魂救赎和伦理自律能够教罪犯即服刑人向善,则行刑宗教化的公众认同便是能够预期的。

三、行刑宗教化公众认同的实践尝试

当我们可将行刑手段和行刑内容分为“硬件”和“软件”,则我们的“行刑软件”便与“行刑硬件”形成了严重不对称。我们的“行刑硬件”在罪犯人身自由管束和强制劳动等方面确实显得很“硬”或过“硬”,而我们的“行刑软件”在从主观上改造罪犯方面却又确实显得很“软”或过“软”。这里所说的在改造罪犯方面显得很“软”或过“软”,是指行刑过程中以让罪犯重新做人为宗旨的思想教育流于形式、空洞、枯燥的说教,而真正从灵魂深处打动罪犯的心理工作则显得极为荒疏或苍白。累犯率居高不下从我们的行刑格局中找到了大致的答案。有报道称,一个竟然是获得减刑的叫宋泽刚的释放人员在释放后不到两个月的时间内就开始实施杀人犯罪,并且在两天内连续残杀 5 人[9]。难道这个实例不能引起我们对当今行刑的警醒与震惊吗?在警醒和震惊之余,我们不得不思忖我们的行刑事业该何去何从或该有怎样的起色。

西方许多国家每年都从财政上拨巨资来巩固和发展宗教教育事业,其典型体现是在大学(如英国的牛津大学和美国的耶鲁大学等)里都设立神学院。神学院的毕业生包括神学学士和神学博士,毕业后被分配到军队和监狱等领域去从事神职工作而为国民的信仰服务。联系中国当今,和谐发展与可持续发展不仅不应排斥所有宗教,反而是需要具有合理内容和精神的宗教。罪犯改造事业是和谐发展与可持续发展中的一项不可马虎的社会事业。那么,罪犯改造事业便与宗教在和谐发展和可持续发展中获得了时代“兼容性”,即行刑的宗教化是和谐发展与可持续发展的时代要求。既然如此,则在行刑场所包括监狱和社区矫正的社区有条件地定期举行宣教活动将是今后行刑活动中的一种新气象,并在积累经验中逐步将其制度化和规范化。所谓行刑宗教化的制度化和规范化,是指由部门主管、机构设置、人事编制、场所安排、经费保障等内容组成的行刑宗教化的制度性和规范性的有效运行。

行刑宗教化的规范化和制度化运作中有一个最为实际的问题,那就是如何将宗教言论或宗教信条灌输乃至培植到罪犯的意识中,通过实现灵魂救赎和培养伦理自律以收预防再犯和回归社会之效。这里仅以基督教为例来说明问题。在作为基督教载体的《圣经》中,常见的犯罪特别是被理论上称为自然犯的犯罪几乎都有涉猎。那么,在行刑宗教化和规范化的推行中,我们可运用《圣经》对某些犯罪的宣教来对受刑人进行教化,以防止其再犯,包括再犯相同的罪和不同的罪。西方国家的一个普遍现象是有信仰之人的犯罪率比无信仰之人要低得多。有信仰之人同样有犯罪欲,因为在“神”看来,“人是属于肉体的”。有肉体就有欲望,有欲望就想犯罪。而当犯罪欲望走来时,则有信仰之人通常是条件反射性地用宗教话语来警醒自己。如当刚有了颠覆或分裂现政权的犯罪欲时,则一个信仰基督之人会自然想到《圣经》新约罗马书第 13 章 1—7 节的如下话语:“在上有权柄的人,人人当顺服他;因为没有权柄不是出于神的,凡掌权的是都是神所命的。所以抗拒掌权的,就是抗拒神的命;抗拒的必自取刑罚。作官的原不是叫行善的惧怕,乃是叫作恶的惧怕。你愿意不惧怕掌权的吗?

你只要行善，就可得到他的称赞，因为他是神的用人，是伸冤的，刑罚那作恶的。所以你们必须顺服，不但是因为刑罚，也是因为良心。你们纳粮也为这个缘故：因为他们是神的差役，常常特管这事。凡人所当得的，就给他；当得粮的，给他纳粮；当得税的，给他上税；当惧怕的，惧怕他；当恭敬的，恭敬他。”那么，在行刑过程中，神职人员可就颠覆或分裂现政权的犯罪而与罪犯作如下“交通”：“亲爱的兄弟姐妹，时代与制度的变迁与更替是需要一个漫长的过程的。当一个时代、一种制度走到极端就会顺应潮流而变。我们做人就要做有智慧的人，而要做有智慧的人就要学会宽容。这宽容包括宽容社会制度的不完善和社会的不公。”这样的“交通”如果真的深入人心，则接受“交通”的罪犯在服刑期间和刑满之后便不轻易实施针对现政权的犯罪。

《圣经》中的很多言论，如果神职人员能够将之拿来与罪犯较为深刻地予以“交通”，则可预防罪犯在服刑期间和刑满释放后实施相关犯罪。如《圣经》第 10 章第 18 节：“隐藏怨恨的，有说谎的嘴，口出谗谤的，是愚妄的人。”第 11 章第 9 节：“不虔敬的人用口败坏邻居，义人却因知识得救。”第 12 章第 18 节：“说话浮躁的，如刀刺人；智慧人的舌头，却为医人的良药。”第 13 章第 3 节：“谨守口的，得保生命；大张嘴的，必致败亡。”前述《圣经》言论如能在神职人员与罪犯之间得到较为深刻的“交通”，则可有效预防罪犯在服刑期间和刑满释放后实施侮辱、诽谤等犯罪。《圣经》第 11 章第 18 节：“恶人经营，得虚浮的工价；撒义种的，得实在的果效。”第 13 章第 11 节：“不劳而得之财必然消耗；勤劳积蓄的，必见加增。”第 27 章第 19—20 节：“耕种自己田地的，必得饱食；追随虚浮的，足受穷乏。诚实人必多得福，想要急速发财的，不免受罚。”前述《圣经》言论如能在神职人员与罪犯之间得到较为深刻的“交通”，则可有效预防罪犯在服刑期间和刑满释放后实施诈骗、抢劫、抢夺、盗窃、赌博、贪污、挪用、侵占、非法经营等犯罪。《圣经》第 12 章第 17 节：“说出真话的，显明公义；作假见证的，显出诡诈。”第 12 章第 19 节：“口吐真言，永远坚立；舌说谎话，只存片时。”《圣经》第 19 章第 5 节：“作假见证的，必不免受罚；吐出谎言的，终不能逃脱。”前述《圣经》言论如能在神职人员与罪犯之间得到较为深刻的“交通”，则可有效预防罪犯在服刑期间和刑满释放后实施伪证、包庇等犯罪。《圣经》第 6 章第 12—13 节：“无赖的恶徒，行动就用乖僻的口，用眼传神，用脚示意，用指点划。”第 6 章第 14 节：“心中乖僻，常设恶谋，布散纷争。”第 11 章第 17 节：“恳切求善的，就求得恩惠；惟独求恶的，恶必临到他身。”前述《圣经》言论如能在神职人员与罪犯之间得到较为深刻的“交通”，则可有效预防罪犯在服刑期间和刑满释放后实施教唆犯罪。《圣经》第 26 章第 27 节：“挖陷坑的，自己必掉在其中；滚石头的，石头反必滚在他身上。”这一《圣经》言论如能在神职人员与罪犯之间得到较为深刻的“交通”，则可有效预防罪犯在服刑期间和刑满释放后实施诬告陷害犯罪。《圣经》第 6 章第 32—35 节：“与妇人行淫的，便是无知，行这事的，必丧掉生命。他必受损伤，必被凌辱，他的羞耻不得涂抹。因为人的嫉恨，成了烈怒，报仇的时候，决不留情。什么赎价，他都不顾，你虽送礼物，他也不肯干休。”前述《圣经》言论如能在神职人员与罪犯之间得到较为深刻的“交通”，则可有效预防罪犯在服刑期间和刑满释放后实施强奸犯罪。《圣经》第 5 章第 15—16 节：“你要喝自己池中的水，饮自己井里的活水。你的源泉岂可涨溢在外？你的河水岂可流在街上？”第 5 章第 18 节：“要使你的源泉蒙福，要喜悦你幼年所娶的妻。”前述《圣经》言论如能在神职人员与罪犯之间得到较为深刻的“交通”，则可有效预防罪犯在刑满释放后实施重婚犯罪。当然，若要做到将《圣经》有关言论拿来与罪犯作较为深刻的“交通”，神职人员不仅要像于丹解说《论语》那样将

《圣经》言论予以通俗化，而且要用生活中的真人真事予以生动例证。显然，行刑的宗教化不同于在监狱或劳改场所推行的一般普法活动，因为后者终究不过是用违法犯罪的法律后果来警醒服刑者，而前者则常常是运用生活的规律来启发罪犯，故后者是以果抑因，而前者则是消因灭果。同时，从《圣经》的前述有关言论中，我们也可以看出一点：《圣经》的有关言论之所以能够通过神职人员而与罪犯“交通”以发挥预防再犯的作用，最终还是离不开这些言论对罪犯心灵的两种浸润，即“谦卑”与“大爱”。当然，并非只有基督教才能在我国的行刑宗教化中“一枝独秀”。

可见，前述设想的个例说明在行刑宗教化过程中仍然潜行着认知心理学的规律。当认识到这一点，我们会更加坚定地抛掉行刑宗教化的“伪科学”疑虑，进而在“谦卑”与“大爱”所浸染的规范禁忌之中去期盼行刑宗教化的公众认同，即行刑公众认同。

四、行刑宗教化公众认同的未来方向

在学者看来，报应与赎罪是一体两面，而报应通常又意味着赎罪。但在事实上，报应与赎罪两者在基础上有其不同之处：报应系出自外力的强制，法律不容破坏的权威便是假借此外力强制而得以确保。那么，在报应中，罪犯因被迫而为而表现出消极被动。相反，赎罪系罪犯出自内心伦理的一种自我谴责，乃行为人自己的一个伦理行为以求得“伦理上的自由”(Sittlicle Freiheit)。因此，赎罪是单纯个人的自我表现，它只有在个人的伦理态度上达到一定高度时才会产生，而不可能是由于法律命令的强迫才会出现。但是，并不是每个人都能达到这种伦理境界，有很多人惟有在他人的诱导下才会产生赎罪的心境，而有些人则虽有他人的诱导，却依然未能达到这种境界。因此，理想的刑罚应该能够促成罪犯的赎罪感，而在刑事矫制上务必促成罪犯即受刑人的赎罪能力与赎罪心理。惟有如此，报应才能具有刑事政策上的意义[10](P49-50)。在今天看来，赎罪能力与赎罪心理特别是赎罪能力这个提法暗示着刑罚内容与刑罚功能的一个发展方向，那就是刑罚的伦理自律性。在刑罚的伦理自律性之下，罪犯即受刑人不是表现为由于外力强制的消极被动，而是表现为发自内心的积极主动，进而达到所谓“伦理上的自由”境界。

毫无疑问的是，受刑的感觉本来是压抑的。但是，“正由于法律来自普遍的公意，来自先验的理性，是高高耸立于尘世之上的伟大建筑，所以当我们站在法的面前时，便会产生严峻庄严之感，初而感到压抑，继而由于理性自觉的力量洋溢而出，我们又会感到自身的优越：我们并非蛮人，所以我们自觉地套上法律这光荣的枷锁。主体力量在自豪里又被提升一层。”[11](P459-460)从中我们可以悟出，伦理自律性将使受刑人由主体压抑变成主体力量的“洋溢”，而受刑将变成“口服心服”的服刑。那么，在这种主体地位的状态变化中，改造也罢，矫制也罢，都将获得最大化的收益。问题是，罪犯何以养成伦理自律性并获得“伦理上的自由”，从而使得刑罚收到其个别预防的最大收益呢？行刑的宗教化抑或是我们今后的行刑事业应采取的一项新举措或行刑发展的一个新方向。

通过促成“权力—服从”传统构序演变为“权利—义务”与“权力—责任”双向互动的新构序，甚至是在一种“指导—协商”的非强制性行刑机制中尊重罪犯人性尊严，培育罪犯自律性人格，行刑的宗教化最终走向的是正义行刑。正如有人说：“正义的行刑首先要求监狱行刑的制度设置契合人类社会的终极目的——尊重每个社会成员的人性尊严，并在最大限度内保障其发展的机会。正因为如此,刑罚的目的既不仅是作为犯罪代价的报应或社会整体安全、秩序的维持等功利目的,而且在刑罚的目的中更应注入上述社会制度本来就应具备的伦理因素。只有这样,行刑的目的设置才会进入一种更为合理的境界——刑罚的报应预防都应服从人性尊严、自律性人格发展尊重的道德要求,从而使社会大众不仅不得要求超越报应、功利等要求范围内的严刑峻罚,甚至在报应与功利的范围内,罪犯行刑的处遇也应符合上述制度的伦理要求,而这种伦理要求的实现应该成为正义行刑目的体系中的上位目的。"[5](P622) 于是,行刑的宗教化将开启行刑事业发展的一个新方向,有可能成为我国行刑事业中的一项新生事物。行刑宗教化的制度化与规范化当然需要一个较长期的摸索尝试、积累经验和不断完善的过程,而在此过程的开端,我们首先要遇到并力争要克服的是观念问题,因为在我们的主流意识中,宗教似乎仍是麻痹乃至愚弄人的东西,而行刑则是积极意义上的"改造"人的事业。但是,宗教与人类社会发展相伴始终的事实说明着宗教之于人类社会发展有其可资利用的一面。这里,新生事物在其最初的成长艰难或许将在行刑宗教化的问题上得到典型体现。

学者将刑罚的进化分为报应时代、威慑时代、等价时代、矫正时代和折衷时代五个时代[12](P3-5)。这是从刑罚的目的而对刑罚的进化所作的阶段划分,但是代表或预示刑罚的未来方向或前景的时代可称之为"灵魂时代"。"灵魂时代"的提法是立于刑罚的对象和深切刑罚的规律采用的一个说法。学者指出,当前刑罚人道、人权、理性的世界潮流使人们产生了知识上的重大误解:明明是惩罚改变了方式,由肉体转向了灵魂,却以为惩罚的时代结束了[13](P180)。刑罚转向"灵魂"是刑罚科学性的重大突破,但"惩罚灵魂"之说却令人遗憾地进三步退两步。"救赎灵魂"是刑罚的科学性,进而是刑罚的人道性和效益性的根本所在。但这里要强调的有两点:一是行刑的宗教化不是要让行刑走向反动和伪科学,二是行刑的宗教化仍是保有强制劳动等传统内容前提下的行刑宗教化。

无论是在宗教化对于行刑的"社会文明"的意义中,或是在宗教化对于行刑的心理作用机制中,亦或是在宗教化对于中国行刑实践的参与性运作中,宗教化就是一个对罪犯即服刑人的伦理自律性引导和培养的过程,而这个过程在代表或预示着行刑事业新方向之中又构成了以个别预防即特殊预防为主旨的行刑规律的另一种体现。由于毕竟符合行刑规律,故虽然在我们的主流意识形态和法治语境下,行刑的宗教化多少有点骇人听闻乃至"冒天下之大不韪",但行刑的宗教化最终仍然能够赢得公众认同。如果前述结论能够成立,则我们便可反过来说,行刑的宗教化是行刑公众认同的要求。最后需要指出的是,行刑的宗教化是通过谦卑和大爱来引导和培养罪犯即服刑人的伦理自律性,从而增强其赎罪能力,这是一个人格自律发展过程。由于犯罪人格通联着罪犯即服刑人的人身危险性,故行刑的宗教化实际上同时也是一个化解乃至消除罪犯即服刑人人身危险性的过程。

行刑的公众认同并不能仅仅被视为当下法治文明中的一个话题,因为中国古代早有"秋冬行刑"的制度实践。正如我们所知,"秋冬行刑"强调生命的消逝与自然变化的合拍,是在"天人合一"的理念中体现对和谐的一种诉求。那么,"秋冬行刑"可以视为中国古代的一种行刑公众认知,体现的是中国古代的一种行刑公众认同。于是,在中国古代的行刑公众认知和行刑公众认同启发之下,当下法治文明中的行刑公众认同应该在更大的广度和深度之中要求并促进着行刑事业的内容丰富与制度完善。

参考文献：

[1] [美]伯顿·史蒂文森. 世界明言博引词典[Z]. 周文标，等，编译. 沈阳：辽宁人民出版社，1990.
[2] 周光权. 刑法诸问题的新表述[M]. 北京：中国法制出版社，1999.
[3] [日]大塚仁. 犯罪论的基本问题[M]. 冯军，译. 北京：中国政法大学出版社，1993.
[4] [法]米歇尔·福柯. 规训与惩罚[M]. 刘北成，等，译. 北京：生活·读书·新知三联书店，1999.
[5] 李红辉. 监狱秩序的批判性重构[C]//陈兴良. 刑事法评论：第 11 卷. 北京：中国政法大学出版社，2002.
[6] 常健. 人权的理想·悖论·现实[M]. 成都：四川人民出版社，1992.
[7] [德]雅科布斯. 行为·责任·刑法：机能性描述[M]. 冯军，译. 北京：中国政法大学出版社，1997.
[8] 刘小枫. 拯救与逍遥[M]. 上海：上海人民出版社，1988.
[9] 佚名. 两天内两次作案凶残歹徒杀 5 人[N]. 扬子晚报，2010-1-27(A23).
[10] 林山田. 刑罚学[M]. 台湾：台北商务印书馆，1983.
[11] 吕世伦. 法的真善美：法美学初探[M]. 北京：法律出版社，2004.
[12] 邱兴隆. 罪与罚演讲录：第 1 卷[M]. 北京：中国检察出版社，2000.
[13] 袁彬. 刑法的心理学分析[M]. 北京：中国人民公安大学出版社，2009.

（责任编辑：王禄生）

法治评估正当性的拷问①

王朝霞*

摘　要　我国法治评估进入实践和理论深化阶段，有必要对过往实践的评估正当性进行拷问。本文在治理正当性评估基础上构建出法治评估正当性的基本框架，从是否符合“善治”这一共同利益、是否由有能力的可靠的人担任评估主体、评估的独立性和自主性如何、评估方法是否行之有效、评估是否公开民主五个方面对法治评估的方法正当性、过程正当性和结果正当性进行全面审视，认为我国提升法治评估正当性的基础在于：理清法治定义，尊重法治规律；保持可以测与应当测的平衡；创建政府“主动性辅助”评估原则，促进多元主体共同评估模式；建立以“方法—过程—结果”为主线的法治评估元评估机制。

关键词　法治评估　评估正当性　“主动性辅助”评估原则　元评估

法治评估在我国经历了兴起、引介、探索阶段，开始进入实践和理论上的深化阶段。在这一阶段，应避免初期阶段的简单粗糙和不成熟，吸取指标设计和指数量化的教训，破解之前未解决的问题难题。为这一目的，有必要对过往法治评估的正当性进行拷问、反思，加强对法治评估正当性基础问题的研究。

一、正当性的含义与标准

“正当性”一词，在中文语境中有多种用法和意义，政治学、法学多将其与合法性、正统性同义，作为英文 Legitimacy 的对应翻译。本文所研究的正当性所指的含义与其有所不同，并不是一个政治概念或法律概念，而是一个主观性或者说价值性概念，意指作为一项社会实践，“能被接受的理由”，涉及到人们的认知与判断。可对应于英文中的 justification②。

“正当性”揭示了一项活动或实践赖以存在的根基问题，即“使人靠得住”。“协力多元尽责的世界联盟”运动的创始人之一法国的皮埃尔·卡蓝默在 2008 年的雅典世界治理学院第三届年会上的演讲中将“正当性”的涵义解释为“管理社会的规则得到广大人民的认同和理解，执掌权力的人有领导能力并出于公心，以公益的名义对个人的约束和限制恰到好处。他们出于维护公共利益的需要，并且满足最低限度的原则”。[1](P28)

---

*　王朝霞，浙江工业大学法学院讲师、法学博士。研究方向：法治评估、跨学科法学。

①　本文系国家社科基金青年项目《迈向价值法治的法治评估进路转型研究》（项目编号：15CFX003）、浙江工业大学人文社科预研基金项目《法治指数量化的困境与优化研究》的阶段性成果。

②　Justification 有“证明为正当；辩护；辨明；正当的理由”等意。本文中，可将其简单等同于 acceptable reason（可接受的理由）。沈岿在“‘软法’概念正当性之新辩”中的正当性即为此意。胡铭等对司法透明指数进行了正当性基础的分析。本文据此认为对法治评估进行正当性分析是个理论命题。

在卡蓝默提出关于"正当性"内涵的表述后，他在治理的框架下归纳了"正当性"的五个标准：(1) 回应社会的某种需要，行动符合共同利益；(2) 基于一致认同的价值和原则，做法公开并得到认同；(3) 行使权力的人值得信任；(4) 方法行之有效；(5) 符合最少约束的原则。① 总的来看，这五个标准将某项社会治理活动的目标清晰地界定在回应现实、寻求共同利益层面上，这也是其所追求的治理的最终目标。此外，第二项标准涉及到治理的程序或过程，要求整个治理的环节必须公开、透明化，并在此基础上在利益相关者中间形成共识。这其实是对于民主性和民众参与的要求。"行使权力的人值得信任"则是对组织治理活动的主体(人或某项组织)提出了要求，对其能力、可靠性所作的规范。"方法行之有效"用来指具体治理方法的科学性、恰当性，这主要是从方法论的角度以及现实可行性的角度做出的要求。"最少约束的原则"是最大限度的自主性、能动性和独立性。

卡蓝默治理框架下对于"正当性"的标准的表述为我们探寻法治评估的正当性提供了一个基本的方向性的指引。但是，鉴于法治评估与治理在内涵和外延上的差异，二者的正当性所应指向的内容存在些许差异。因为，治理是由执政者的合法性衍变来的关于权力行使的正当性的问题，这实际上是对政府正当性的考察，是个政府治理或者说政治层面的问题。但是，法治评估并不是政府必要的治理职能，而且通常情况下评估也不是由政府来操作，而是多由外部独立机构(世界范围的第三方评价机构或者我国内地的高等教育科研机构)实施的一种民间行为。因此，相比政府治理的正当性，对法治评估正当性的关注更多时候是对于其评估运行及结果可信度的一种考察。下面，就在参考治理正当性的五个标准的基础上，结合国内外已有法治评估研究与实践的特点，给出评判法治评估正当性的基本框架。

二、法治评估正当性评估的基本框架

本文研究的法治评估，是指一切以法治为主题、对象，以评估理论与技术方法为依托，所开展的评估实践。这是个广义的概念，包括所有的评估层次、评估范围及评估视角，以及定性和定量的评估。但鉴于量化法治评估愈加成为主流，且如何量化已成法治评估的重点难点，本文将侧重法治量化评估展开分析。

(一) 是否符合"善治"这一共同利益

法治评估的兴起与全球范围内对法治的价值推崇与认同是分不开的。各国都将法治水平作为经济社会交往与合作不可或缺的一项重要因素。[2](P142) 世界银行全球治理指数项目的初衷是为了推动世界各国实现善治。我国最初在香港、余杭等地探索法治评估实践，也都是为了提高地区的法治化水平或法治建设部门的工作质效。不管在国外还是在国内，法治评估的兴起都是基于对实现法治、善治的美好愿望，是建立在对法治建设的现实回应的基础上的。

当前，我国正处于法治现代化建设的转型阶段。在这个阶段，我们正经历普适性与独特性的协调与平衡的挑战，需要根据经济社会的大背景调整法治实现的方式与法治化的运作模式。法治评估作为这种转变进程中的一种创新方式，正是配合了法治发展的内在需要。

① 卡蓝默在不同的主题(不同篇章的主题不尽相同)中多次提到治理的五个标准。可能是基于翻译的缘故，不同地方的表述存在些许差异。在此，笔者根据写作需要，选取了适合本文的表述。参见[法]皮埃尔・卡蓝默：《治理的忧思》，陈力川译，三辰影库音像出版社，2011年版，第65、112页。

现在，各地的法治评估实践都是在充分结合省情、市情，将对法治的评估作为区域法治建设（如法治浙江、法治江苏）、法治政府建设（如北京、深圳的法治政府评估体系）或司法审判改革（如四川、浙江高院的司法审判质效评估）的一个组成部分而展开的。这种“嵌入性”[2](P147)也是我国法治评估实践区别于国外的典型特征。

但是，关于法治评估能在多大程度上促动法治的改善与发展，仍没有形成统一的认识。持怀疑或者反对态度的人认为法治评估作为一种机制的创新并没有触及法治发展中的核心问题，其对法治的助推效应是微不足道的，至少是有限的。皮埃尔·卡蓝默在《对世界银行治理指标的质疑》一文中，就言辞犀利地质疑治理指标在促动一个国家建立真正的变革战略中发挥的作用①，认为一种变革的战略旨在发挥其分析和克服主要障碍的能力，以及集中力量解决主要问题的能力，而将几百个指标分成若干治理部分是很表面化的形式，无助于探索战略途径。②

但是，我们也能为法治评估与法治的发展或者战略变革寻找到理论上的依据，这就是管理学中绩效考核与绩效管理的关系原理。作为法治总体建设一部分的法治评估，其与法治建设的关系就如同管理学中绩效评估与绩效管理的关系，前者是后者的一个必要环节，前者的存在是为提升绩效、促进绩效改进提供一个反馈通道。缺少这个反馈通道，就无法在“我们正位于何处”和“我们该向何处去”之间建立联结点，而这正是绩效管理的目的。从这个意义上来说，对法治的成效进行定期评估，实质上是建立了一项关于法治绩效的动态监测机制，使其能够对法治现状进行客观描述，而这种对现状的客观描述恰恰是甄别出法治建设中存在的问题，及时、准确地寻求改进良方，促进法治绩效提升必不可少的环节。

对法治评估与法治战略变革关系的争论告诉我们，判定一项法治评估实践是否具有正当性，首要的标准是必须真正发挥对法治发展的促动效应，这是其社会价值和现实意义之所在，也是其正当性的根基。这个方面的正当性可以归结为目标正当性，即从法治评估能否最大限度地实现预期的促进法治提升这一目标来判断其是否具备存在的正当性。进一步地，这一目标正当性可以细分为两个方面：一，法治指标反映法治目标的真实性、充分性如何？二，法治标准与法治发展阶段是否吻合？法治指标是对法治原则与精神的分解与解释，因此法治指标的构成、数量最直接地反映了法治评估对于法治发展的促动效应的发挥程度。关于法治的标准，既不宜滞后于一国（地区）或评估部门法治发展的阶段，也不宜太过于超前，适合当前法治发展水平及社会对法治的支撑限度并适度的具有对未来法治发展的引导和前瞻性是比较好的标准。

（二）是否由有能力的、可靠的人担任评估主体

这一条涉及的是“谁来评估”的问题，也是关于程序正当性的问题。从评估理论上讲，可以是同行评估、专家评估、独立第三方评估以及普通民众评估。世界银行、世界正义工程等都是典型的外部第三方机构评估。第三方评估包括具有 NGO 性质的社会组织，也包括一些高等院校及科研院所，甚至是两者的混合。

① 皮埃尔·卡蓝默认为“世界银行似乎想当然地认为，建立有关治理的综合指标可以大大激发变革的欲望。然而这是否能使这个国家建立一个真正的变革战略，以构思适应 21 世纪挑战的治理呢？我对此表示怀疑。”

② 皮埃尔·卡蓝默说到：“要想真正变革治理，真正改善公共政策的合理性，要想超越民主的形式，这些指标就是很表面化的东西，无法提供任何战略途径。”他将一个组织的变革战略归结为共同的危机意识、对于目标的长远目光、为改革结成广泛的联盟、改革领导者的合法性四个方面。参见[法]皮埃尔·卡蓝默：《治理的忧思》，陈力川，译.北京：三辰影库音像出版社，2011 年版第 146-147 页。

在操作层面，具有正当性的评估主体的选择应该考虑专业性和中立性两项素质，也即：评估主体对评估的原理与方法的熟知度如何？是否能够专业的、高效的进行指标的评分？评估主体是否不具有偏私性？评估主体的质量直接决定了评估误差的幅度大小，是评估公信力的主要影响因素。

（三）评估的独立性和自主性如何

评估的独立性涉及到政府以及民众对评估过程及结果的干预或影响程度。这通常与是否政府主导有关。

政府主导法治评估是指政府部门来发起、组织或实施法治评估的运行。其优点是作为“局中人”更熟知法治工作的具体特性，能够更好地理解与把握法治的原则与精神，更知道指标与数据之间的匹配，以及评估与法治发展的联动关系，因此设置更科学的指标的可能性更高；缺点是可能存在基于内部保护主义的“扬长避短”倾向，不利于评估结果的公正无偏性。关于这一点，也是在所有关于法治评估的质疑中最为突出的，认为政府主导模式下，政府既是裁判也是运动员，“自说自话”，评估结果不客观、不准确、不真实，增大了评估的误差，降低了权威性和公信度。

政府在法治评估中发挥着什么样的作用？是如何影响法治评估的？法治评估在多大程度上具有评估的独立性？这三个问题可用以衡量法治评估在独立运行方面是否具有正当性。

（四）评估方法是否行之有效

评估体系为法治评估的兴盛提供了方法论基础。一项完整的法治评估是由指标标准的确定、数据的获取、评估主体的选择、指数的计算等组成的一个体系。在这个体系中，充分吸收了社会学、管理学等社会科学量化评估、绩效考核的原理与技术，为评估可行性奠定了方法论基础。不管是世界银行的全球治理指数、世界正义工程的全球法治指数还是我国香港、内地的区域法治评估，都得益于一套精心设计的法治评估体系。而且，相对于各国（地区）在法治理念、精神与价值观上的多样性而言，不同的法治评估项目在方法论上的可通约性更大些。后发者对先行者的借鉴、模仿通常在很大程度上也是方法论与基本框架体系的“移植”。法治评估之所以得以盛行也多是源于其方法所凸显的直观性、客观性、精准性，以此博得了国内外社会各界对这场数字化运动的追捧。这也是数学、统计学等工具性学科大规模侵入社会科学领域，进行“数学帝国主义”扩张的又一大胜利。

行之有效的方法主要是指恰当、科学的方法。在评估实践中，评估方法的选用是否妥当、科学直接影响着评估的信度和效度，这也称之为方法正当性。置于法治评估的整个环节，评估方法的正当性主要考量的是：法治指标的确定是否运用了科学的方法？法治数据的获取是否采用了科学的方法？法治指数的计算是否运用了科学的方法？

（五）评估是否公开、民主

评估是否公开、民主也是一个程序正当性的问题。当前，我们正转向一个多方参与、共同治理的社会管理格局。在这个格局下，越来越强调民众在公共决策中的作用、贡献，民众与政府在社会管理中的互动、交流也得到了普遍认同。原先只存在于政治领域的民主化与民众参与已拓展到了社会评估领域中。在国内外的法治评估研究与实践中，将民众纳入评估主体，听取政府之外作为“客户”的民众的意见，突出法治评估中的“民意”，已是普遍做法。

首先，民众参与是“多方参与、共同治理”的社会治理格局在法治评估领域的逻辑延伸。法治评估中的民众参与是与政府主导相对应的，是评估“独立于政府”“去政治化”的内在要求。多数世界性的评估机构在成立之初都是以独立评估、不受政府影响为初衷的，试图以“外部”力量推动政府内部走向高效、法治化，以实现世界善治。其次，评估机构的民众参与的做法是以“利益相关者”理论为指导的，通常，民众覆盖非政府组织、商业企业、社区、居民等较为宽泛的群体。世界性评估机构（如世界银行）也正是因为对独立评估、多方评估的“民主化”方式的倡导，奠定了其在评估领域的标杆性地位。

民主与民众参与之所以得到认同，是因为其具备正当性的根基：是普遍利益的代表。参与式民主是对政治实践、权力分享、治理和民主问题的深度思考。[1](P74) 从理论上来讲，民众参与评估显然更能保证评估不受政府干预，更增强了评估的独立性，结果更能反映真实的现状。

判断一项法治评估活动是否公平、民主，具备程序上的正当性，主要应关注：民众在哪些环节参与了法治评估（全程参与还是局部参与）？民众涵盖哪些群体？

在上述五项标准中，第一条标准是目标正当性的问题，第二、三、五关乎过程正当性，第四条标准则关系到方法正当性。为了后续分析的便利性，将从三种正当性的类型出发，将法治评估的正当性归总为评估方法正当性、评估过程正当性和评估目标正当性三个方面，涉及到法治评估的指标、标准、数据、评估主体及结果五个方面，由此形成评价法治评估正当性的基本框架（如图 1）。

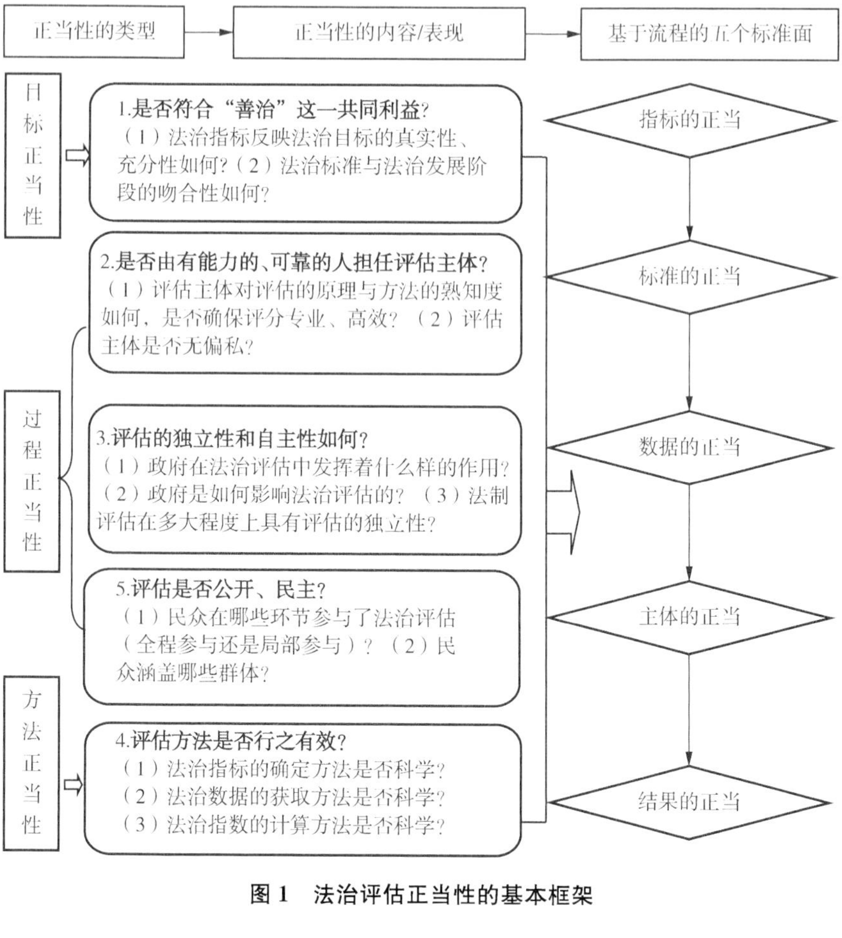

图 1　法治评估正当性的基本框架

三、我国法治评估正当性的拷问

下面，将以上述提出的正当性评估的基本框架为准则，以国内外既有法治评估实践为素材，进行比较研究和个案解析，以对我国法治评估的现状及其正当性做出一个总体上的盘点。

（一）指标的正当性

根据上述法治评估正当性的基本框架，评估指标的正当性同时涉及到目标正当性、方法正当性和过程正当性，具体需要拷问三个问题：法治指标反映法治目标的真实性、充分性如何？法治指标的设计方法是否科学合理？民众和政府是否参与了指标设计的过程？

法治的内涵和外延有其普遍性和特殊性。不管是在国家层面上评估还是在国家内部进行区域性或法治具体领域的法治专项评估，对法治及其具体问题（如司法）的理解与界定都逃不开对其普遍性和特殊性的把握。在这一点上，从国内外各种法治评估实践中指标的共通性和差异性分析中可以予以证明。如关于法治和政府的关系问题，各国都将限权作为法治的其中一个重要任务，关于限制公权力的评估指标是一个普遍性指标。但是，政府是被归入法治之维还是政治之维，大有不同。在世界银行的"全球治理指数"评估中，法治与政府是在治理框架下各自独立的评估要素。"法治"指标多是关于犯罪、合同执行（包括政府合同和私人合同）、暴力犯罪、司法程序、法律和秩序等方面的内容，涉及到政府或政治层面的统统被纳入到发言权与问责、政局稳定与无暴力、政府效能、监管质量和腐败控制其余五项治理指标中。但是，在专门进行法治评估的世界正义工程和我国香港、余杭，法治与政府的关联性更近了些，对政府的考察往往内含于法治指标中。世界正义工程的法治指标包括负责任的政府，香港关于法治的七项指标中设置了依法的政府、不许有任意权力两项政府指标。[①]在内地，党委依法执政、政府依法行政、民主政治完善等明显的政治维度被摆在法治评估最首要的位置。[②]

确保目标正当性的关键在于对法治精神与内涵给予正确的理解和界定，并选取正确的方法实现从法治目标到法治指标的逐步细化与分解。如何就法治的评估意义上的内涵与外延进行厘定、框定，如何就每一项评估指标的含义进行明确解释，这在国内法治评估实践中是个短板。一些法治指标从目标到各子要素，有形式上的分解过程（比如运用了层次分解法、鱼骨图分解法等），但是，直至最后一级的指标，仍表述不清、缺乏可操作性的定义，难以保证不同主体能对同一指标的概念理解保持一致。在评估学上，对每一个指标都应"下定义"，这是设计指标的必要的步骤。从这点来看，国内法治评估在设计指标时，鲜有关于"下定义"的理论介绍，一些案例直接在指标分解的表格中将指标所包含的若干要素提炼出来，

① 世界正义工程的法治包括负责的政府，经公布且稳定的保护基本权利的法律，可行、公正、有效的程序以及可实现的司法正义四个方面；香港2005年评估的法治具体包括七个方面的法治条件和表现：法律的基本要求、依法的政府、不许有任意权力、法律面前人人平等、公正地施行法律、司法公义人人可及、程序公义。参见戴耀廷：《香港法治指数》，环球法律评论，2007年第6期。

② 例如在余杭法治评估中，在九个法治评估要素中，就包括党委依法执政、政府依法行政、民主政治完善三个政治相关指标。

但是为何提炼为这些要素，每个要素的表述究竟该如何理解，缺乏理论论证。从这个方面来看，我国法治评估指标的目标正当性还很不足，指标能够在多大程度上真实、充分的反映评估所要反映的问题，评估能够在多大程度上促进法治建设，因缺乏可靠验证而不得而知。

设计评估指标的方法有很多，既可以是定性的方法①，也可以是定量的方法。每种方法都有其独特的优势及固有的局限性，在评估实践中常见的做法是混合使用多种具有互补性的指标确定方法。选取何种方法首先是基于优秀的评估指标应具备的几项原则。好的评估指标所具备的几项原则包括：应能最大限度地反映所要测评的问题、涵义明晰不存在争议、可以被衡量。好的指标获取方法的选择也是以能够实现优秀指标的几项原则为遴选标准的。

指标获取的过程也涉及到民众参与与民主化的问题。强调评估运行过程的透明化和民主参与既是评估方法论的要求，又是法治的内在要求。对前者，评估的透明化和民主参与是为了确保评估实践的公正、无偏性；对后者，这样做是因为法治评估这项活动本身就是一项法治建设活动，法治评估的过程就是一项普法、宣扬法治的活动。总体来看，国际性评估机构（如世界银行、世界正义工程）及我国香港，在指标获取的过程中更重视透明度和民主参与，内地在这方面稍微欠缺些。

（二）评估标准的正当性

标准是指标等级的判断依据。评估主体在对每一项评估指标进行赋分取值，做出评价时，都必须依循一定的标准，以确保打分是理性、科学的，并不是个体的随意行为。

评估标准既可以是绝对意义上的，又可以是相对意义上的。前者，通常与评估对象所追求的目标和任务有关。比如，在法治评估中，法治指标的评估标准就与法治的目标密不可分。可以说，法治的目标就是评估的“满分”，就是评估的标准，标准的制定及不同等级的划分以“在多大程度上实现了法治目标”“是否符合善治这一共同利益”为依据。每一项指标所处的等级属于何种标准水平，有赖于根据“满分”，将标准分割成几个高低不同的等级。在评估学中，通常采用的是李克特 5 级评分或者 7 级评分，即根据高低水平在最高分和最低分的区间内划分为几个等级，以凸显出不同等级下指标的质量差异。相对意义上的评估标准往往建立在“比较”的基础之上，以比较物中水平最高者为默认的“标准”。相较之下，绝对意义上的标准更具有稳定性，相对意义上的标准更受被评估者质量水平的影响。

对法治评估标准正当性的审视，我们主要关注的是法治评估的标准与法治发展阶段是否吻合。因为一方面，法治目标具有历时性和稳定性，关于法治的普世价值和本质追求是亘古不变的，不同法治环境下、不同政体下都需要遵循这一通用的标准。但另一方面，不同法治环境与社会条件下、不同的历史发展阶段，将赋予法治不同的时代使命，法治的目标又具有时代性和特定的情境性。国际性的法治机构更看重超越国别的、具有稳定性的“全球”意

---

① 如世界银行“全球治理指数”中的“法治”次级指标的确定就是基于一定数量的机构人员对法治包含范围的理解。世界正义工程则是在总结各国普遍承认的法治的四个基本面之后进一步设计了 10 项一级指标和 49 项二级指标。联合国开发计划署和经合组织的 Metagora 项目在设置治理指标时均考虑不同国家治理的差异性以及对不同国家进行评估的方法的差异性，采用了公民抽样调查法。香港法治的“七项条件是从不同有名的法治研究著作中归纳及有系统地罗列出来的”，是任何法治实践所不能或缺的七个方面。余杭法治指标的九个方面是余杭区委与法学理论和实践专家反复探讨，通过经验判断，并通过采用德尔菲专家评价法得出来的。

义上的法治目标，而我国区域性的、中国特色的法治专项评估中，更强调当前发展阶段下法治建设的成效，具有鲜明的时代性和情境性。我国法治评估的兴起都有其各自的针对性和目的性，是转型期法治创新实践的产物，法治标准的时代特征较为明显，从这个角度来看，我国法治评估的标准设计具有较好的正当性。

（三）数据采集的正当性

确定了评估指标和标准后，接下来的问题就是搜集用以反映每个指标在评估期内的表现的信息了。在大数据时代，用以反映指标的信息越来越倾向于数据类信息，通常可以是来自官方或者第三方评估机构的统计数据信息，也可以是经过民意调查方式现行采集的调研数据。

取自官方的或者特定机构的统计数据，面临的最大问题是这些数据是否与评估所设置的指标能够一一对应。很多情况下，能够获得的数据和我们需要测评的内容之间存在着不小的距离。因此，在对法治评估进行质疑的人群中，就有人对"可以测量到什么"与"需要测量什么"之间的关系提出看法。认为，一些评估实践往往将可以测量的、能够获得的数据"生搬硬套"到明显不是一回事的评估指标中来。通常，来自评估组外部的统计数据是先于评估而存在的，数据所对应的指标、所揭示的问题往往与评估指标所要反映的问题存在莫大的区别。那么，是不是应该抛弃统计数据？世界性评估机构（如世界银行）在解决这个数据与评估指标不对应的难题时，采取的通常做法是将先行存在的来自于外部的评估相关数据作为基础性数据源使用。基础性数据源不直接用来作为对评估指标表征的反映。使用基础性数据源信息的好处是能够帮助评估者在对每个指标进行评级打分时，了解到与评估对象（内容）相关的更广泛层面上的背景性知识，比如一国（地区）在特定时期内法治的总体概况。因为，通常选取的评估专家也并非都是（很多时候都不是）直接参与一国（地区）或特定部门治理实践的人，他们在运用基础性数据源之前，对所要评估的指标的表现情况也不怎么了解。

在我国内地余杭的法治评估中，也采用了相同的处理方法。在评估组邀请来自于法治系统外部的由法学专家与实务人员（如律师）组成的外部评审组对评估指标进行评级时，不单单向每位评审专家提供一份评分表，也同时寄去了关于余杭评估年份内法治系统各机关职能部门围绕法治工作的各种报告及统计数据。评估组向评审组提供的这些法治统计数据其实就是基础性数据源，用以给外部评审专家一个直观的、反映余杭特定年份法治建设总体状况及法治水平的图景，以增强外部评审专家对余杭区法治建设的总体了解（因为这些专家都非余杭本地人，而多是来自首都及各地的法学家）。从最终外部评审专家的打分情况来看，向专家提供基础数据源是非常有必要的，能够降低评估误差。

尽管如此，世界上通行的获取数据信息的做法是将基础性数据源和调查数据相结合，即混合使用多样化的数据信息搜集渠道，以弥补单一数据源的不完备性。无论是世界性评估机构在国家层面上的法治评估，还是我国香港、内地的法治评估实践，都无一例外地补充使用了民意调查数据。

通过民意调查所获得的数据信息较之官方数据信息，由于数据来自于外部民众的随机调查，从理论上讲具有更大的可信度；而且，调查问题的设计也紧密围绕评估的对象（内容），与评估指标具有更紧密的一致性，能够最大程度的反映各指标的等级水平，直接用以对指标的评级。但是，民调方法中"法治数据的获取方法是否科学"需要更加引起重视，现有实践中，借鉴社会调查方法设计结构性问卷是常见做法，但是翻看调查问卷中的问题，诸如“您认为地方政府的廉洁程度如何”此类的主观性问题在表述上存在很大不科学性，问卷发放、样本抽样的方法与思路也都值得商榷。很大程度上，我国法治评估与国际的差距是数据科学性的差距，我国法治评估可信度差的一大根源也是数据可信度差。

（四）评估主体的正当性

法治评估主体是组织、实施、参与法治评估的个人、团体或者组织。[3](P139)通常情况下，评估主体可以是专家，也或能来自于政府或是外部普通民众。可以是利益相关者，也可以是不相关的个体或组织。不同评估主体对法治评估的结果会有不同程度的、不同方面的影响，因此，评估主体的选择应慎重，除了应考虑“评估主体对评估的原理与方法的熟知度如何，是否确保评分专业、高效?”之外，还应顾及“评估主体是否无偏私?”。若评估主体中涉及到了政府，则评估往往被认为带有“政治性”而独立性不足，尤其是对法治这类公领域的评估。因此，会引发政府在法治评估中发挥着什么样的作用，政府是如何影响法治评估的，评估在多大程度上具有独立性等系列问题。若民众参与了法治评估，则往往被视为增加了评估的民主色彩，会涉及到民众在哪些环节参与了法治评估（全程参与还是局部参与），民众涵盖哪些群体等问题。因此，对评估主体正当性的拷问多是关乎评估中政府正当性和民众正当性的问题，也是关乎评估过程正当性的问题。概括起来，是政府主导评估与民众参与评估的博弈问题，可以归为是对法治评估的民主化程度的拷问。

为了更好地剖析这一问题，我们结合国内外法治评估研究与实践，对几种不同类型的民主参与评估的情况进行区分。

由政府之外的普通民众担任评估主体的民主，与民意调查方式下的民主是不同的，甚至是相互冲突的。从形式上来看，前者民主性与民众的参与发生在评估的前期阶段，即制定指标这个关键性的环节。这个环节的民众参与是将公众置于一个“主动参与”的能动性的地位，将公众的作用及贡献放在影响法治评估信度和效度的环节。而后者仅仅是在评估的实施阶段，征询公众对法治现状的满意度，这种情况下的民众参与实际上更准确的来说只是赋予了他们发表言论、做出评判的权利，实际上并没有在很大程度上实现民众对法治的参与权。但是，在目前国内外的法治评估实践中，我们还是看到民意调查在许多评估实践中的作用及必要性正愈发得到强调。在余杭法治评估实践中，民意调查的数据获取方式占到了30%的比例，而且有专家还倡导提高这一比例，继续扩大民众参与法治满意度评价的份量。在余杭法治评估项目组继余杭项目后实施司法透明指数时，还特意考虑专家对余杭民意调查赞同及呼声很高的实际情况，计划在司法透明指数中继续使用民意调查的评估方式，并将这一比重提高若干个百分点。① 皮埃尔·卡蓝默在《治理的忧思》一书中，有两章的篇幅专门探讨参与式民主的问题，认为必须区分公民是主动参与评估还是被动参与的。“一些普通公民自愿加入集体对话和思考过程，并有能力提出和思考有意义的问题，利用专家们的不同意见，在掌握情况的基础上最终形成自己的见解。这个知情的见解与简单的民意调查完全

① 2012年的浙江司法透明指数项目是余杭法治评估项目负责人钱弘道教授的又一研究创新。在2012年9月10日的项目组内部沟通会上，钱弘道专门提到司法透明指数应充分吸收各界对余杭法治评估的评论及不同建议，在司法透明指数中回应专家、法治实务部门及民众对于加大民调比重的意见。

不同，与那种认为街头访问就可以听到人民真正的声音，具有较高价值的观点大相径庭。”[1](P68)

可见，随着我国法治评估实践的深入，人们在增强评估主体正当性、增强评估民主性方面已经有了较明显的进步，评估主体会因其评估模式的调整而获取正当性的基础。

（五）评估结果的正当性

评估指标、数据信息以及评估程序的正当性，共同影响着评估结果的正当性。评估结果的正当性在形式上表现为评估结果——指数的解释力。解释力是指评估分值的高低在多大程度上是对真实的法治运行结果或过程的解释，这是个可信度的问题。

在国际性评估机构基于国别层面的评估实践中，评估的结果多是以相对的比较或排序的形式给出的；而在更狭隘的层面如我国香港、内地的单一国家内部的区域层面上，法治指数是以绝对值的形式呈现出来的，如我国香港 2005 年的法治指数为 75 分，我国余杭 2007 年的法治指数为 71.6 分、2010 年为 72.48 分。在默认满分为 100 分的前提下，香港和余杭的年度法治指数反映出各自法治化的中等水平，仍有各自可待提升的空间。但是，对于香港和余杭的这两个绝对分值，却无法进行分值高低的比较。因为，分值的得出或计算是基于两套完全不同的评估系统。对于香港和余杭来说，分别对应于不同的法治价值体系及不同的法治发展阶段，评估的标准也截然不同。只是在各自的系统内，法治指数传递着关于法治化成效的直观的、明确的治理信息，反映着、解释着区域层面的法治现代化进展。

除了指数的解释力，人们对法治结果的关注还包括结果的运用上，即法治的结果如何用来推动法治改革与进步？因为任何一项评估项目的初衷都不是为评估而评估，而是将评估作为一项理性工具，发挥着对于现状的描述甚至是问题的甄别、成因的探寻及对策的拟定等作用。对此，也存在不同意见。一部分人认为评估的作用是有限的，仅仅在于提供对于现状的描述，仅此而已。另一部分人则认为，评估的最直接的结果确实是提供对现状的直意的表述，但是不能将这种对现实的表述就此搁置，最重要的是应将这种结果进行有效反馈、追问，直至回归最初设定的社会目标。只有如此，才算是最大限度的发挥了评估的效应及社会价值。脱离社会治理目标，单纯的评估是没有生命力的。

世界范围内的治理评估及我国区域层面的法治评估，都倾向于将评估视为社会治理(法治)的一部分，从更为宏大的促进政府改革、实现善治的视野去对待评估实践。世界银行“全球治理指数”的初衷就是促进各国政府实现善治，世界正义工程“全球法治评估”的最初目标也是推动各国法治化进程。这就更强化了评估结果对日常治理(法治)工作的反映，也更为注重评估结果对未来工作的指导作用，这无疑增强了法治结果的正当性。

四、法治评估正当性的基础

法治评估在我国的兴起有其国内外背景，也有其理论渊源，这些为法治评估提供了正当性的理由。但实践中出现的一些在方法、过程及结果上的不当操作及误差，都可能削弱这一正当性。法治评估若要在中国得到进一步的深化发展，应正视实践中存在的问题、弱项，予以优化，以增强法治评估的正当性。

（一）理清法治定义，尊重法治规律

法治的多重属性、多维度特性，提醒我们在开展评估时，不要力求面面俱到，而应选取法治的一个面向或视角，设定一个评估进路，唯此才能确保评估科学合理。当下的很多法治评估事先没有做好评估规划，由此造成后面环节的指标设计混乱，评估运行不当。关于尊重法治规律，以司法透明指数评估为例，各国司法实践告诉我们司法公开主要体现在庭审公开、证据公开、判决公开三个方面，司法透明指标设计应受其指引，人事管理、财务运行等行政管理透明指标不应当纳入司法透明指数体系中。[4](P28-31) 再如法经济学的发展使得现代法治也追求效率目标，一些法治评估中就设计了产出指标或效率指标。但是，有些法治活动如司法、刑事法治，效率并不是首要价值，这些领域的法治建设并不是一项完全以产出为导向的活动，公平正义是更优先的价值。另外，法治有多个面向，很难都以数据指标量化评估。这些法治规律都需要在开展评估时充分重视。

（二）保持可以测与应当测的平衡

从第三部分可以看出，关于指标正当性的问题更大程度上是解决好应当测与可以测的关系问题。运用恰当的标准和工具评估社会治理的价值、法治化的进展，衡量已走过的道路，这是各国（地区）当前发展中一个很强烈的、普遍的愿望。“可以测”从评估的实然角度考虑指标设计的方法及原则，保证指标具有独立性、可操作性、完备性等特征。但是，要避免在设置评估指标时患上“盲人综合症”①，对于一项特定的社会评估实践活动来说，评估指标的好坏除了满足前述所讲的原则之外，还必须考虑其对评估对象（内容）的反映程度，而且，后者更为重要。“应当测”从应然角度考虑应当从哪些方面来观测法治建设的成效，应当设计哪些指标才是对法治或者评估对象的必要充分的反映？这些是关于一个法律体系或法律秩序的描述涉及到了什么的问题。在当前的法治评估实践中，这点往往被忽视，法治指标在应当测与可以测之间往往存在张力。② 在今后的指标完善及新指标的开发中，应尤其重视，将方法正当性与目标正当性有机统一起来。

（三）创建政府“主动性辅助”评估原则，促进多元主体共同评估模式

按照前述评估主体正当性部分的阐述，在实践层面上，应当结合国家（地区）实际情况，创造出适当的民主参与的性质、途径、方式，创造出支撑民众充分有效参与的观念、文化及关联条件。在我国，尤其需要厘清政府在民主化构建中的作用，分配好政府和民众这两类不同

① “盲人综合症”的典型表征是在路灯下寻找丢失的钥匙，并不是因为钥匙丢在那里，而是那里比其他地方更亮。在法治指标的设置过程中，如果过于强调某些法治指标具有可测性，而降低对指标与评估目标、法治原则关联程度的考虑，则就被视为患上了“盲人综合症”。

② 治理的实践者皮埃尔·卡蓝默在批判世界银行的治理指标时也提到，“由于相信不可测量的就无法管理……所以人们一见到可测量的数据就抓住不放，而不询问什么才是重要的，如果可以测量，应当测量什么”。克里利福德·科布、克雷格·里克斯福德在总结社会指标的历史教训时，以“量”和“质”的关系来揭示了这一张力。他们认为，一些社会评估以现有的“量”（某些官方机构已经测量的数据）来设计“质”（需要测量的东西），而忽略了更重要的是开发出能够告诉我们“质”的“量”。参见[法]皮埃尔·卡蓝默：《治理的忧思》，陈力川译，北京：三辰影库音像出版社，2011 年版第 135-151 页；[美]克利福德·科布、克雷格·里克斯福德：《社会指标的历史教训》，宾建成译，《经济社会体制比较》，2011 年第 5 期。

治理主体在社会治理及决策中的角色，寻找功能互补的最佳点。我国已有的一些法治评估，包括中央的及地方层面的，如国家法制办、司法部、深圳市政府开展的法治相关的评估，都是在相关政府部门的主导下完成的。王公义对此也发表过看法，他认为“在我国，离开政府的主导是不现实的”。

这种与国外的差别一方面与评估的层面是国家层面还是国家内部层面有关，前者超越了某特定国家，也不适合有哪个国家政府出面来主导（尽管如此，世界银行也常被指责是美国法治思想在其他国家的渗透，代表了美国政府的意识形态），而后者基于本国领土之内，也多是围绕提高本国治理水平的目的，所以是属于本国政府工作职能的范畴。另一方面，也是更为重要的是，与一国（地区）的法治演进路径、以及在这一演进过程中形成的“公民与政府”的关系有关。西方资本主义法治精神下非常强调个体合法权益的保护，以及对政府公权力的限制。在这种法治精神的指引下，长期以来形成的是自下而上的演进型的法治进化道路。在这条道路上，公民对国家事务的参与意识、能力，以及参与的组织性、有序性与有效性都得到了长期的培育，已经具备了公民社会存在的社会条件。在这种社会条件下，以政府之外的第三方作为评估主体进行独立评估，已经具备了可行性。反观我国，社会主义法律体系下政府与法治并没有在社会治理的分工中明显分化，政府与法治的关系无论在政府的“依法治国”理念中，还是各级政府部门的社会治理实践中，都存在法治服务于政府、法治依附于政治的局面。因此，在我国，法治体系的创建依循的是一种典型的建构型模式。在这个建构的过程中，历届中央领导人及各级政府扮演了重要的角色，他们领导专家精英，领导普通老百姓，将头脑中构建的取自西方并结合东方本土实际的法治化思想贯彻到日常管理中去。在这种“大政府、小社会”社会管理套路的惯性中，脱离政府准可、支持，独立于政府之外去评价政府法治化运行状态的思维还只是出于一些精英知识分子的初步探索中，远远没有达到普遍化的程度。我国当前的第三方独立评估机构仅限于以发布年度社会监测或评估报告为首的几家为数不多的高等院校及科研院所（如中国社会科学院法学研究所、浙江大学法学院、中国人民大学法学院等）。对于法治的评估，也是正处于向“政府支持、研究机构（如中国法治研究院）独立评估”迈步的初步探索阶段。在这个探索或者说从政府主导到独立评估的过渡阶段，还不适宜彻底、完全摆脱政府的作用，获得政府的支持与认可，是有助于评估活动的顺利展开及评估结果的实际应用的，是有利于评估社会价值的彰显的。目前，值得提倡的是政府变“主导”为“支持”、变“主动”为“辅助”。在世界性的研究机构中，也明确提出了政府的“主动性辅助”原则。除此之外，我国民众的参与意识、能力还比较薄弱，在减弱政府干预、增强多元主体共同治理方面仍需跨越更大的步伐。

我国内地在进一步完善法治评估、开发新的评估项目时，应加强对“主动性辅助”原则的运用，创造有利于民众参与评估的、能够增强评估独立性的外部条件。借法治评估的契机加快推进政府职能改革，创建多元主体共同治理、民众共决的社会决策与管理机制。

（四）尝试建立以“方法—过程—结果”为主线的法治评估元评估机制

综合第二、三部分的观点，法治评估的优化就是要系统整合评估方法、评估过程和评估结果，贯通整个法治评估以及法治改革。法治评估自身作为评估学和法学的交叉，就是充分体现了科学主义立场和法治立场的整合、过程管理（治理）与结果管理（治理）的整合、形式法治与实质法治（价值法治）的整合、作为工具的法和作为目的的法的整合。这种整合不仅是法治评估所需要的，也是当前全面推进法治中国建设所需要的。

在评估正当性拷问的基础上，本文认为在未来的法治评估实践中可以尝试建立起以“方法—过程—结果”为主线的法治评估元评估机制。在准备开展一项法治评估实践前，从三个方面对法治评估的各环节的正当性进行全面审视，以便将对法治评估信度、效度的提升从事后优化转向事前管控。

参考文献：

[1] [法]皮埃尔·卡蓝默. 治理的忧思[M]. 陈力川，译. 北京：三辰影库音像出版社，2011.

[2] 钱弘道，戈含锋，王朝霞，等. 法治评估及其中国应用[J]. 中国社会科学，2012(4).

[3] 汪全胜. 法律绩效评估机制论[M]. 北京：北京大学出版社，2010.

[4] 胡铭，自正法. 司法透明指数：理论、局限与完善——以浙江省的实践为例[C]//法治发展量化评估研讨会论文集，2015.

（责任编辑：王禄生）

专利非正常行为的征税权问题

——技术信息输入国情境下的认识

宋青霞*

摘 要 以美国为代表的技术信息输出国家制定全球游戏规则时出于自身利益的极大化，制造制度瓶颈促使知识财产权责任的相应缩小，道德大规模地从其中撤出，知识权利已经走得太远。一旦专利权被享有者非正常地行使，专利权就鼓励了不负责任的行为，从而使得专利权的保护也即专利权的执行成本变得更加高昂，急剧提升了技术信息输入国对知识的学习以及有效利用的成本，难以通过创新追赶超越发达国家，加剧了全球的不平等。对非正常行为的专利权享有者行使征税权纠正其行为，对其决策与权利实施行为施加影响实属必然与正当。秉持经典税法理论的主张，公平与利益分配安全，税收法定主义，基于技术信息输入国角度，"艺术地"从一只只行为不端的"鹅"身上拔毛。

关键词 权利成本 征税权 专利非正常行为 行为税

一、专利非正常行为

（一）专利法视域下的专利行为

专利行为即专利权的行使。指按照现行专利法规定，专利权利人享有的依法对其享有专利权的技术信息占有、使用、收益、处分的权利。① 专利权是专利局依据专利法，按照程序审查申请人所提专利请求书、说明书和权利要求书的内容，确认其内容符合法律规定授予专利权的条件给予一定有效期限的财产权。其实质是财产权，因其客体与有形财产不同，法律给予技术类无形财产权利人禁止他人实施技术的权利，使技术产品的市场完全由专利权利人独享，通过排他与独占的形式完成对其技术的占有、使用、收益和处分。专利权利保护的范围即是权利要求书清楚、简要的限定范围，在专利制度中，是极其重要的。②

* 宋青霞，青海民族大学法学院副教授，清华大学法学院在读博士生。研究方向：知识产权法、财税法。

① 《中华人民共和国专利法》第 11 条规定："发明和实用新型专利权被授予后，除本法另有规定的以外，任何单位或者个人未经专利权人许可，都不得实施其专利，即不得为生产经营目的制造、使用、许诺销售、销售、进口其专利产品，或者使用其专利方法以及使用、许诺销售、销售、进口依照该专利方法直接获得的产品。外观设计专利权被授予后，任何单位或者个人未经专利权人许可，都不得实施其专利，即不得为生产经营目的制造、许诺销售、销售、进口其外观设计专利产品。"

② 专利权利保护范围越大，竞争产品和方法就会越多地落入侵权范围。专利申请人尽可能扩大保护范围，专利局则必须决定哪些范围是可授予专利的，这在今后发生的侵权审理中，是法院决定哪些被控侵权物及行为侵权成立的重要因素。参见 Robert P. Merges & Richard R. Nelson, On the Complex Economics of Patent Scope, Columbia Law Review, Vol. 90, No. 4, May, 1990, pp. 839-916。

专利权利人可以对其享有的技术信息依法转让获取收益，可以依法许可不特定多数他人同时使用获取收益，可以将技术信息作为无形资产依法进行投资获取直接或者间接收益，可以以此权利依法设定担保获取收益。相比较于有形财产权利人行使财产权利，专利权利人行使技术信息权利的收益远高于有形财产权利人，而对无形财产使用的损耗为零，远低于有形财产的使用损耗。

美国知识产权制度的证成，其言之有理，持之有故的建基理论有前景理论和回报理论①，究其本质都是给予发明人对其发明的排他控制权，收益投资成本以及预期利润以此激励创新投资和创新技术发展，即以经济分析路径强调专利制度所体现的激励机制对技术创新活动的促进作用。② 美国联邦巡回上诉法院的建立使专利制度得到了显著的巩固。该法院持续性的见解和判决，强化了专利权利人的权利。③ 随着商业实践的发展，“原本作为专利法正当性基础的发明人理念逐渐被权利人的观念所取代，增强了专利商人与专利投资人对技术的控制”。[1](P203)

美国为了经济的再生，立法、司法并在国际领域内推行专利权的扩张，迫使发展中国家不得不分别接受其推行的专利权制度体系。美国在推进专利保护国际化中的作用无法忽视。④ 专利立法对其政府而言，没有多少直接和间接成本，而成为政府对产业的一种相对低成本的扶植方式。在美国被誉为“很有可能是 20 世纪 80 年代最具创新力且最有影响的国际贸易理论家”保罗·克鲁格曼指出，在现实世界中技术输出国家的实际收入来自于其技术领先的优势，其他技术输入国的追赶会导致技术领先国家不仅相对收入减少，而且绝对生活水平也会下降。⑤ 知识产权的全球化源自美国。⑥ 全球化经济制度游戏规则中技术输出国家对技术信息推行专利权制度，以使技术输入国在非情愿状态下支付高昂的专利权利法律保护成本（较之于其他私权的法律保护成本），使专利技术信息具有了更高的价值，避免技术信息输入国家的模仿学习及迎头赶上的趋势。“从各个国家的产业振兴的角度来看，知识产权是一种在构造上包含着国家利益的对立的制度。”[5](P139)

---

① 参见 Edmund W. Kitch, The Nature and Function of the Patent System, Journal of Law and Economics, Vol. 20, No. 2, Oct., 1977, pp. 265-290。

② 参见 Mark A. Lemley, The Economics of Improvement in Intellectual Property Law, Texas Law Review, 75 Tex. L. Rev. 989(1996-1997)。

③ 这个新的法院在美国的建立使得专利学说体系发生了变化，扩大了专利保护的范围。法院倾向于做出对侵权人的禁令。无论是一般案件还是重大案件，侵权的损害赔偿金额在不断上升。这是专利制度上的一个标志性事件。参见 Rochelle Cooper Dreyfuss, The Federal Circuit: A Case Study in Specializd Courts, New York University Law Review, 64 N. Y. U. L. REV. 1(1989)；参见 Ellen R. Jordan, Specialized Courts: A Choice?, Northwestern University Law Reviews, 76 Nw. U. L. Rev. 745(1981-1982)。

④ 参见凌金铸. 知识产权因素与中美关系：1989—1996[M]. 上海世纪出版集团，2007(8)：50-60。美国法受人仰慕、被人追捧的国际法学轴心地位的形成，是其强大的军事、经济、科学技术力量推动并支撑。

⑤ 在一定程度上 WTO 规则包括 TRIPS 协议就是跨国公司和技术信息输出国对东亚后进国成功追赶经验的一次反攻倒算。进口控制、地方配套、转移技术、保护国内市场、扶持幼稚工业等几乎所有韩国等东亚四小龙使用过的追赶政策，统统被 WTO 规则禁止。参见顾淑林. 创新、自主与实现[M]. 读书，2007(4)：72。

⑥ 学者揭示出的事实是，TRIPS 协议是 12 个有影响力的跨国公司的首席执行官游说的结果。运用跨国公司的私人影响力利用体制和制度，将私权上升为公法，再通过国际条约的制定来保护他们的经济利益与市场。参见[美]苏姗·K. 塞尔. 私权、公法——知识产权的全球化[M]. 董刚，周超，译. 北京：中国人民大学出版社，2008(3)：59。

设立专利权的专利制度是舶来品？毫无疑问的是。专利权制度应该也将必然以酝酿此种制度的社会的社会必要性为基础而产生和发展，事实却非如此。① 1978 年中央作出了我国应建立专利制度的决策。1984 年 3 月 12 日，六届全国人大常委会第四次会议通过了《中华人民共和国专利法》。《专利法》制定后经历了三次修改。1992 年 9 月，为更好履行我国政府在中美两国达成的知识产权谅解备忘录中的承诺，我国对《专利法》进行了第一次修改。2000 年 8 月，为了顺应我国加入世界贸易组织的需要，对《专利法》进行了第二次修改。2005 年 4 月，国家知识产权局启动了《专利法》第三次修改工作的准备工作。2008 年 1 月，《专利法》第三次修改被列入国务院 2008 年立法工作计划。2008 年 12 月 27 日，我国《专利法》进行了第三次修订并于 2009 年 10 月 1 日起施行。② “对于技术和文化输入地的厂商和消费者来说，知识产权每一次‘进步’，都可能意味着知识产权垄断范围的扩张和生产、销售乃至社会福利成本的高扬。”[7](P94) 专利制度在国际贸易政策中形成了一种不断上涨的从发达国家向发展中国家输出的态势和国际化趋势。技术信息资源主要掌握在技术输出国家手中，而保护技术信息资源的权利设置则代表了这部分国家和利益集团的实践和追求，作为技术输入国也应该在立法修法与时俱进的同时，关注自身利益的正当主张。我国是技术信息输入国，如何在已加入的国际规则中理性非盲目地适用经济游戏规则，学习以专利权形式输入的技术信息，模仿这些先进的技术信息，完善自身的创新能力的同时，在不违反条约义务的前提下，本着保护知识的有效传播，减少技术信息传播的社会成本，提高自我的创新能力，运用征税权的行使来制衡并调控专利非正常行为，是一良策。

① 美国知识产权法律制度对于专利权的不断扩张的纵容与保护，最明显的结果就是鼓励版权所有者、专利所有者和商标所有者在知识的公共领域，全球范围内搜集原料，加工、创造出歌曲、电影、新的药品、生物工程、技术信息并合法化后以私有权利的形式即知识产权进行垄断，抬高价格出售给生产了这些物化产品的人。生产这些内含有技术信息产品的企业，在获得知识产权权利人的许可并支付费用后才可以合法地生产。这些知识产权在输往全球的途中，通过国际条约以及知识产权法律制度，来确保其价值，增加技术信息输出国家的经济利益，输入国违反了条约则被认为制造了自由贸易壁垒和违反了知识产权保护道德法律义务。1994 年 4 月在达成马拉喀什宣言的关贸总协定乌拉圭回合中，把知识产权的问题带入谈判的是美国，发展中国家一直都在反对在乌拉圭回合中写入知识产权的问题。在 1995 年 3 月的美国和中国的知识产权谈判中，虽然两国达成了协议，但是中国政府曾在中途发表了指责美国政府的声明，“如何施加压力的尝试……都是不正当的。中国为了维护主权和尊严，将不得不采取对抗制裁措施”。美国为了保护自己的利益，拿出所谓的特别 301 条款制裁知识产权侵害国，从而逼迫这些国家就范。参见[日]加藤雅信．“所有权”的诞生[M]．郑芙蓉，译．北京：法律出版社，2012(10)：141-142。参见 Amanda Budde-Sung, The Invisible Meets the Intangible: Culture's Impact on Intellectual Property Protection, Journal of Business Ethics, 2013, Vol. 117(2), pp. 345-359。

② 1985 年 4 月 1 日，即我国专利法实施的第一天，原中国专利局就收到来自国内外的专利申请 3 455 件，被世界知识产权组织誉为创造了世界专利历史的新纪录。中国专利法保护发明、实用新型、外观设计三种创新成果。在大多数国家，专利法仅保护发明，而对实用新型和外观设计的保护单独立法。我国将发明、实用新型、外观设计的保护规定在一部法律中，都称为专利，是我国专利法立法体制特色之一。《专利法》第三次修订涉及的内容相当多，但其总体风格是基于总结我国专利法制工作经验，出于中国自身发展需要，更加充分地保护国内外专利权人的合法权益并兼顾社会利益的平衡，促进专利制度功能和作用在中国更好地发挥。从具体的修订内容看，此次修订特别重视提升《专利法》对我国自主创新能力提高的作用，以及在维护公众利益的基础之上加强对专利权的保护。中国《专利法》出台大事记录，详见崔国斌．专利法：原理与案例．北京：北京大学出版社，2012(1)：45-51。

（二）税法视域下的专利行为

税法视域下的专利行为特指专利的非正常行为，包括合法的专利行为与违法的专利行为。判断专利非正常行为的标准，权利人破坏了知识产权特有的对价衡平机制①，不具备商业行为的合理性，限制了其他人对技术信息公共利益部分以及私有部分进行对价的合理享用。

专利非正常行为，专利权利人行使专利权违反了专利制度设立的目的与设立的价值倾向的行为。② 专利权制度的设立是为了激励技术信息的创新与技术信息的传播。一些权利人利用专利权利扩张其垄断权，牟取暴利，限制技术信息输入国企业的竞争，阻碍技术信息的传播。专利权利人在专利许可使用协议谈判中通过禁令威胁或者专利威胁，占据强势地位，迫使技术信息的使用者（产品的下游生产企业）在无法协商公平交易的情况下，付出巨额专利使用费。③

其一，合法的专利非正常行为，权利人利用法律漏洞行使专利权，抑或与法律博弈打擦边球行使专利权，行使权利并不违反现行法律的规定，虽属适法行为，但缺乏社会责任感，明显导致平庸的恶的性质结果，对公共资源或者其他主体带来损害等。其显著特征则表现为专利权利人自身人性的贪婪跨越了社会文明对其进行的教化和洗涤。著名经济学家约瑟夫·斯蒂格利兹评论说："知识产权的基本经济原理是以更快的创新来弥补垄断带来的无效率损失。但是越来越明显的是大量错误形成并得到保护的知识产权实际上抑制了创新。"④ 很多企业的定位变成为收取现有技术的专利使用费而不再发展新技术，母公司享有专利权、子公司获得许可使用专利权，此种内部许可交易可以规避法律，承担较低的企业收入税等。企业林林总总的专利非正常行为，积极的权利行使产生消极的负面结果。有些公司很明显

① 对价是以机会为标的公平交易。某人获得某个机会，是因为他人让渡并以机会作为相应的回报和补偿。专利权只有经过对价，即技术信息创造者让渡自己的权利以保证社会其他人的特别使用的权利，才能满足其享用公开并排他的私权的正当性。专利法构建利益调整机制，专利的创造者公开技术信息，作为回报，创造者在一定时期、一定范围内享有独占专利的权利，这就体现了社会利益与个人之间通过对价在技术信息的公有和私有之间实现了一种平衡。参见徐瑄.知识产权的正当性——论知识产权法中的对价与衡平[J].中国社会科学，2003(4)。

② 实际市场竞争中会出现一些公司专门购买专利从事许可与诉讼，并以非法使用其专利技术为由，起诉研发活动集中的厂商以获取损害赔偿金，有学者将这种经营方式称为"专利敲诈(patenttrolls)"。专利敲诈使从事技术研发和产品制造的许多公司难以注意到小发明者的专利并可能落入侵权的陷阱，专利持有者一旦获得禁令将迫使下游的生产者将产品撤离市场。特别是在信息技术时代，很多产品被成千上万个不同的专利覆盖。例如在3G移动通信技术中有数千项核心专利，而外围专利更是数以万计，处于行业下游的手机制造商面临专利侵权指控的风险巨大。在包含多个专利技术的产品上，如果某项弱专利覆盖了其中一个并不重要的技术细节，禁令的发布对产品制造者来说就是一项"可置信威胁(credible threat)"。在临时禁令或永久禁令的威胁下，很多公司愿意事前获取许可来降低风险。相互竞争的技术，其专利权人利用交互授权形成专利联合(patent pool)，达到联合独占国际或国内市场的目的，或透过搜购竞争技术或取代技术的专利，根本不让这些技术商业化进入市场，遂行其垄断市场的野心。最常见的是滥用专利权，即行使专利权时夹杂着搭售、禁止被授权人与其竞争者交易等不合理(unfairly competitive)的手段，以妨害竞争、牟取暴利。对于前示专利之恶，政府亦得基于公共政策，或征收专利权或要求专利权人放弃专利独占，或课以强制授权他人使用的命令。笔者认为，对这种行为课以税收亦为一手段。

③ 参见 Mark A. Lemley, Carl Shapiro, Patent Holdup and Royalty Stacking, Texas Law Review. Jun 2007, Vol. 85 Issue 7, p2163-2173。

④ 转引自《中外法学》2011年第2期，《权利不确定性与知识产权停止侵害请求权之限制》，Joseph E. Stiglitz, Economic Foundation of Intellectual Property Rights, 57 Duke L. J. 1693, 1709(2008)。

没有将专利当作防御性武器，用于保护公司的创新不受其他公司模仿的影响，而是挥舞着这些专利作为攻击性武器，用来威胁和中断竞争对手当前和未来的商业计划。① 我国输入技术信息的很多生产企业已经、还将面临着这类行为的冲击。②

其二，违法的专利非正常行为(非法专利行为)，专利权行使违反了现行法律规定，按照竞争法与市场法治的一些基本原则界定为违法行为，典型的行为样态即是专利权滥用。③专利权滥用原则是专利权侵权的一个抗辩理由。该原则来源于一项公共政策，即发明人应当被赋予有限制的垄断权作为回报。滥用规则禁止权利人利用垄断权利控制法定垄断权之外的市场。④ 专利权的滥用是权利人利用专利制度追求私利最大化、无视社会责任，极端化其平庸之恶的表现而导致违法的结果。国内有学者将专利权的滥用总结为三种，预设障碍式的权利滥用、市场竞争中的权利滥用行为、滥发知识产权侵权警告函和滥用知识产

① 参见[美]亚当·杰夫，乔希·勒纳.创新及其不满：专利体系对创新与进步的危害及对策.罗建平，兰花，译.北京：中国人民大学出版社，2007(6)：52。该书作者用专利的黑暗面来阐述专利的恶性的一面。笔者认为，专利权利在拥有着技术信息强国的美国不断地推动与扩张下逐渐演变成了使用技术信息奴役技术信息输入国家的一种手段，严重冲击了技术信息输入国家的市场的公平性与市场的安全性，违背了专利制度建立的初衷，亦违反了其他法律制度的固有的价值和理念，落入到税法评价体系。我国作为技术信息输入国，应该以征税权对此行为进行制衡来约束现阶段出现的大量的专利非正常行为，防止专利权利的无限度扩张。

② 2002年拥有与DVD有关的专利的号称6C联盟的跨国公司向中国企业要求专利许可使用费。近些年内出现的越来越多的专利流氓，那些从专利人手里购买专利，不是为了生产而是囤积后通过专利权的行使手段向使用人收取高额许可费和向侵权人收取赔偿费的没有实体的公司。这些公司的行为并不违法，其此种对技术信息的经营模式令社会受损，造成技术信息输入国创新能力的减损，最终是对知识产权制度本旨的损害与本旨的无法实现。笔者认为以税收的手段遏制此种专利流氓行为是国家层面宏观调控运作的政策性战略。参见中国DVD企业遭受专利缺失之痛. http://www.sipo.gov.cn/ztzl/zxhd/ggkf/bdpl/hg/200812/t20081218_430596.html. 参见DVD专利费之争：中国制造业的蒙羞，《竞争力》. http://finance.sina.com.cn/leadership/case/20070531/15593649402.shtml. 参见专利流氓布局中国专家称反击亟待出台国家战略. http://gb.cri.cn/42071/2013/04/26/3365s4097463.htm。

③ 我国现有的相关立法与司法解释：《反不正当竞争法》规定专利权利人的限制竞争行为、搭售行为违反该法。《技术进出口管理条例》，该条例第29条规定技术进口合同中，不得含有下列限制性条款：(1) 要求受让人接受并非技术进口必不可少的附带条件，包括购买非必需的技术、原材料、产品、设备或者服务；(2) 要求受让人为专利权有效期限届满或者专利权被宣布无效的技术支付使用费或者承担相关义务；(3) 限制受让人改进让与人提供的技术或者限制受让人使用所改进的技术；(4) 限制受让人从其他来源获得与让与人提供的技术类似的技术或者与其竞争的技术；(5) 不合理地限制受让人购买原材料、零部件、产品或者设备的渠道或者来源；(6) 不合理地限制受让人产品的生产数量、品种或者销售价格；(7) 不合理地限制受让人利用进口的技术生产产品的出口渠道。《对外贸易法》第30条规定，知识产权权利人有阻止被许可人对许可合同中的知识产权的有效性提出质疑、进行强制性一揽子许可、在许可合同中规定排他性返授条件等行为之一，并危害对外贸易公平竞争秩序的，国务院对外贸易主管部门可以采取必要的措施消除危害。《最高人民法院关于审理技术合同纠纷案件适用法律若干问题的解释》第10条规定，下列情形，属于合同法第329条所称的“非法垄断技术、妨碍技术进步”：(1) 限制当事人一方在合同标的技术基础上进行新的研究开发或者限制其使用所改进的技术，或者双方交换改进技术的条件不对等，包括要求一方将其自行改进的技术无偿提供给对方、非互惠性转让给对方、无偿独占或者共享该改进技术的知识产权；(2) 限制当事人一方从其他来源获得与技术提供方类似技术或者与其竞争的技术；(3) 阻碍当事人一方根据市场需要，按照合理方式充分实施合同标的技术，包括明显不合理地限制技术接受方实施合同标的技术生产产品或者提供服务的数量、品种、价格、销售渠道和出口市场；(4) 要求技术接受方接受并非实施技术必不可少的附带条件，包括购买非必需的技术、原材料、产品、设备、服务以及接受非必需的人员等；(5) 不合理地限制技术接受方购买原材料、零部件、产品或者设备等的渠道或者来源；(6) 禁止技术接受方对合同标的技术知识产权的有效性提出异议或者对提出异议附加条件。上述立法与司法解释，相对比较简单，是我国典型分别立法现状的突出表现，虽不便于实务操作与实施，但确也给本论文主题、非法专利行为征税提供了法律性解读。权利滥用法理的本质在于有效无瑕疵权利的违法行使的行为。

④ 参见 Jere M. Webb and Lawrence A. Locke, Intellectual Property Misuse: Developments in the Misuse Doctrine, 4 Harv. J. L. &Tech. 257(1991)。

权诉权。① 对于此类行为的法律规范我国目前主要有两种，作为公法的反不正当竞争法、反垄断法、对外贸易法和税收法律制度；②作为私法的民事法律制度的一般原则和专利法。

本文并不涉及其他法律制度对专利非正常行为规制的分析和论证，仅从税法角度阐释对专利非正常行为的设防与控制，认为此种专利非正常行为符合最适课税要素的标准，落入到税法规制的范畴，成为征税权行使的客体之一。将专利非正常行为作为一种行为税的征税客体，基于现行税法体系的规定和中国特色宪政税法理论学说的研究进行分析研讨，对专利非正常行为行使征税权的合理性与合法性，以及现实可行性进行论证。并证成专利非正常行为作为课税要素实行差别征税，对于合法的专利非正常行为实行低税率，对于违法的专利行为（专利权的滥用）则实行类似于反补贴反倾销税的高税率、惩罚性税率。充分使用政府这只市场中“看得见的手”，立基于技术信息输入国立场鼓励本土的自主创新，帮助本土企业摆脱在技术信息产品的供应链上受制于国外专利技术的现状。

二、对专利非正常行为行使征税权的正当性证成

何谓正当性？对法律的约束性效果这一问题的重新认识。这一主题在理论上一直是借助“正当性”的名称而得以发展的。“正当性”这一概念源自中世纪，当时仅是一个法律概念，用来防范非法篡权和专制。现在的主流定义：事实上存在着约束性决定赖以为基础的法律、原则或价值的普遍信念。[14](P308)“正当”是法哲学、道德哲学、政治哲学中的一个核心概念，并扩展至人文社会科学各领域，包括税收法律制度内主要验证论说的是征税权对专利行为和专利收益的行使是否正当或者善。卢曼认为正当化的基础在于一种根本合意，即在于通过某种法律程序做出决定的一般性承认。此种承认独立于个别决定本身的可欲性。它是一种对于在一个有效的系统当中做出的决定的认同。为使一个系统稳定化，此种认同是必要的。③ 征税权对专利行为和专利收益的行使的正当与善的概念本身，以及对其的理解和运

① 随意使用申请权，造成社会成本的浪费，出现大量的“垃圾专利”，专利—技术标准式的权利滥用，技术联盟式的滥用；价格歧视，过高定价，掠夺性定价，拒绝许可等诸多违反现行国内法的专利行为和与法律打擦边球的专利行为。参见费安玲. 防止知识产权滥用法律机制研究. 北京：中国政法大学出版社，2009(9)：165-177。

② 税法属于公法，但和宪法、行政法、刑法等典型公法相比，有其特殊性。大陆法系国家一般都将税法归入公法，这是没有争议的。税法属于公法的哪个分支，各国有着不同的认识，法国学者认为税法是公共财政的一部分，与预算法一起研究；德国学者传统上则认为税法是行政法的一个分支，自从《德国租税通则》颁布后，随着税收是一种公法之债观念的产生，税法也呈现出明显的私法化趋势。普通法国家一般将税法独立出来，发展出了独立的税收法律文化，非常重视税收政策和对税法问题的经济分析。我国大陆和台湾学者都认为，税法应属于公法。参见刘剑文. 税法学. 北京：北京大学出版社，2010(1)：17。

③ 尼克拉斯·卢曼对从立基于宗教的“自然法”到法律实证主义的转变做了最为清晰同时也不无片面的描述。在他看来，原来的基于“真理”的正当化，在所谓真理已然不可信之后，为基于“程序”的正当化所取代。按照此种理论，行为的法律指引不是因为其内容上的理性和可检验性而被接受，而是因其乃是通过组织化的程序起作用的系统的结果。考虑到税法较之于其他部门法的自身特性，而设定的正当性理论框架的假定则应是国家与国民双方平等主体的合意。笔者认为从税法的历史渊源而言程序的正当性更加突出，从现代税法本质内核而言其所体现的社会结构公平正义公益福利理念则更加具有现实正当性。从税法规范专利行为与专利收益的合法性中衍生发展至正当性。参见[德]莱因荷德·齐佩利乌斯. 法哲学(第6版). 金振豹，译. 北京：北京大学出版社，2013(1)：87。

用需围绕税法的价值导向、核心任务和主要社会作用进行解读。现代宪政国家追求以人性尊严为中心实质的内核诉求，不再满足于传统形式意义上的法治国家亦即正义国家。国家对专利行为与专利收益行使征税权并结合政府人力资源，以公共实物、公共服务等形式分配给社会弱者。① 与财政政策、货币政策同样，税收政策促进知识增长的同时又要保证知识的益处能被最广泛地传播也是政府的一项重要的职责。

征税权的正当性，形式层面的正当性与实质层面的正当性。② 本文的议题关注征税权对专利非正常行为行使的实质层面的正当性，课税对象即专利非正常行为的市场关联性和量能课税原则以及征纳主体双方对偿原则的和谐适用。各国税法上普遍的课税对象是行为与行为收益，基于公益需要而设定征税权。③ 对专利非正常行为行使征税权的正当性在于行为与收益的市场关联性。行为收益不仅是个人劳心劳力的结果，也是市场交易的结果。④ 对专利权保护的社会意义与其他私权利保护的社会意义完全不同，其他私权利的保护是普遍的，对所有的个人来说都有一定的意义，但是通过对技术信息的保护获得利益的人不是普遍的，是社会中的少部分人。个人行为及行为收益的获得有赖于国家组织结合并依照法律制度规则保障有效运行的市场，且专利权的保护成本高于其他私权的保护成本，这是从我国知识产权制度设置的行政保护方式上即可推导出的结论。专利权人通过专利行为能够获取的收益有赖于国家对生产技术、知识给予保护的法律制度的存在，利用一国货币政策、财政政策、商业政策等在需求与供给之间获取收益。是否对所有与市场关联的行为和收益行使征税权都是正当的？作为对偿原则的例外，现代宪政国家以符合量能课税原则为标准，征税权始具正当性。

专利非正常行为行使征税权的正当性，以何为根据致使国家与专利权利人发生税收法律关系？财产权依赖于一个乐于征税和花钱的政府，财产权的保护也即执行财产权的成本是昂贵的。征税权问题是税收法律正当性的最基本问题，是税法去考证对行为和财产由国家行使征税权的出发点。税法调整税收关系，税收关系是国家与国民围绕税收而形成的一种社会关系，税法规范调整而成为税收法律关系也即国家与国民因专利行为和专利收益而发生的税收征纳的权利义务关系。其核心点就是征税权的实质层面的合法性和正当性。⑤

---

① 这里对社会弱者的理解并非常规意义上的解读，笔者认为是制度选择后的风险承担者，在全球化的制度运行中，在知识领域的“第二次圈地运动”中的受到损害的主体。人类头脑公共领地私权化极度扩张带来了许多负面影响，这种行为理应受到规制，重新建立头脑公共领域。参见 James Boyle, The Second Enclosure Movement and the Construction of the Public Domain, Law and Contemporary Problems, Vol. 66. No. 1/2. Winter-Spr。

② 征税权形式层面的正当性即为税收法定主义原则。征税权介入国民的最基本权利，税收历史发展的脉络表明，征税应经国民的同意。国民的同意在宪政体制下以法律的形式表现。征税权实质层面的正当性即为量能课税原则，要求税收客体的选择必须得考证纳税义务人负担税收的能力；考证税收客体的有无、发生时间地点、税收客体的量化必须符合实际状况。量能课税原则是征税权的伦理基础，法定主义原则是量能课税原则的制度基础。参见黄茂荣. 税法总论——法学方法与现代税法. 增订二版. 台湾：植根法学丛书编辑室，2005(9)：261-263。

③ 对公共利益的衡量并非对相关利益方的正负影响进行简单相加，而是从成本效益角度分析征税权对专利非正常行为的行使是否符合国际经济和国民福利的整体利益并有利于市场公平竞争，符合此种竞争才具有商业方面的合理性。

④ 专利行为能够产生收益的前提，在于国家组织结合促成市场并提供法律秩序以使其良性运转。在今天全球化的经济大背景下，制度的作用深不可测。知识产权制度带给技术输出国的财富只是制度作用的冰山一角。专利行为收益是专利权利用社会所提供的营利环境，使其增加收益。就此种社会提供营利环境所获得收益，技术输入国家行使征税权取得参与分配的权利并将此收益用于输入国企业技术的模仿与创新，公益性的知识的传播无可厚非。

⑤ 征税权是国家主权之一，国民出生后只要有营利活动就与国家建立了长期税收关系。此种关系深刻影响国民财产权、工作权等各种民事权利。税收关系是政治与社会争议的中心。参见葛克昌. 所得税与宪法. 北京：北京大学出版社，2004(11)：83。

现代法治宪政伦理下的税收早已摆脱了一种必要的恶的认识①,在功利主义思潮及市场正当性理论支撑下成为了一种必要的交易,交易的主体是国家与国民,税法设定双方是在平等的交易主体的理论假定的基础上,国家对市场一方主体的行为与收益行使征税权,市场一方主体换取得到的是公正和实行所有权等公共物品的受益。市场一方主体税收负担的高低,取决于其对公共物品的获取高低。②

我国至今仍是或至少还主要是一个文化技术输入国③,作为技术进口国,对于智力劳动的关注重心不应该是强保护,而应该符合国情态势实现降低本国企业的专利引进和创新成本,更加应该符合国情态势满足社会公众对于知识福利的紧迫需求。征税权对于专利非正常行为的政策性行使可满足这两个功利性的目标。对跨国企业种种利用专利行为尤其是专利非正常行为在符合相关国际条约规定下征收高税收,对非法的专利非正常使用行为给予惩罚性税收。④ 现阶段,作为技术进口国地位的我国对某些专利非正常行为加以特别课税,是必要的也是正当的。⑤ 对专利非正常行为行使政策性征税权的目的,在于建立平衡,即平衡激励发明与专利权非正常行使带给社会的成本以及公共资源即知识的浪费;平衡专利技术进口国与技术出口国技术知识收益;平衡鼓励技术创新的激励系统和现有技术的有效传播及使用的激励系统。政策性征税权(特别课税)的行使应体现税收法律制度关注效率、福利的本质,以再分配资源的正义价值、公益价值等理念来贯穿规范专利行为与专利收益的征纳关系的始终。

一度流行的"后现代"意指了一种警示:我们不要受技术唯理性驱使得太远,社会的法律

① 政府的存在能够提供公共物品的供给,增进社会福利。为了维持政府的存在与运转,国民必须出让或转移自己的财产给政府,以维持政府的正常运转。"恶",权力的天然本性腐败的根深蒂固,非常必要对其加以限制与监督。税法的设立初衷演变发展至今则不仅促进经济发展、促进社会结构合理化,还更加注重公平、正义的追求。税法以交易理论假定国家与国民是对等主体,围绕"税收"这个市场行为,谋求符合人类终极应然目标的各自利益最大化。保护私权需要动用公权力的行使,而公权力的行使需要成本的付出,这都来源于税收。相对理解,税收对于权利行使的保护与控制在所难免,税法对专利权利行使的规制势在必行。

② 经济学理论认为公共物品的特点是效用的不可分割性,消费的非排他性和受益的不可阻止性。保罗·M.若默(Paul M. Romer)在其《内生技术的变迁》一文中对技术投入的特征界定,包含非传统产品、非公共品、非竞争性产品、部分排他性产品。经济学界对技术有新样的解读,引起意义深远的概念重构,以此加强了我们平常意义上所熟知的"公共品"和"私人品",以及"竞争性产品"和"非竞争性产品"的划分。本文对于公共物品的理解除了一般意义上的国家提供的公共服务如国防、外交、法律与秩序,一个有秩序的社会的必要条件集中体现为一组成文或者不成文的竞争规则,这里更应该包括人类共有的不可再生的资源环境和技术知识。知识产权制度就是公共物品私权化的集中体现。多行为高收益的人必定利用资源与知识就多,攫取能力高于一般人,对公共物品如环境造成的损耗也高。对这些专利高收益者征税,将税收支出到福利以及鼓励知识的学习者的模仿与创新,以期达致人类社会人性本质的探索与人类社会终极公平的追求。参见 Paul M. Romer, Endogenous Technological Change, Journal of Political Economy, Vol. 98, No. 5, Part 2: The Problem of the Study of Free Enterprise Systems(Oct., 1990), pp. S71-S102。

③ "香港、台湾和内地,总体上是一个技术和文化产品输入地。"参见冯象.木腿正义.北京:北京大学出版社,2007:86-94。

④ 知识产权保护问题,由于 TRIPS 协议对我国知识产权立法的制约,使得我国无法学习历史上知识进口国自由合法低成本使用先进的知识,学习模仿后创造性转化(TRANSFORMATIVE)的经验。通过征税权的行使来降低引进知识的成本,承载转移支付实现人类社会无形财富知识公平分享的税法功能得以在知识产权领域实现。

⑤ 特别课税,在于其征收非为宪法所预见,在宪法与财政法的国家收入来源分类中无所归属,在财政宪法内收入分配体系中为一异类,与税、费等法律性质不同。特别课税是为某一国家任务,如环境保护、弱者福利等,而向特定群体特定行为的特定收益征税,在预算中保留,专款专用。特别课税与税收的平等负担原则不同,其依据在于预算周延性原则,量能课税原则以及统筹统支等基本法治税收理念。特别课税存在经济依据,衡量标准在于其作用,可增加财政收入,对非正常专利行为管制诱导。参见葛克昌.所得税与宪法.北京:北京大学出版社,2004(11):81。

体系是技术唯理性的一部分，但不能以至于忘记了人类和人类的基本关怀。① 在当代政治思想中，公平正义几乎不可避免地与福利捆在一起，正义观念无疑是一种福利主义的概念，特别关注资源分配的合法性和幸福水平。[21](P102) 税法秉承公平，量能的内在机理更多体现的是税收征收权的公平性与税收支出的福利性，最终体现对人类的基本关怀。

三、技术输入国对专利非正常行为行使征税权分析

“权利是在存在政府权威的情况下产生的。它比个人运用暴力具有比较优势，并趋于阻止暴力的私人利用。当政府权威已树立时，非暴力分配的机制就得到极大的加强”。[22](P87) 对无形财产的权利实际上就是政府通过制度设立排他权和垄断权来保证私人主体的对有形和无形的财产的权利不沦为共同财产，设立转让权和收益权使私人主体从对有形和无形的财产的交换中获得利益。政府权威的树立，以财政的支持为基础，征税权的权力表征则是政府权威的体现之一。

征税权的行使应符合公平的法秩序，税法与其他法律一样，在税收课征上有立基于其事务本质的固有的价值与原则：公平和安定。② 作为一个抽象概念，“税收”的概念相应地具有某种可塑性。在很多不同的法律语境下，某一特定的行为是否被视为课税要素，是至关重要的。③ 税收客体是发生税收债务所必要的物或者行为的要素的总括概念，就是什么应该是可以课税，什么应是负担纳税义务的问题。在税法上，所得、财产和行为是税收客体的三个主要要素。通过征税权的行使，一种“以权力限制（保障）权利”的形式，来维护自由合理的市场竞争秩序，矫正专利行为过程中的利益失衡。税收制度应成为技术信息输入国完善知识产权制度的一种非常重要的政策工具与利益调整与控制平庸“恶”的利益极端化的机制。

许多经济学家认为，税收制度和社会福利项目，在现代国家，这种制度必修改或改革私人法律权益，才更能有效地达到再分配的目标。④ 一些跨国公司（纳税人）滥用专利疯狂积累物质财富，追逐利润暴力式增长，造成初次分配不公问题更加严重，再次分配也缺乏基本

① 知识产权制度在笔者看来就是技术信息唯理性的终极表现之一。作为人类公共物品的知识因为一个可以证伪的理念——刺激创新而被私权化，站在巨人肩膀上的创新者理所当然傲娇地将公共物品按照法律的规定转化为私人物品。这是强权理论支撑下的社会资源的再一次制度性分配。对这样的行为和收益以税收手段进行干预实属必然，对其权利的非正常化行使征税权实属正当。正义、公益、福利应成为分配的公理基础和决定理论基础。参见[德]阿图尔·考夫曼，温弗里德·哈斯默尔.当代法哲学和法律理论导论.郑永流，译.北京：法律出版社，2013(4)：23。

② 知识产权法律的本旨是立法明确规定鼓励与发展知识的创新与传播，其实质也应该是保证人类在创造知识与享有知识、利用知识的过程中的安定和秩序，以此使得知识利益最大化，与有形财产利益最大化的法律制度一脉相承。这与税法固有的价值与原则是一致的。参见黄茂荣.法学方法与现代税法.北京：北京大学出版社，2011(6)：49。

③ 税收的客体的内容界定，各国普遍都以财产、所得和行为为其中心内容。某种行为是否具可税性，可否成为课税要素，根据问题提出的语境和国家法律政策的不同，答案也会不同。参见[美]维克多·瑟仁伊.比较税法.丁一，译.北京：北京大学出版社，2006(9)：46。

④ 本文作者认为通过对行为进行征税权的行使这种方式，法律可以比直接去确定权利滥用和非权利滥用更好地区分专利权利人的权利行使的正常与非正常，诱导权利人行为符合技术输入国的社会价值。有三个理由可以说明其最优性：征税权关注的是不平等，私法权益下的再分配则关注平均值；修改私法权益分配效果难以预测；通过私法进行再分配的交易成本高。参见[美]罗伯特·考特，托马斯·尤伦.法和经济学.史晋川，董雪兵，等，译.上海：格致出版社，上海三联出版社，上海人民出版社，2012(9)：8。

的公正与平等，引发的一系列问题应该被税法关注并做出评价和利益调整规范。最优税收制度化，建立以行为税为基点的新税种作为重新分配资源的税收工具，立于宏观经济调控角度对专利权利主体即纳税主体行使专利权利的行为的决策与实施产生最优影响。

（一）专利非正常行为可税性分析

可税性并无明确的法律界定。从字面理解可税性即是哪种财产、所得和行为可以对其行使征税权。① 什么行为、哪种财产、何样所得能够成为税收客体，且具备经济上的可能性与可行性，即符合经济上的可税性，此为税收经济学理论对可税性的界定。征税权的行使，纳税人在经济上没有税痛感，且符合法律上的正当性与合法性，即符合法律上的可税性，此为税收法理学理论对可税性的界定。② “福利权和私有财产权都有公共成本。契约自由权的公共成本不比卫生保健权的少，言论自由权的公共成本也不比体面的住宅权的少。所有的权利都需要公库的支持。”[26](P3) 权利都有成本，知识产权不是例外。来自税收的基本权利保护基金让我们明白，权利是公共物品，是纳税人资助，政府管理的社会工作，计划促进集体和个人的福利。[27](P29) 权利是有成本的，专利权也不例外。专利行为的非正常使用使得专利权已经走得太远，立法时设定的权利边界越发模糊，专利权扩张得越发不具备权利发生的道德基础。通过对此种行为进行课税，控制其为所欲为张扬恶性的非道德性权利的使用。

行为税，常与特定目的税相提并论，都注重实现除取得财政收入以外的其他政策目标。③ 征税权的行使与纳税人从事特定活动的权利或者与纳税人获得的某项法律权利相对应。专利权利人的行为以及所致的财产、所得等经济效果，实质上都需要接受税法的评价，专利非正常行为涉税具有了在工具意义上的可能性和必要性。征税权对于专利非正常行为的行使，专利非正常行为成为税法规制的行为税的课税要素，也就意味着公共结构或者政府对社会共同体认为重要的活动所施加的持续且集中的控制。[28](P1-6) 专利非正常行为落入到税法规制的范畴，以期达致对该行为的社会性规制和经济性规制，目标就是引导专利权利主体为自己的利益，也本着知识权利保护的最根本原则——平衡权利个体与社会利益为底线而行使专利权。通过税收实现技术信息输入国技术信息引进成本的降低，提高技术创新能力，满足知识福利政策的社会普及性，应该在我国法律学界与实务界达成共识。切实地执行财产权有助于增加社会财富，并因此扩大税基，使得政府可以用此保护其他权利[26](P39)，亦

① 参见[美]大卫·N.海曼.财政学——理论在政策中的当代应用(英文影印版).第8版.北京:北京大学出版社，2005(7):398。对税基的理解，笔者认为随着对税的实质认识的历史发展，税法理论的发展，从经济控制的角度也即对完全自由经济行为的限制的角度，理所当然应该将某些行为归入到税基中去，以此来引导纳税人的行为正确最优化的选择，这里的最优化是以社会为基点而非个人权利的最优化选择，达成对个体、对社会双赢的局面。

② 专利非正常行为的征税的合法性的问题应该由专利法和税法共同提供，对专利非正常行为性质的界定，依据专利法以及相关法律，在此基础上判断是否落入课税范围，则依据税法的相关规定决定是否行使征税权。关于专利非正常行为征税的正当性问题本文的前一部分已详细论述。

③ 行为税，政府为达到特定目的，对某类行为加以特别限制，以纳税人的行为为课税对象，行使征税权。其最本质特点是征税权对某类行为的行使具有偶然性和一次性。专利行为税的客体是专利权利人即税法上的纳税人从事的行为本身，无论行为的效果如何，均应缴税。行为税具有较强的灵活性，调节及时，能够有效配合国家政治经济政策，引导市场主体行为。政府行使征税权来调节专利行为，引导、控制和管理专利权人的决策与行为选择。参见徐孟洲.财税法律制度改革与完善.北京:法律出版社，2009(6):225。

可更好地保护专利权,促进市场的公平竞争,促进技术信息等社会财富的最优化配置。税收影响人们做出决策。① 对跨国公司的专利非正常行为,技术输入国行使征税权,避免或者减少专利权利的非正常行使,以此降低技术信息引进的成本,促进技术信息有效而健康地传播,增强技术信息输入企业的创新能力,满足社会对知识需要的基本福利。专利制度的存在目的是激励创新。良性创新激励的形成需要平衡各方利益,在保护创新者的同时降低一些权利享有者阻碍其他主体进行创新的内在风险,降低社会成本损害。市场在发挥作用,各种税收也可以发挥作用,目标就是引导市场主体为自己的利益与他人的利益去为该为的行为。

(二)专利非正常行为税的二维模式初步设想

某项新的税种的设置需要结合现阶段我国税制调整的总政策等主导思想。税种是一国税收体系中的具体税收种类,是基本的课税单元。根据课税要素的不同将税收归类为各个税种。专利非正常行为税是直接税,行为税。构成专利非正常行为税税种的课税要素包括征税对象、纳税人、税目、税率、纳税期限、纳税环节等。② 税法上的税收构成要件理论实质上就是税收学上的税收要素理论。对这只行为不端的"大肥鹅"要拔毛,那么拔毛的艺术就要"快狠准"。以税收法定主义原则为基础,并正确识辨市场竞争中的专利非正常行为,分别合法行为与专利权滥用行为行使征税权。现代各个国家行使征税权公平具有两重含义,受益原则与纳税能力原则。[30](P58-59) 专利非正常行为税以最优税制理论为出发点,系统的、客观的、实证的符合税收构成要件,成为税收客体,在详尽的政策分析论证与经济分析论证的基础上必须符合税收法定主义原则。③ 专利非正常行为的税法评价按照实质课税理念的要求,会呈现相当的税务专业复杂性和两个法律部门的理论函摄性。

以专利权有效时间和专利非正常使用收益来确定税率高低以及是否征税的两个层面标准。专利非正常行为时间越短,税率越低;专利非正常行为时间越长,税率越高。专利非正常使用获得收益的就征税,无收益的不征税。界定为非法的专利非正常使用行为,征收高税率,类似于反倾销、反补贴类的惩罚性的特殊课税。1. 课税对象与纳税人的确定:以专利非正常使用行为为征税对象。纳税人即是中国境内专利权利人。2. 税率的确定:两种税率模式,对合法的专利非正常使用,税率不能设置过高,可设置零税率;对违法的专利非正常使用(如专利权滥用行为,违反竞争法的专利行为,违反反垄断法的专利行为,业界被认为专利流氓的行为),税率设置要高,以此达到抑制这类行为的预期目的。3. 征收方式:可采用反倾销税和反补贴税的征收方式。

① 税收的无谓损失是纳税人经济福利的减少大于政府筹集到的收入量。参见[美]曼昆. 经济学原理. 梁小民,译. 北京:生活·读书·新知三联书店,北京大学出版社,2001(12):257。

② 现今世界上各个税境内每个税种都有其特定的功能和作用,其存在依赖于一定的客观经济条件,随客观经济条件的变化,新的税种会产生,旧的税种会变化、发展或消失。

③ 税收法定是税种设置的基本理念。税收法定包括几种法治理念:税收立法权必须由法律规定;设置税种必须由法律规定;课税要素必须由法律规定;税务行政体制必须由法律规定;税收行政行为必须合法;征税程序必须由法律规定。税收法定主义的内容概括为三个原则:课税要素法定原则,课税要素明确原则和程序合法原则。参见张守文. 论税收法定主义. 法学研究,1996(6)。参见李刚. 契约精神与中国税法的现代化. 法学评论,2004(4)。

四、结语

税收是国家干预经济发展的手段，是社会公平和财富利益分配的工具，这是经典税法理论的主张。合法的征税权对专利非正常行为的行使，本着实现技术信息输入国与技术信息输出国对人类无形财富分配公平的目标而成为干预限制专利权利人非正常行使其权利甚至滥用其权利给整个国际社会造成不公，给人类星球带来资源浪费的一道利器。

专利非正常使用行为界定为合法与违法专利行为，其构成要件的考量并非税法规定，而是依照竞争法与其他法的规定的考量结果。竞争法关注的是专利权利主体专利行为的法律属性，税法则关注专利权利主体专利行为的经济属性，对违法的专利行为行使征税权并非意味着将权利主体的违法行为合法化，仅是立足于不同法律视角下评价行为所致的结果。专利行为人的违法成本如果会大于其违法行为所获得的收益，其定会放弃违法的企图而正当行使专利权。若对违法专利行为在其他部门法惩罚基础上再行使国家征税权，课以重税，加以负担，则极大增加违法专利行为人行为的成本，根据经济学行为理性人假定，其预期结果会使专利行为人放弃专利非正常使用行为，并以此降低专利行为违法率。

专利权利不是无限度的。专利权利的实现与保护产生成本，有时甚至是巨额的成本。专利权利的行使一定需要税法的规制。

参考文献：

[1] 黄海峰. 知识产权的话语与现实：版权、专利与商标史论[M]. 武汉：华中科技大学出版社，2011.

[2] 凌金铸. 知识产权因素与中美关系：1989—1996[M]. 上海：上海世纪出版集团，2007.

[3] [美] 苏姗・K. 塞尔. 私权、公法——知识产权的全球化[M]. 董刚，周超，译. 北京：中国人民大学出版社，2008.

[4] 顾淑林. 创新、自主与实现[J]. 读书，2007(4).

[5] [日] 加藤雅信. "所有权"的诞生[M]. 郑芙蓉，译. 北京：法律出版社，2012.

[6] 崔国斌. 专利法原理与案例[M]. 北京：北京大学出版社，2012.

[7] 冯象. 木腿正义[M]. 北京：北京大学出版社，2007.

[8] 徐瑄. 知识产权的正当性——论知识产权法中的对价与衡平[J]. 中国社会科学，2003(4).

[9] Mark A. Lemly, Carl Shapiro. Patent Holdup and Royalty Stacking[J]. Texas Law Review, 2007,85(6).

[10] [美] 亚当・杰夫，乔希・勒纳. 创新及其不满：专利体系对创新与进步的危害及对策[M]. 罗建平，兰花，译. 北京：中国人民大学出版社，2007.

[11] Jere M. Webb, Lawrence A. Locke. Intellectual Property Misuse: Developments in the Misuse Doctrine[J]. Harv. J. L. &Tech, 1991, 4.

[12] 费安玲. 防止知识产权滥用的法律机制研究[M]. 北京：中国政法大学出版社，2009.

[13] 刘剑文. 税法学[M]. 北京：北京大学出版社，2010.

[14] [德] 尼克拉斯・卢曼. 法社会学[M]. 宾凯，赵春燕，译. 上海：上海世纪出版集团，2013.

[15] [德] 莱因荷德・齐佩利乌斯. 法哲学[M]. 金振豹，译. 北京：北京大学出版社，2013.

[16] James Boyle. The Second Enclosure Movement and the Construction of the Public Domain[J]. Social Science Electronic Publishing, 2003, 66(1-2).

[17] 黄茂荣. 税法总论——法学方法与现代税法[M]. 台北:植根法学书编辑室,2005.
[18] 葛克昌. 所得税与宪法[M]. 北京:北京大学出版社,2004.
[19] Paul M. Romer. Endogenous Technological Change[J]. Journal of Political Economy, 1990,98(5).
[20] [德] 阿图尔・考夫曼,温弗里德・哈斯默尔. 当代法哲学和法律理论导论[M]. 郑永流,译. 北京:法律出版社,2013.
[21] [英] 诺曼・巴里. 福利[M]. 储建国,译. 吉林:吉林人民出版社,2005.
[22] [美] Y. 巴泽尔. 产权的经济分析[M]. 费方域,段毅才,译. 上海:上海人民出版社,1997.
[23] 黄茂荣. 法学方法与现代税法[M]. 北京:北京大学出版社,2011.
[24] [美] 罗伯特・考特,托马斯・尤伦. 法和经济学[M]. 史晋川,董雪兵,译. 上海:上海人民出版社,2012.
[25] [美] 大卫・N. 海曼. 财政学——理论在政策中的当代应用(英文影印版)[M]. 北京:北京大学出版社,2005.
[26] [美] 史蒂芬・霍尔姆斯,凯斯・R. 桑斯坦. 权利的成本:为什么自由依赖于税[M]. 毕竟悦,译. 北京:北京大学出版社,2004.
[27] 徐孟洲,等. 财税法律制度改革与完善[M]. 北京:法律出版社,2009.
[28] [英] 安东尼・奥格斯. 规制:法律形式与经济学理论[M]. 骆梅英,译. 北京:中国人民大学出版社,2008.
[29] [美] 曼昆. 经济学原理[M]. 梁小民,译. 北京:北京大学出版社,2001.
[30] 张怡,等. 衡平税法研究[M]. 北京:中国人民大学出版社,2012.
[31] 张守文. 论税收法定主义[J]. 法学研究, 1996(6).
[32] 李刚. 契约精神与中国税法的现代化[J]. 法学评论, 2004(4).

(责任编辑:徐珉川)

美国法官续任选举制度及其启示①

谢小剑　丁丹丹*

摘　要　为了实现司法独立与司法民主的平衡,美国许多州开始实行法官续任选举制度,任期届满时由选民投票决定该法官是否可以继续下一个任期。其弱化了法官对政党、政治机构的政治责任,增强了司法的民主可问责性,提高了司法公信力。但是不可避免地使法官为迎合民意而有损独立性。在我国,法院院长、检察院检察长也采取续任选举制度,借鉴美国经验,应当坚持间接续任选举制度,在续任选举中应减少法院院长的外部压力,建立业绩评估制度。

关键词　续任选举　司法民主　司法独立　法官任命

一、美国法官续任选举制度产生的背景及其适用现状

在美国,追求司法公正、司法独立与司法的民主性是其法院文化的一贯追求。由于联邦和州分权的体制,美国的联邦法院和州法院在法官任命上各不相同。同时,各大州的法院组织系统也不尽相同,法官产生方式有着各自独特的发展历程。总体来说,美国州系统基本上囊括了所有的法官选任方式:任命制(行政任命制和议会任命制)、普选制(政党选举、非政党选举)以及功绩选任制(或称提名委员会制)。

(一)美国州法官选任方式的历史发展过程

1. 任命制。独立战争之前的美洲,英国控制着其所有行政机构和司法机构的人事任命,法官必须要按照英国国王的意愿来从事司法活动。一直到1783年,随着英国殖民统治的结束,美国实现独立的同时也逐渐建立起了资本主义民主体制,于是有些州在追求司法民主的道路中,摒弃了由个人任命法官的制度,而将权力交付至立法机关的一院或两院。州法院的法官一般由州长提名,议会选举。

* 谢小剑,江西财经大学法学院副教授,法学博士。研究方向:司法制度、刑事诉讼法学。丁丹丹,江西都昌县人民法院法官。研究方向:司法制度。

① 四川省哲社重点研究基地纠纷解决与司法改革研究中心2015年度项目《司法改革背景下的司法惩戒制度研究》(项目编号:2015DJKT24);教育部2010年人文社科研究一般项目《法院的公共责任及其限度》(项目编号:10YJC820125)的阶段性成果。

2. 普选制。由州长或议会提名任命法官，虽然在美国建国初期体现了很大的进步，它消除了法官任命中极度专制和高度主观性的弊端，有利于维护司法的独立性和民主性。但是经过一段时间的实践后，该制度受到了一系列的批评：无论是州长或议会的议员，他们在选择候选人时往往不需要从民众或者律师协会那里寻得意见或建议，然而他们本身又不一定具备足够的能力去考察和审核候选人的职业资格。因此选任出来的法官不一定具备专业的素质和技能，这样可能会导致他们日后的职业行为仅仅需要对任命他们的州长或议会负责[1](P6)。

直到19世纪前期，美国的西进运动和移民运动使得民主和平等的思想在美国各大州得到广泛传播，普通民众愈发渴望自己对民主、平等、自由的呼声在政治上得到回应。1812年，乔治亚州首次规定该州基层法院的所有法官由民众直接选举。到了1860年，当时的34个州中就有24个州采取民众直选的方式产生法官[2]。初期多采取由政党提名，民众选举法官的方式。法官候选人必须获得本党或某一政党的提名，他们的名字出现在党派归属的选票上后，再由其所在的政党为其进行各种方式的拉票活动，最后由民众直接选举。

然而，政党的参与使得法官的选举带有浓厚的党派色彩和恶性竞争。一些政治家和政党对法官的挑选进行不正当的控制，在芝加哥和纽约，民主党曾一度主宰了法官的提名，人们对政党提名普选法官的制度普遍不满。他们认为，法官应该只对法律负责，在上任前太过依赖于政党，日后的职业行为必然会受制于此[3]。于是，改革的呼声此起彼伏。到了20世纪的前期，非政党选举的法官选举制度应运而生。这是一种不会透露候选人政党归属等个人信息的选任方式，它在很大程度上使州法官的选举摆脱了政党的影响。

3. 功绩选任制。20世纪的早期，无论是民主党还是共和党，对带着浓厚政党色彩的法院文化很是不满。同时，每一种选任方式都有着各自独特的优势和无法克服的弊端：第一，普选制下的法官与普通民众联系紧密，其日后的司法行为对于公众的意见就更为在意，判决也更能体现民意时代的观点，更体现了司法民主性，相比而言，任命制的法官更倾向于墨守成规。第二，在独立性方面，普选制下的法官在做出判决时不得不考虑民众的要求，因为他们要为自己长远的职业生涯考虑——要想在下一轮选举时获得胜利，就必须要赢得民众的支持，而由任命产生的法官则能在民众舆论压力下保持相对的独立超然。当然，独立也是相对的，对于议会、行政方面的压力的抵抗力，任命制下的法官显然小于由普选程序产生的法官。第三，就选出的法官个人素质而言，普选产生的法官人员更加多元化，不同种族、性别、家庭环境的人都可能成为法官候选人，如果行政机构任命法官，他们可能更多的会考虑到某些政治因素的平衡，在这种情况下很难产生多样性的法官。第四，普通的民众在评判候选法官的能力上肯定是低于行政机构的[4]。更何况，选民对候选人的情况不了解，他们无法从政党归属之外的信息中对候选人加以了解、评价，因此就无法做出真正的选择。改革者的理想追求与残酷的现实之间的强烈反差像一道无法跨越的屏障阻碍着美国司法的民主进程。于是，美国著名的学者阿尔伯特教授试图提出一种选举方式能够使整个法官选举过程摆脱政党的影响，并保证司法独立和公正。这个方案规定，当法官出现空额时由特别提名委员会（由律师界推选三名律师，州长任命的三位公民和首席法官组成）提名三位候选人，州长从中择定一人为法官，其任期不得少于一年，在下届普选中由选民决定该法官是否留任。如果得到大多数选民的认可，该法官即可以连续任满一届；如果未获大多数选民的认可，则按同一程序选择另一人为法官。当他的任期届满时，无需对法官重新提名和任命，只要该法官提出书面申请，表示希望列入候选人名单，即由选民决定他是否留任，这些法官可以根据他们的工作成绩来接受选举的考验，而无需与其他候选人竞争。这就是功绩选任制度的雏形，它在法官初选和续任上结合了任命制和普选制两种方式。① 之后，在美国获得广泛认同。

（二）续任选举制度在美国适用的现状

实行功绩选任方式产生法官的大部分州都承认了等额续任选举这种方式，由选民决定该法官的去留问题，在法官任期届满时，如果该法官得到的支持率达到了该州法律规定，他便可续职；如果未获得相应的支持率则落选。同时在适用范围上，有的州会在各级法院都采用，但是像佛罗里达州、印第安纳州，他们只是在某一级或某两级法院适用。

与联邦系统不同，美国许多州的法官实行任期制，任期时间从 4 年到 15 年不等。法官的等额续任选举制度，一开始是作为功绩选任制度的附属品，其初衷是以选民决定法官去留的方式，满足民众对司法参与的诉求，也给予了法官足够的任期保障。在这种体制下选任出来的法官，日后的司法行为既不会受行政机构的影响，也不会丧失在民众面前的独立性和权威性[5]。于是，采取任命制或普选制的州都在法官任期届满之时实行续任选举。

该制度首次于 1934 年在加利福尼亚州得到践行，三年后获得美国律师协会正式认可，在历经数十载的发展过程中，曾经历了两个重要的转折点。从 1934 年至 1986 年，实行续任选举的州法官都成功获得了连任，直至 1986 年加利福尼亚州首次在续任选举中罢免了最高法院的三名法官，这在全州范围内引起巨大轰动②。有学者表示，续任选举不再是形同虚设，选民可以通过行使自己的选举权来表达对法官在职行为的不满[6]。然而加利福尼亚州成功罢免三位大法官的影响并没有扩散到整个美国，续任选举一度被有的学者戏称为“无趣且费时”，因为在续任选举中只有总人口的 70%的人愿意在选举中投上一票，并且6 306位法官中只有 56 位落选，且一大半都是在伊利诺斯州。低关注率、高留任率使得学者一再质疑这个制度的可行性[7]。但是 2010 年后，法官的续任选举不再被认为是“安静且无竞争性的”，在爱荷华州、阿拉斯加州、科罗拉多州法官的选举前期都有社会团体或个人以各种方式影响选民做出选择，并且有学者指出这种趋势一定会蔓延且持续下去，因为法官做出的判决不可能令所有人都满意，只要是涉及到社会敏感问题必定会触动部分群体的利益，那就注定法官的续任选举不会回到以前那种“风平浪静”[8]。

二、续任选举制度在美国的司法实践——以爱荷华（Iowa）州 2010 年的最高法院的续任选举为例

笔者之所以选择爱荷华州作为范例来介绍续任选举的概况，是基于爱荷华州本身的法官选任程序体现了整个美国法官制度的缩影，并且笔者查阅大量外文资料后，发现外国学者

① 相关资料请参见 Method of judicial elections. From http://www.judicialselection.us/judicial_selection/methods/judicial_nominating_commissions.cfm? state=，最后浏览时间：2014 年 2 月 1 日。

② 1986 年的法官选举三位法官之所以没有成功连任，很大程度上是因为该州公民对法院做出的关于死刑的判决不满意，在当年引起了很多社会团体的抨击。

对于该州 2010 年的法官续任选举尤其关注。根据该州法律，由律师、若干普通公民、法官组成一个非党派的提名委员会，此委员会提供一份候选人的名单，最后由州长在此名单中任命某一位为法官。同时，根据爱荷华州选举法的规定：爱荷华州最高法院的法官任期为 8 年①，在任期届满后，由选民直接投票以决定法官是否有资格继续留任。法官无任届的限制，只要在每次续任选举时获得不低于 50%的支持率，法官可连续任职直至退休(爱荷华州规定法官退休年龄为 72 周岁)。

2010 年 11 月，对于爱荷华州最高法院的三位大法官 Marsha Sternum、Michael Strait、David Baker 应该是终身难忘的，因为他们在这一次的续任选举中惨遭落选。法官续任选举在各个州的运行程序大同小异，大体都要经过候选人的申请、公示、选民投票阶段。我们考察了该程序的运作②：

1. 候选人申请及资格确认

爱荷华州的法官续任选举是在每年 11 月份的第一个星期二举行，整个续任程序在法官本人提交申请书时拉开序幕。和历届的续任选举相同，三位大法官早在 7 月底(任期即将届满前)就向州秘书处(Iowa Secretary of State)提交了续任意愿申请书，申请书上载明了包括姓名、续任岗位等个人信息。

2. 公示及选民资格登记

在州秘书处确认了最高法院有三名法官参加续任选举后，8 月底，秘书处将该三名候选法官的名单递交至各县，由各县的审计署(County Auditor)计划之后的选举日程安排。待各郡县的审计署确定好续任选举的名单、设置的投票站点等相关事宜后，他们就要将计划表上报至州秘书处，由州秘书处审核后将相关信息发布在官网上，同时告知各县要于 10 月 12 日前与当地至少两家主流报纸联系将选举具体情况公布于众。

3. 选举前各利益主体的活动

(1) 律师协会

在官方进行选举前的准备工作的同时，爱荷华州的律师协会也在为接下来的法官选举紧锣密鼓地筹划着法官业绩评估项目，州律师协会每隔两年都会组织一次法官业绩评估项目，通过律师对法官的评价促进选民对法官的了解，不作为奖惩法官的依据，公民可于每次选举前的一个月在州律师协会的官方网站上查询其评估结果。为了达到评估的客观和准确性，受邀参加评估的律师们都只对与之经常接触的法官进行评估。评估的问卷分为两个部分：专业技能、个人品质，其中专业技能有 6 个提问，个人品质有 4 个提问，评价结果从优到劣分为 5 个等级。此次对于即将接受续任选举的最高院的大法官的评估，共有 3 429 名律师参与。

(2) 支持团体 VS 反对团体

在爱荷华州，往年的法官续任选举可谓是波澜不惊，选民只是在选举当日前去投票点勾画下 YES 或 NO 的标记。然而，2009 年 4 月三位法官对一起同性婚姻上诉案件做出了判决，该判决结果在爱荷华全州引起了轰动，它使该州成为继马萨诸塞州、康涅狄格州后美国

① 一个例外，法官在第一次被任命后，必须在第二年参加续任选举。

② 相关资料请参见 Candidate's guide to the general election. From http://sos.iowa.gov/elections/pdf/candidates/2014gencandguide.pdf，最后浏览时间：2014 年 12 月 26 日。

第三个承认同性婚姻关系的州。判决一做出，支持声和反对声是此起彼伏。2010年爱荷华州州长的预选中，共和党在竞选中极力丑化该判决的恶劣性质，认为此举是对耶稣的亵渎，甚至将矛头指向法官个人。各大利益团体出自各自需求，也通过宣示自己对于同性婚姻的态度来求得民众或某一政党的信任。反同性婚姻很快组成了以Bob Bander为首的"自由Iowa"组织，他们认为，三位大法官颠覆了传统的婚姻道德观，如果任由法官肆意妄为，将来失去的只是更多的权利和自由。以该组织为首的社会团体开展了一系列的活动，向选民发邮件、打电话，甚至挨家挨户的拜访以说服他们在续任选举中反对三名法官的连任。在该组织的影响下，陆续有200多个大小社团参与到反对三大法官的活动中来。相反，"Iowa for Fair"是支持三大法官的代表性组织，它也通过广播、电视广告等形式为三大法官作正面宣传。

(3) 媒体的关注

在爱荷华州，尽管所有案件的判决结果都可以在官方网站上查询，但是很少有案件能引起全社会的关注和媒体的大肆报道。同性婚姻案件的判决一经做出，当地各大报纸和新闻媒体趁势追击吸引读者的眼球，在选举的前几个月，25份当地发行量较高的报纸上公民通过邮件或信件都对此发表评论。

(4) 法官本人

根据爱荷华州法官行为准则规定：法官续任选举期间，可以成立活动小组，以活动小组的名义进行宣传活动或资金的募集。但由于法官的身份特殊性，法律对于法官在续任选举期间的活动限制远远大于普通政府官员。续任选举的法官只能接受个人（司法人员或法院系统其他人员除外）或者非政党标签的社团的资金捐献，并且资金只能用在续任选举的宣传费用上，法官个人不得私自挪作他用，在续任选举期间，法官可以在公开场合做出"表态式的演讲"，不得针对正在审理的案件或别的法官审理的案件做出评论。尽管2010年州最高院的三位大法官受到很多"攻击"，但该州的三位大法官却没有去成立活动委员小组去动员募集资金以获得更多选民的支持，他们反而一致态度坚决，希望自己代表的法院能够摆脱政治因素的影响。

4. 投票

在投票日，投票点的大门准时打开，选举正式开始。部分媒体在各郡县审计署提前授权的情况下可在选举当日对选举活动进行拍照和录像。等到所有选民投票完毕后，选举委员会的成员开始进行不间断的统票程序，所有选票都经过扫描仪扫描后自动在系统中呈现结果，审计署必须在当天收到各郡县的选票结果报告，不得迟于五个工作日将所有的选票结果在官方网站上公布。由于三位大法官的支持率分别只有45.86%、45.62%、44.43%，都没有达到法律规定的50%的标准，未能续任。然而，从1962年爱荷华州实行法官续任选举制度以来，都没有法官落选，并且自从1998年以来法官的支持率都超过了75%[9]。

三、美国法官续任选举制度的功能评析

（一）续任选举制度弱化了法官对政党的政治责任

在美国，政党活动几乎渗透到了美国社会的各个角落，普选制下的法官选举，无论是政党选举还是非政党选举，政党都会以直接或间接的方式对其产生影响。它们会采取各种措

施让代表本党意识形态的人上位，将对立党派的候选人拉下马，这使得法官的竞选越来越有竞争性。在此制度下产生的法官最大的特色就是对政党的依赖性过于强烈，导致法官上任后会潜意识对支持他的政党负有很重的责任感和义务感，此种情况下政党就间接的实现了对法官的控制，从而可以影响法官的职业行为。大部分美国人认为法官在竞选中获益以后必定会对其后的判决造成影响，并且部分法官也认同了这个观点[10]。NSCS组织针对"普选制度下的法官日后判决是否会受政党的影响"这个话题抽样调查了1 200位来自不同教育背景的公民的看法，结果显示有57%的人认为，只要是法官参与了政党支持的竞选，尽管法官个人作风中立且客观，他们也会不自觉地将他们做出的判决与当初支持他们的政党之间建立一些联系①。不仅如此，连包括法官本身在内的司法从业人员也认为竞选严重损害了法官的独立性。在德克萨斯州，近一半的法官、约69%的司法人员、79%的律师他们坚信政党支持下的竞选对法官日后的判决有影响。即使在非政党选举的明尼苏达州，也有59%的公民认为非政党的竞选捐献会影响法官日后的判决决定。② 可见，无论是党派选举还是非党派选举，都使公民对司法机构的独立性产生怀疑。因此，法官选举带来的竞选捐献、政治利益对价都会使人们怀疑法院不再客观独立而成为只是依附于政党并为其谋利益的机构。相反，续任选举并不由政党提名，既不采取竞选方式，也不采取行政任命方式，自然强化了对政党、立法机关和行政机关的独立性。

（二）摒弃了普选式的拉票活动，使选民关注法官个人本身

竞选拉票活动一向是美国政治的特色，普选之下的法官选举亦是如此。在过去几十年的实践中，通过选举捐赠，利益集团对选举过程的参与程度是越来越深。2006年，有五个州最高法院的法官候选人资金募集打破了往年的记录，仅阿拉巴马州就花费了1 340万美金[11]。竞选中花费资金的多少和成功任职有密切关系。路易斯安那州的一家媒体曾做过调查统计发现：2000年到2002年，68%成功任职的候选人都是那些花费最多的人。直至2008年，在阿肯色州，22个管辖区中的16个成功任职的法官都是花费最高的。就像一位来自内华达州的法官在接受《洛杉矶时报采》访时笑称，如今在内华达州要想竞选上法官，肯花多少钱是你是否能上任的一个重要因素[12]。

普选制下，除了巨额的花费以外，法官选举还具有政治性和争论性。竞选下对法官的介绍大多是法官的政治观点和其对社会敏感问题的态度，各类宣传话语、甚至法官候选人的隐私都会被公之于众，而不是关注法官基本的素质——专业知识、教育背景、在位时的表现等。这些广告的花费常常不在于讲述候选法官的业务水平和竞争优势，反而大部分都是在强调竞争对手的劣势，有时甚至带有攻击性。他们经常会以竞争对手处理的某几个案子为攻击点。

我们必须明确，政党以及利益集团为候选人投入资金是带有明显政治目的的，这与追求民主社会的司法公正和独立本身就存在矛盾。而且让候选法官大街小巷地厚着脸皮去拉赞

① 相关资料请参见 A National Survey of Public Expectation on Solving Justice. From http://contentdm.ncsconline.org/cgi-bin/showfile.exe? CISOROOT=/ctcomm&CISOPTR=118，最后浏览时间：2014年2月22日。

② 相关资料请参见 A Survey Of Judges, Court Personnel, And Attorney. From http://www.courts.state.tx.us/pubs/publictrust/execsum.html，最后浏览时间：2014年1月22日。

助以求得支持,这样即使法官成功上任后也不利于司法权威的建立。

相反,续任选举中选民选票上不会附有法官个人的政党归属,加之各州都有法律规定法官在续任选举期间的拉票行为限制,使得选民只能根据法官在任时的表现做出选择。美国律师协会发布的关于法官行为指导准则中明确指出,参加续任选举的法官不得接受政党组织的募捐和提名,即使身为政党中的一员,也不得在公开场合声称或以政党的名义为自己拉票①。实行续任选举制度的大部分州都对法官在面临续任时的行为做出了严苛的规定。例如在爱荷华州,续任选举下的法官不得直接以个人身份募集资金,更不得接受政党组织的捐款。尽管可以通过活动小组接受个人的捐款,但是法官本人必须监督和审核活动小组的整个活动流程和资金来源及花费去向,并且对于来自律师的捐款都有所限制②。续任选举不允许有政党的赞助和支持,所以也不需要担心日后的职业行为受到它们的摆布。同时,在任期届满时,法官更不需要担心各政党或其他利益集团赞助的其他对手来与之竞争,这样也可使法官们更加专注于自己个人能力的提升而非潜心于如何打败其他对手。这在很大程度上说明了选民渐渐从只关注法官的政党归属等外在因素转变为看重法官在位时的审判能力。

(三)续任选举使得公众可直接问责后果,增强了司法的民主可问责性

续任选举制度下,由公民直接投票决定法官的去留,不需经过任何的中间环节,公民就是直接问责的主体。至少在制度方面,该选举方式保证了公民可以直接对法官在任时的表现及业绩进行全方位的评估。倘若法官在职期间表现平平、判决失误,遭到社会强烈的不满,他们可以通过投上“NO的选票”来表达反对其连任的诉求,去支持他们认为更有能力或更有倾向性的法官。这样不仅使得公众意识有了更加顺畅的表达通道,也增强了公民个人的责任感,使得他们不再认为法官选举只是政党角逐的工具,自己能够参与进来决定选举的过程,该过程也会同时增强司法的民主性。续任选举制度通过所有选民直接参与的方式来决定法官续任与否,使法官不断向民主角色转变从而加强了司法的民主性,也有利于法官在日后的司法行为中谨记要灵活地运用法律而不是机械地执行法律。

(四)续任选举制度下,可促使法官承担更多的社会责任,提高了司法公信力

法官对公众负责的理念在美国很早就产生了。“法官们必须对公众负责,因此必须定期由公众选举产生。其实,我们一直以来都被故意夸大了的法官独立性的重要性和实现途径所欺骗。我们并不需要任何一个部门独立于公众,那些不对公众负责的部门肯定得不到任何的信任。”[13]如果法官保持超然的独立而完全忽视民众的诉求,其结果很可能是广大民众再不愿意将自己的纠纷付诸于司法途径解决,这样也无法建立起司法公信力和司法权威。

尽管有反对者怀疑,如果法官面对无竞争对手的选举,会不会使得整个程序虚置,起不到监督和鞭策法官的作用。事实恰好相反,即使是等额选举,法官表面上无竞争对手,但是往往自己的过去是他们成功连任的最大障碍,由选民直接评判他们在职的业绩和决定去留问题使得法官潜移默化地增强了自己对选民的责任意识[14]。对2010年爱荷华州最高法院

① 参见美国律师协会发布的法官行为指导准则第4章第2节。

② 相关资料请参见 A National Survey of Public Expectation on Solving Justice. From http://contentdm.ncsconline.org/cgi-bin/showfile.exe? CISOROOT=/ctcomm&CISOPTR=118,最后浏览时间:2014年2月22日。

法官的续任选举，我们可以窥探出在职法官续任选举前夕并不是风平浪静的，他们也要遭受外界的评价，只不过他们的竞争对手是自己罢了。如果法官在职期间表现不好，一些组织和机构就会联合起来大肆宣传，企图达到影响选民选择的目的。即使不是每次的活动都能够将法官顺利拉下马，但是至少可以给法官反省的机会，使之提高自身的职业技能[4]。

同时，续任选举制度有利于提高司法公信力。尽管公众对于司法的印象可以通过各种途径来形成，例如司法效率与司法公正，但法官往往成为法院最直接的形象代言人，法官的个人形象是影响司法公信力的最直观的因素。在法官的续任选举下，法官的庭内外行为都将毫不遮掩地呈现在选民面前，并且任何的判决失误或行为不检都可能成为选民投上反对票的理由，在此制度的鞭策下，法官不得不格外注重自身的内在气质和外在形象，至少法官在庭上呼呼大睡被传得人尽皆知的现象会大大减少。选民们以监督者的角色促使法官提升自身形象，从而提高公众对司法的信任度。

虽然续任选举制度在很大程度上弱化了政党对法官的影响，但是仍需要较高的成本，且不可避免地使法官为迎合民意而有损独立性。在爱荷华州，2010 年的法官续任选举前期，有媒体做出民意调查预测三位法官成功续任的概率，其中坚决表示会在投票当天投出反对票的调查对象中，有 50%是因为他们对法官做出的判决表示不满意[9]。这在某种程度上会给日后的法官敲响警钟：他们在作出审判时必须谨慎运用手中的自由裁量权，民众的接受度也是日后影响他们是否能保住职位的重要因素[7]。因为，续任选举制度由选民直接决定法官能否继续连任，它会在某种程度上让寻求留任的法官不得不考虑来自普通民众的需求，在社会舆论面前不能够保持足够的独立。这必然又加重了法官日后的审判行为会受舆论的影响。在现代民主政治背景下，与其受到政党影响，不如受到民众影响。

四、美国法官续任选举制度对我国的启示

我国法院院长、检察院检察长由各级人民代表大会选举产生，任期五年，期满必须由人民代表大会重新选举才能继续任职，在确立候选人之后，一般差额选举，也可实行等额选举，由人大代表投票，半数以上人大代表同意才能续任。这在实质上也是续任选举。同时，我国于 2007 年推行了人民法院院长、人民检察院检察长的异地交流，其中明确指出：在同一职位任职满 10 年的，必须交流；新提拔担任人民法院院长、人民检察院检察长的，一般应当交流任职；交流的方式主要采取省际间交流、上下交流和本省法检"两长"轮岗等①。比如，2008 年 3 月全国共有 2 999 个基层法院完成了换届，其中属于异地交流任职的院长有 1 362 名，占到了换届院长比例的 45.4%[15]。不难看出，法院院长在本院任满两届后并不能继续留任，而是要按照规定实行异地续职，实际上是通过异地交流实现了续任选举。由于唯一可以和美国相比较的是我国法院院长的选任方式，下文着重针对我国法院院长续任选举制度的完善进行阐述。

（一）坚持间接选举的续任制度

在现代法治理念中，司法民主本身要求法官在适用法律时要考虑民众的接受性，而司法

---

① 相关资料请参见李亚杰，《交流任职的 26 名省级法检"两长"成为引人注目的亮点》。http：//www.gov.cn/jrzg/2008-02/29/content-906141.htm，最后浏览时间：2014 年 12 月 30 日。

独立却是鼓励法官在做出判决时只需忠于法律和事实,不应被其他因素所影响而做出非客观的审判结果[16]。这一对看上去无法解决的矛盾,需要续任选举制度平衡。美国功绩选任制度下的法官续任选举其初衷就是为了追求司法独立与司法负责性的价值平衡。美国功绩选任制度下的法官续任选举实质是全民直接民主的一种方式,由公民直接投票决定法官是否可以连任,促使公民成为法官的直接问责主体。

我国现行选举院长制度,人民通过人大代表来表达自己在政治上的意志,各级院长在任期届满时,由人大代表表决是否有资格续任,其实质是间接民主方式,克服了直接续任选举的一些劣势。它体现在:第一,相对而言,人大代表的分辨能力比普通民众更强,它一定程度上可以避免盲目投票的现象,避免全民直接选举的不理智,毕竟对司法从业人员的专业性、人格品质要求更高。第二,间接选举恰恰可以避免直接续任选举成本较高的弊端。第三,间接选举可避免法官面对过高的社会公众压力,保持对社会舆论的相对独立性。因此,笔者认为应坚持间接选举的续任制度,但是可以在此基础上有所完善。

在美国,只有联邦法院的法官实行终身制,而大部分州的法官都实行任期制,任期届满时会组织续任选举来决定是否继续任职,直至法官退休。我国不适宜引入终身制,终身制无疑会导致法官权力的膨胀,长期处于无约束的状态也会致使法官的工作脱离人民群众的需求。目前,我国院长受两次任期的限制,之后通过异地交流实现异地续任,由于任期较短,容易造成司法经验的流失和地方干预。鉴于院长职位的重要性,如果院长在任满两届后都要离职,这对于院长和法院双方都会有重新适应的过程,因此对法院的工作就会产生很大的影响。同时,法院院长在本地更长、更多次的任期可以实现法院院长对地方行政首长的独立。就像苏力教授曾经论述过:“年长的法官——以及一般的长者——往往事实上会更要求尊严,他们也不大容易听命于地方行政首长的暗示和指令。”[17]因此,笔者认为,我国可以实行院长在地方足够长期的任期制,同时,只要院长在任期内没有违反相关法律和规范,在续任选举时得到人大代表的支持,就可以一直任职直到退休。

(二)在续任选举中减少法院院长的外部压力

美国法官与政党的关系是微妙的,一方面,为了保持公正,法官应该远离政治,司法活动应该非党派性;另一方面,法官不能够完全脱离社会,法官提名和任命都脱离不了政党的推力。正是因为这两者之间的博弈,我们可以很清晰地了解到美国法官选任制度的发展脉络。从政党选举到非政党选举,再到如今美国大部分州盛行的功绩选任制度以及续任选举制度,每一次改革都是向更加民主更加追求司法公正的方向靠拢。

然而,我国无论是院长的初选亦或是院长在任期届满时的寻求连任,一般由本级人民代表大会主席团或者一定数量的代表联合提名。实践中更为常见的是,是否将其作为候选人提名,要由同级的党委组织部门考核,再经过党委会的讨论、决定后提交主席团提名。我国完善法院院长续任选举制度,应适当减少外部对法院院长续任的压力。当前推行的遴选委员会改革,由遴选委员会提名的制度值得进一步推广和研究。

(三)建立院长工作业绩评估项目

在美国,对于法官的日常工作,公民可随时登录司法系统的网站查询某一案件的判决结果。同时,实行续任选举的大部分州都采用法官业绩评估项目向选民普及法官的基本信息。

项目承办主体有律师协会、社会团体，评估内容包括在职法官的专业知识、执业态度等方面，调查问卷的调查对象不局限于律师，他们也会访问一些案件的当事人，让他们对法官做出评价。这些结果都会公布在各方的官方网站上，拓宽了选民了解法官的渠道。

当前，我国院长的评估实际上是由党委组织部门和法院党组进行。这种评估程序较为简单，而且评估过程、结果不对外公开，不利于人大代表了解候选人的情况。人大代表对院长的了解主要通过两会中院长向人大做工作报告的方式进行。然而，工作报告是整个法院的全局性的工作，一定程度上体现出院长的领导能力，但是院长的基本角色定位——基本法律素养和审判能力①无法在工作报告中得到体现。同时，在续任选举法院院长时也没有对院长各方面能力的全面介绍。

笔者建议借鉴美国经验，建立一个中立且客观的机构——候选人业绩评估委员会，专门负责对院长工作业绩的评估。该委员会专门负责搜集院长候选人的详细资料，并且，在院长任期届满前，委员会也要根据院长业绩评估项目呈现一份客观的调查结果，以供人大代表参考决定院长是否可以续任。

（四）赋予法院院长续任选举时主动介绍自己的权利

美国法官拥有在续任选举期间可以参加公开演讲等社会活动的权利以加强选民对法官本身的了解或者澄清外界对法官不利的传言。然而，我国《地方各级人民代表大会和地方各级人民政府组织法》第 21 条第 4 款规定，“提名人应当如实介绍所提名的候选人的情况”。可见，在院长续任选举时，法律没有明确规定候选人本身有主动自我宣传和介绍的权利，候选人往往处于被动的地位。由于院长很少亲自审判案件的现实情况，人大代表对院长的了解比普通的法官更要匮乏。即使在日后的司法实践中加强对院长业绩评估报告的推广，这在性质上也是被动的介绍，所以有必要在院长任期届满前赋予院长自我介绍和宣传的权利，加深人大代表对其的了解以便做出更加客观公正的选择。

参考文献：

[1] 最高人民法院中国应用法学研究所. 美国法官制度与法院组织标准[M]. 于秀艳，等，编译. 北京：人民法院出版社，2008.

[2] Joseph R. Grodin. Developing a Consensus of Constraint: A Judge's Perspective on Judicial Retention Elections[J]. S. Cal. L. Rev., 1988, 61(6).

[3] Todd E. Pettys. Judicial Retention Elections, the Rule of Law, and the Rhetorical Weaknesses of Consequentialism[J]. Social Science Electronic Publishing, 2011, 60(1).

[4] Kenneth J. Aulet. It's Not Who Hires You but Who Can Fire You: The Case Against Retention Elections[J]. Colum. J. L. & Soc. Probs, 2011, 44(4).

[5] James Sample. Retention Elections 2010[J]. Social Science Electronic Publishing, 2011.

[6] B. M. Dann, R. M. Hansen. Judicial Retention Elections[J]. Loyola of Los Angeles Law

① 我国司法实践中，院长主要从事行政管理工作，几乎不直接参与审理案件，这就导致续任选举定位上的困难，到底是选行政官还是选司法官，是以法律还是以行政管理能力作为选择标准。笔者认为，续任选举主要针对的是法官的审判职能而言，对于行政管理者不需要过多保障其独立性。

Review, 2001.
[7] G. Alan Tarry. Retention Elections in a Merit-Selection System: Balancing the Will of the Public with the Need for Judicial Independence and Accountability: Do Retention Elections Work? [J]. Mo. L. Rev, 2009,74.
[8] Melissa S. May. Judicial Retention Elections after 2010[J]. Indiana Law Review, 2013, 46.
[9] Tyler J. Buller. Framing the Debate: Understanding Iowa's 2010 Judicial-Retention Election Through a Content Analysis of Letters to the Editor[J]. Iowa Law Review Rev., 2011: 97.
[10] Darren M. Breslin. Judicial Merit-Retention Elections in Pennsylvania[J]. Duq. L. Rev, 2010: 48.
[11] Duane Benton. Retention Election in a Merit-Selection System: Balancing the Will of the Public with the Need for Judicial Independence and Accountability: Comments on the White, Coalfield, and Tarr Articles [J]. Mo. L. Rev., 2009: 74.
[12] Bert Brandenburg, Matt Berg. The New Storm of Money and Politics Around Judicial Retention Election[J]. Drake L. Rev., 2011: 60.
[13] M. L. Volcansek, J. L. Lafon. Judicial Selection: the Cross-Evolution of French and American Practices[M]. Greenwood Press, 1988: 90.
[14] Penny J. White. Retention Elections in a Merit-Selection System: Balancing the Will of the Public with the Need for Judicial Independence and Accountability: Using Judicial Performance Evaluations to Supplement Inappropriate Voter Cues and Enhance Judicial Legitimacy[J]. Mo. L. Rev., 2009: 74.
[15] 李飞.以改革创新的精神加强地方法院班子建设——全国地方法院院长换届工作综述[N].人民法院报,2008-04-03(4).
[16] shira J. Goodman, Lynn A. Marks. Lessons from an Unusual Retention Election[J]. American Judges Association Court Review, 2006: 42.
[17] 苏力.法官遴选制度考察[J].法学,2004(3).

(责任编辑:宋亚辉)

立法进程与文本解读

——美国1906年《联邦食品与药品法》释析

吴　强*

摘　要　1906年,社会各界努力多年的《联邦食品与药品法》终经美国国会两院一致通过,并由时任总统西奥多·罗斯福于同年签署生效,成为美国历史上首部涵盖整个联邦范围的食品药品监管法律。事实上,自19世纪80年代开始,先于美国联邦政府而动的各州政府就已开始陆续制定适用于本州范围内的食品药品监管法案,国会也先后颁布了涉及黄油和进口药品的单项法案,但因受制于适用范围所限而无法推及全国。监管法规的不统一某种程度上不仅恶化了国内食品药品贸易秩序,而且也削弱了美国产品在国际市场上的竞争力,这对于食品药品业界来说同样也是非常不利的。若将《联邦食品与药品法》置于美国历史发展进程中做长时段考量,它既是对此前自南北战争后至20世纪初美国社会内部各群体要求联邦政府针对掺假食品药品厉行监管这一强烈呼声的有力回应,也是食品药品监管实现由此前的地方自主管理升格为联邦监管的重要标志,奠定了美国现代食品药品监管体制的法律基础,还是联邦政府随着美国社会转型迈入工业时代后所做的动态政策选择,借此也有力强化、提升了政府的治理能力和公共权威,具有多重历史意义。

关键词　美国　掺假食品　专利药　《联邦食品与药品法》　联邦监管

一、引言

与当下中国类似,美国历史上也曾经历过一个食品药品掺假横行的时代。其今日比较完善的食品药品监管体制的最初建立一定程度上也有赖于美国社会各界人士从南北战争后即已开始以及其后持续多年的不懈努力,具体成果便是1906年《联邦食品与药品法》的颁布。若将其置于从美国食品药品监管的历史长河中来考量,《联邦食品与药品法》是为首部跨越州界、涵盖全美的联邦层级食品药品监管法律,堪称美国食品药品监管的"母法",此后如1938年的《联邦食品、药品和化妆品法》、1944年的《公共保健服务法》和1966年的《正确包装与标识法》等其实都是在新时代条件下对《联邦食品与药品法》的进一步完善和补充。以《联邦食品与药品法》为法律基础的美国食品药品管理局(Food and Drug Administration,简称FDA)目前也已经成为享誉全球的专业性监管机构。以此来看,《联邦食品与药品法》的颁布之于美国食品药品监管来说有着极为重要而特殊的意义。然而,国内学界迄今为止尚未有专文对这样一部法律从历史和法理两个角度进行详细阐释,包含其所处的时代

* 吴强,山西农业大学马克思主义学院讲师,历史学博士。研究方向:美国史和中美关系。

背景、立法进程、法条内涵、深远影响和局限等。① 所谓“他山之石，可以攻玉”！有鉴于此，本文拟在前人已有研究的基础上，试从历史演进和文本解读这两个方面入手对1906年《联邦食品与药品法》做一详细解析。

二、食品药品掺假的严峻形势

食品掺假现象其实自古有之，古代世界就已非常猖獗。曾任美国波士顿食品药品管理局局长的莱斯利·哈特就曾在一篇文章中调侃道：“食品掺假与商业本身一样古老。”[1](P5)西方世界早在《圣经》中即有关于禁止食品交易时缺斤短两和弄虚作假的训诫。古典时期，在泰奥弗拉斯托斯（Theophrastus，亚里士多德弟子，古希腊哲学家和自然科学家，著有《植物史》一书）、希波克拉底（Hippocrates）、索福克勒斯（Sophocles）、加图（Marcus Porcius Cato，此处为老加图，《农业志》一书作者）、老普林尼（Gaius Plinius Secundus）和盖伦（Calen）等人著作中已不乏古希腊各城邦和罗马皇帝就保证食品足额足质供应所做的大量训示。[2](P197)罗马万民法中也有着相当数量的法律条款，旨在保护食品商人免遭经济损失。在罗马法制定者看来，缺斤短两就意味着欺骗和犯罪，必须受到应有惩罚，而这些记录和法律条款也从侧面反映了食品掺假在那时就已成为一个较为严重的社会问题。统治者也显然意识到食品掺假将不仅损害民众生命健康，而且更会影响到正常的经济秩序乃至波及社会稳定。

① 就笔者所见，国外学者中，以下五部著作最具代表性，分别是：Clayton Coppin, Jack High. The Politics of Purity: Harvey Washington Wiley and the Origins of Federal Food Policy[M]. The University of Michigan Press, 1999. James Harvey Young. Pure Food: Securing the Federal Food and Drugs Act of 1906[M]. Princeton University Press, 1989. James Harvey Young. The Medical Messiahs: A Social History of Health Quackery in Twentieth Century American [M]. Princeton University Press, 1967. Oscar E. Anderson. The Health of a Nation: Harvey Washington Wiley and the Fight for Pure Food[M]. The University of Chicago Press, 1958. Peter Temin. Taking Your Medicine: Drug Regulation in the United States[M]. Harvard University Press, 1980。从国内学界来看，不同学者依其学科侧重而在此前对1906年《联邦食品与药品法》展开过讨论，主要包含历史学者、公共行政学者和食品质监学者这三个不同群体。具体来说，历史学者本能的职业敏感促使他们在研究时很自然将《联邦食品与药品法》与其背后所隐含的美国社会自身变革和资本主义制度调整联系起来。在他们笔下，为呼吁尽速颁行《联邦食品与药品法》而在全美所兴起的食品药品纯净运动不仅是一场食品药品领域内的技术性变革，它更涉及美国人内心深处文化价值观的重建和对资本主义制度固有弊病的纠正。在这方面，做出开创性贡献的要数复旦大学历史系李剑鸣教授，其代表作《大转折年代——美国进步主义运动研究》（天津：天津教育出版社，1992）乃是中国学者较早涉及1906年《联邦食品与药品法》的一部专著。平实而论，李著重心主要在于19世纪末20世纪初美国社会的整体转型。该书将《联邦食品与药品法》视为美国政府首次旨在保护消费者权益、切实增强消费者所处弱势地位的全国性立法行动，意在借此重塑经济伦理，优化市场环境，但并未对立法进程与法律的文本内涵做出详细说明。此后如肖华锋《舆论监督与社会进步：美国黑幕揭发运动研究》（上海：上海三联书店，2007）、李颜伟《知识分子与改革：美国进步主义运动新论》（北京：中国社会科学出版社，2010）等人的著作虽然在理论援引方面有所创新，但基本观点仍未脱李著的总体框架。与历史学者有所区别的是王绍光、马骏、刘亚平等公共行政学者则主要从政府治理和公共权威的双重视角来探询美国政府在世纪之交的转型之道。也就是说，诸如政府贪渎、假冒伪劣产品盛行、劳资矛盾尖锐等一系列社会问题的出现与进步时代美国政府所面临的权威削弱、治理能力低下是分不开的，而包含《联邦食品与药品法》在内的多项社会立法则是当时的美国联邦政府借助于“制度建设”（State Building）来完善自身的“修补”措施，而有效监管的实现某种程度上也是政府成熟及其实现政治现代化的重要标志。与前述两类学者相比，食品质监学者主要从国家监管的角度来评述建立在《联邦食品与药品法》基础上的美国食品药品监管体制，特别是美国食品药品管理局这一联邦监管机构的发展与演变。相较而言，笔者在撰写本文时更多还是参考和借鉴了历史学者与公共行政学者的相关研究成果，在分析和行文时注重社会运动的过程性和整体性，将法律置于当时的社会背景下来做深度考量，而这也更能凸显法律的社会性和历史性。

就美国而言，食品掺假在北美殖民地时期就已非鲜见。当然，相比于南北战争后食品掺假的横行肆虐，北美殖民地时期的食品掺假可谓小巫见大巫。由于化学工业技术的发展还远未达到后世水平，此时的食品掺假主要表现为缺斤短两、勾兑稀释和以次充好，尚未像南北内战后那样大规模运用化学新科技手段进行掺假。严格说来，早期食品掺假所产生的负面效应更多是在经济方面而不是对人体健康的损害。也就是说，消费者一旦购买了掺假食品，无疑可以认定他已经遭受经济损失，但这些食品在食用后并不必然会对人体造成伤害。北美殖民地时期的食品掺假除了涉及面包、牛肉、猪肉、茶叶等与民众日常生活密切相关的日用食品外，还包括鱼产品、烟草等主要面向欧洲市场的外贸商品，这方面尤以马萨诸塞、弗吉尼亚和马里兰三地最为显著。也因为如此，各殖民地食品立法的主要目的即在于保障对欧贸易的正常运转。在立法形式和内容方面仍以英国普通法为基准，各殖民地之间的差异较小，甚至被有些学者认为有相互拷贝之嫌。

当历史的车轮跨入19世纪之后，特别是南北战争后至19世纪末20世纪初的这数十年内，工业化和城市化这两股大潮推动着美国经济迅猛向前。在以电力和化学工业为标志的第二次科技革命的强劲带动下，美国原有的政治和经济面貌发生重大改变，过去那种分散区域性经济逐渐让位于具有较高统合度的全国性经济，经济发展呈现出明显的一体化趋势。“20世纪初，经过整合后的美国经济已经拥有世界上最大规模的国内市场。”[3](P662)面对工业化浪潮的冲击，食品工业同样不能幸免。南北战争后，“创造性破坏这股贯穿美国经济的巨流深刻影响着美国食品工业”[4](P32)。新科技革命中涌现出来的各种新发明和新材料被运用于食品生产和运输过程中，致使19世纪中后期美国的食品掺假泛滥成灾到了无一不假的地步。那么，应如何理解作为本文关键概念之一的“掺假”(Adulteration)？这一时期的食品掺假有哪些类型和具体表现形式？

根据《大英百科全书》中的权威词条解释，英文中的“Adulteration”一词源自拉丁文“Adulterare”，它指的是这样一种行为——“为非法营利而加入某种有害于人体健康的物质，或者以次充好，坑蒙拐骗购买者”[5]。在现有能够找到的相关文献中，此一时期美国食品掺假①的例子比比皆是、不一而足。大致言之，美国南北战争后的食品掺假主要包含以下两大类：

一是“传统掺假”，或可称之为“物理掺假”。这种形式的掺假大多发生在食品交易和买卖过程中。食品生产者和销售商以各种手段和方式降低食品中本应具有满足人类所需的营养成分，或者将某些色、香、味相近但成本低廉、较易获得的物质混入正品中，从而尽可能降低成本，提高赢利。具体来说，“物理掺假”的形式多种多样，从最为普通的将水兑入酒和牛奶中，以木炭粉混入日常食用的胡椒粉内，咖啡中则掺入了菊苣、橡树子等物质，罐装鸡肉中其实并不含有真正的鸡肉，棉籽油则被当作橄榄油出售等。[6](P22)到后来，巧克力生产者经常混入面粉、马铃薯、豌豆、蛋黄和杏仁等物质；用来制作面包的面粉则以添加马铃薯淀粉、豌豆粉、荞麦粉和大米粉的方式来欺骗消费者。[7](P31)

二是“化学掺假”。与“物理掺假”相比，“化学掺假”则是在新的时代条件下，依托于此时迅速发展的化学工业，将部分化工产品运用于食品的生产、运输和销售中。由于“化学掺假”

① 需要注意的是，“掺假”一词在本文中是对当时美国食品药品混乱状况的一个总括性描述，它并不仅仅是指以次充好，也包括食品生产中的各种污染问题、药品生产中的假药和有毒有害药物问题等。

的高科技特性，消费者因此也极难察觉，但它对消费者的生命健康却能造成直接乃至是致命危害。如果以南北战争为分界点，内战前的食品掺假受制于技术条件，多为“物理掺假”，而南北战争后的食品掺假则多是“化学掺假”，并呈现愈演愈烈之势。这也是食品掺假之所以在19世纪末成为众矢之的，引起美国民众强烈愤慨，并呼吁政府立法监管的其中一个重要原因。从表现形式来看，“化学掺假”突出表现为各种食品添加剂的应用，且多发生在民众日常生活须臾不离的食品上。比如茶叶，生产者掺入碳酸铜、铬酸铅或靛蓝，以此作为茶叶染色之用，从而使茶叶色泽出众，提高销量。美国人每天都要食用的面包也是如此。为了使面包增白，使其表面白净光滑，面包烘焙师往往会加入白垩作为增白剂，另外也会使用明矾（其中含有铝）、硫酸铜、碱性碳酸盐和熟石膏等化学物质使面包不致于发酸变黏，从而烤出口感上佳的面包。

相比之下，药品掺假的主要表现形式则是所谓专利药（Patent Medicine）的泛滥。

专利药又称专有药（Proprietary Medicine），早至美国革命期间就已经产生。它的制作方法也很简单，生产商保持那些虽新奇独特却已被患者所熟知的商标名称和药品包装不变，而将一些类似于药品的物质放入瓶中。待到药瓶售罄，则重新制造类似药瓶继续使用。换言之，虽然被称作专利药，但“专利”所指主要是药品配方的秘密性，而并非真正意义上的产品专利。连使用这些药品的医生或病人都不知其配方成分，只有那些专利药生产商清楚药瓶中到底装的是什么。即便如此，专利药商却仍能保证其销售额并获取巨额利润，其关键并不在于药品质量，而是完全取决于药瓶包装效果的好坏及其是否吸引消费者。因此，“专利药行业差不多从其一开始就是一个骗局”，那些专利药公司根本就是“毒物托拉斯”[8](P141)，专利药并不具备对于疾病的任何疗效。

在销售过程中，专利药商人利用南北战争后美国急速增长的报纸发行量和众多通俗杂志的流行而大打广告战，以促进专利药的销售。一大批根本不具备疗效的专利药也在广告的吹嘘下登堂入室，成为包治百病的“神药”。令人失望的是，这些专利药的实际药效却并非如广告中所宣传的那样，究其原因，主要是和构成这些专利药的成分有关。比如佩鲁纳（Peruna）和利库宗（Liquozone）这两种当时非常畅销的专利药都声称能够包治百病，前者涵盖了包括感冒、黏膜炎、结核、盲肠炎、流行性腮腺炎和各种妇科疾病在内的多种疾病，后者也不示弱，宣称从头皮屑到痢疾样样都可以治疗。但佩鲁纳的成分并没有什么灵丹仙方，只是酒精和水的混合物而已，其中酒精占28%。利库宗也仅仅是99%的水和1%的硫磺酸的混合罢了。更为致命的是，部分专利药当中甚至还含有吗啡、鸦片、可卡因和退热冰（Acetanilide）等高度致瘾物质，虽然这些物质确实有暂时止痛的作用，但服用后也将会对心脏造成严重损害。

三、各州和国会的早期立法行动

美国著名经济史学家恩格尔曼（Stanley L. Engerman）和高尔曼（Robert A. Gorman），在由他们共同主编的《剑桥美国经济史》中提及19世纪美国州政府时说：“如果说宪法和联邦政府提供了一个法律的大体框架以及处理与其他国家、州与州之间的关系的话，那么州法律和规章则提供了一个具体的框架，几乎影响到每一位美国人的生活和工作。”[9](P364) 由于美国历史的独特性和各州政府自治传统的深厚，州政府长期以来直接面对着衣食住行等与民众切身利益攸关的重大民生问题。相比于联邦政府，当面对南北战争后的食品药品掺假乱象时，州政府率先行动，诉诸立法因应危局，颁布了大量适用于本州范围内部的食品药品单项立法，这些立法尝试也为1906年《联邦食品与药品法》的正式出台奠定了基础。

（一）州议会的立法措施

前文已有述及，部分州远在独立前的殖民地政府时期就已颁布若干监管法令，禁止一切食品掺假行为，保障殖民地内部的食品供应和对外出口。对各殖民地来说，外贸的稳定和长久事关经济命脉。即使是在独立革命后，各殖民地虽然已经转为初生的美利坚合众国内部的一个州，但革命的发生对各州政府在食品立法中所占的主导地位并未改变多少。同时，鉴于对外贸易在独立早期对美国经济所具有的重要性，与殖民地时期的法律相似，各州所颁布食品法中的大部分条款依然重点关注那些新生共和国经济重点仰赖的外贸商品。从立法原则来看，各州立法者仍如独立之前，在立法时以英国通行的普通法为依据。这也就不难理解为何英国著名法学家威廉·布莱克斯通(William Blackstone)于1803年出版的《英国法释义》一书在19世纪初的美国仍然发挥着重要作用。在实际立法层面，马萨诸塞州于1785年就颁布了首部适用于涵盖所有食品的反掺假法律。其他州则相继效尤，也制定了适用于本州内部的类似法律。18世纪的最后15年，许多州都已经拥有属于自己的食品法。以弗吉尼亚州为例，该州早在1786年就已颁布法律严惩食品掺假。但总的来说，从18世纪末至19世纪中叶，各州的食品立法比之于原有殖民地时期，改动和变化的幅度并不大。[7](P3)

南北战争结束至19世纪末是各州食品药品立法的集中期，特别是1880年至1900年的20年间。在这一期间，五条贯通东西的铁路大动脉的修建，辅以19世纪70年代斯威夫特(Gustavus Swift)发明的冷冻新技术，使跨越时空界限的大规模食品运输成为可能。新技术的运用将此时迅速崛起并形成规模化生产的中西部芝加哥、圣路易斯等肉类屠宰加工中心与东部城市联为一体，虽然降低了生产成本和交易费用，但也使消费者面对市场一体化后的食品生产和销售更加无所适从，因为他们基本不具备对于食品安全的专业判断能力，而政府相比之下则有着充足的人力和良好的实验设备来保障消费者对于食品信息的知情权。因此，各州在原有法律基础上进行了增删修定以适应时代变化和经济发展的需求。法律修订目的在于要求生产者务必准确标注食品的各项信息，特别是成分中是否含有化学添加剂和防腐剂等消费者不易察觉的物质。弗吉尼亚州就分别在1878年、1886年和1890年三次对原有的1786年法律进行了修订。19世纪的最后15年，弗吉尼亚州制订了大量食品法以有效遏制食品掺假。1889年，明尼苏达州通过法律禁止销售掺假焙粉；控制酪的生产；要求地方卫生委员会任命检查员，对于"为食用而宰杀的所有牛、羊和猪进行详细检查"；禁止向未满16岁的儿童出售香烟或烟叶；控制牛奶、黄油和干酪的质量纯度。[10](P501)根据罗尔的研究，"到1900年，几乎每个州都已通过一部纯净食品或纯净乳制品的法律"[11](P1103)。

此外，食品工业内部"新""旧"食品生产者之间的激烈竞争也是推动各州食品立法的一大动因，这其中又以黄油(Butter)生产者和人造黄油(Oleomargarine)生产者的竞争最为典型。人造黄油于1869年由法国化学家梅热·莫里埃(Mège-Mouriés)所发明，19世纪70年代引入美国。[12](P355)由于其生产快速，价格相对便宜，传统黄油生产者感到新产品将会对自身经济利益造成极大威胁，为此，他们不仅污蔑人造黄油是"伪造油脂"，还通过向州政府施压的手段试图以立法来干预人造黄油贸易，而部分州政府也确实颁布监管法律，规定人造黄油不得使用于公寓楼、监狱和餐馆中。[13]姑且抛开食品安全本身不论，若单纯从市场角度来分析，在自由竞争状态下，一种更新且更为便宜的替代产品无疑会刺激原有食品生产者通过作为第三方的政府监管以有利于自己的方式，来重新获得竞争中的优势地位。[14](P413)

（二）国会早期的单项立法

19 世纪下半叶，美国以工业化和大城市的涌现为其主要社会发展特征，相比于农民，已经离开土地的城市居民更加迫切需要一部全国性监管法律来保障他们生活中的食品药品安全。州立法的局限性也使人们认识到全国性立法的必要性。在就是否需要国会进行立法上，共识大于分歧。

若要追溯美国联邦政府于何时开始关注食品药品安全这一问题，1820 年制定的美国《国家处方集》(*National Formulary*)以及在费城建立的一所旨在培养熟悉药品标准的专门人才的药学院可视作其开端。[15](P5)但这些举措并未缓解美国社会假药横行的状况。美墨战争期间(1846—1848 年)，由于部分医治伤员的进口药系掺假药品以及由此所导致的军队“非战斗性减员”将假药问题推至风口浪尖，民众要求国会立法的呼声也更为高涨。在此背景下，1848 年，就在结束美墨战争前一周，詹姆斯·波尔克总统(James Polk)签署了由俄亥俄州参议员爱德华斯(T. O. Edwards)起草的《进口药品法》。这是美国国会颁布的第一部药品监管法律，目的在于禁止掺假药品的进口，“为联邦政府涉足药品管理和保护消费者权利开了先河”[16](P82)。

从 1848 年颁布《进口药品法》至 1906 年通过《联邦食品与药品法》这期间，国会参众两院的议员们相继提出各种食品药品立法议案，共达 103 部之多，其中的关键法案有 9 部，而 19 世纪结束前共有 4 部重要法案出台。[17](P297) 1879 年，在第 45 届国会第三次会议上，来自宾夕法尼亚州的国会众议员亨德里克·怀特(Hendrick B. Wright)提出了首部以国内市场尤其是州际食品贸易为对象的《怀特法案》。虽然该法案已经含有禁止掺入对人体健康有害成分的条款在内，但它并未严格界定诸如“食品”“掺假”等专业术语的内涵，也未授权任何联邦机构具体执行，取而代之的则是把检测食品药品是否掺假的责任推给了消费者，这显然不切实际。[18](P647)

《怀特法案》颁布后的 21 年时间内，国会展开了大规模的食品药品立法活动，大致可以分作两个阶段。1879—1889 年为第一阶段。在此期间，有 8 部法案从国会各委员会中提出。分别是 1880 年的《比尔法案》，1882 年的《弗劳尔法案》，1886 年的《麦克马斯法案》、《格林法案》、《人造黄油法案》与《弗雷德里克法案》，1888 年的《李法案》和 1889 年的《福克纳法案》。在这些法案中，《李法案》首次将“伪标”(Misbranding)概念列入禁止条目，目的在于防止生产者在商品标签或标识上弄虚作假，这已经与 1906 年《联邦食品与药品法》第八部分首段中“伪标”条目的功能性定义极为相似。从最终结果来看，在这些法案中，只有 1886 年的《人造黄油法案》脱颖而出，获得参众两院一致通过而成为法律。该法以征税方式做出了有利于传统黄油生产者的规定：对人造黄油生产商抽取每磅两美分的税收以及向人造黄油生产商、批发商和零售商分别征收每年 600 美元、480 美元和 48 美元的营业许可证费。[12](P355) 1890—1899 年为国会立法的第二阶段。此阶段为 19 世纪末最后 10 年，共有 5 部法案在国会中提出，分别是 1890 年的《派道克法案》、1891 年的《派道克法案》①、1892 年的《爱德蒙斯

① 1890 年和 1891 年两部法案系同一人提出，因此名称相同。

法案》、1893年的《海奇法案》和1898年的《福克纳法案》。相比于前一阶段立法，这几部法案主要由参议院提出。其中，1891年的《派道克法案》在此期间占据主导地位。

（三）早期立法的绩效

应该说，制定和颁布法律仅仅只是法律过程的开始，其绩效评估需要以实际运作中的表现来衡量。那么，前述各州和国会立法的实际执行情况又如何呢？

首先，各州立法只适用于州内贸易，面对跨越州界的州际贸易则无能为力。对企业来说，最大限度赢利和降低成本是其生产的动力源泉。各州之间监管法律的不一和监管机构的各自为阵事实上也增加了企业生产成本。因此，不管是传统食品生产者还是新兴食品生产者，都渴望能有一部跨越各州边界的全国性综合食品法律以缓和日益增多的经济纠纷。① 其次，以亨氏公司（Heinz）、大西洋和太平洋食品公司（A&P）、克罗格公司（Kroger）等为代表的大型食品生产企业和零售商也希望以联邦名义颁布法律，打击掺假。在他们看来，各州法律不统一必然导致相互之间的嫌隙，增加生产和运输成本，统一的联邦法律将在这些方面克服各州立法的诸多弊病，更好地保障他们的经济利益和在市场竞争中相对于小生产者的优势地位。再者，许多州虽然制定了法律，但法律终归只是文本，具体操作情形却参差不齐。1880—1900年间，只有半数州最终建立了相应的监管机构，而其余各州颁布的法律则仅仅是一些所谓"橱窗法律"。由于经费有限和专业人员不足，这些州的监管力度也十分松弛，甚至根本就不存在。[19]

回顾这一阶段美国国会和各州的立法工作，立法者的初衷始终包含着来自经济利益与公众福利这两个方面的考量。前者既包括美国在与欧洲国家贸易竞争中需要坚决维护的国家经济利益，也不乏国内市场上各界业者的自利经济动机。后者则主要体现为在一个变动社会中，政府如何以其资源通过立法措施逐步介入像食品药品这样的公共领域，并在各方利益博弈的过程中切实保障公众食品药品安全这样的基本民生权利。众多国会议员所提的立法议案也由最初的单一食品法案逐渐向综合性食品药品法案迈进，这也体现了美国社会对食品药品掺假问题的认识深化以及民众意识的提高。从法律和社会之间的关系来看，19世纪中后叶的美国食品药品立法是各州和国会针对美国社会发生巨大社会变迁后的"回应性"立法行动，旨在缓和社会矛盾，平衡各方利益，实现美国由农业社会向工业社会的平稳过渡。它既是对北美殖民地以来食品立法传统的延续，又很好地体现了社会转型时期美国社会发展的时代特色，可谓融传统与创新于一体。由于受到宪政机制下联邦和州共同分享权力这一原则的影响，即便19世纪美国联邦政府由于治理能力低下导致社会管理缺位之时，州政府也能及时应对，承担起本州内的食品药品监管任务。但州立法在执行过程中却遇到来自州界和法律授权的掣肘，对于19世纪中叶以后日益增多的州际食品药品贸易显得无能为力。因此，对于建基在全国性监管法律基础之上的统一联邦监管的迫切需求也就成为美国食品药品监管发展的必然趋势。

---

① 各州立法属于地方性立法，对于普通法传统深厚的美国来说，这些地方性立法虽能及时有效的回应本地民情，但其立法依据主要来自当地风俗和业已形成的习惯，而后者的最大特征恰恰就是它的地方特性。一旦扩展开来，原本适用的习惯或将在顷刻间丧失效用。此外，地方性习惯演化为具有全国性的一致习惯需要较为漫长的时间，而多元纷乱的舆论环境也使地方性习惯很难在市场经济条件下发挥其应有的制裁和规范功用。

四、《联邦食品与药品法》的艰难通过

不论古今中外，任何一部法律从其被提出到最终获得通过无疑都经历了各方利益相互博弈的漫长过程，美国1906年《联邦食品与药品法》也不例外，它在很大程度上是黑幕揭发者、哈维·韦利（Harvey Wiley）、罗斯福总统（Theodore Roosevelt）各自所代表的媒体、监管机构和联邦政府三方共同努力的结果，背后潜藏着拉锯和妥协，虽无法使大家全然满意，但在最低限度层面则是利益攸关方都能够接受的。

（一）黑幕揭发者的功劳

"黑幕揭发者"的英文原文为"Muckraker"，直译为"扒粪者"，指代当时的新闻记者。《联邦食品与药品法》最后能够通过，有着黑幕揭发者不可忽视的助推之功——主要表现在对掺假食品药品生产和销售真实情况的调查，揭开虚假广告背后的黑幕，引起人们的注意和警觉，引发社会讨论，形成有利于联邦监管立法的社会氛围。在诸多黑幕揭发者中，起了主要作用的当属辛克莱（Upton Sinclair）与亚当斯（Samuel Hopkins Adams）两位。作为作家的辛克莱于1906年出版了《屠场》（*The Jungle*，也译作《丛林》）一书，其主题本来是要揭露芝加哥牛肉托拉斯中黑暗的工资奴隶制和工人们的贫苦生活，以此唤起人们对资本主义的批评和对社会主义的向往。为了更好的说明全书主题，辛克莱简略描述了工人们的工作条件，"向这个房间一眼望去，只看见长达一百码的一溜悬挂着的猪在慢慢爬行；而每隔一码，就有个人在拼命工作，仿佛有个魔鬼在后面驱使他似的"[20](P50)，"车间里到处是冒着蒸汽的热血——牛在地板上趟着血走路，那股臭气简直无法忍受"[20](P57)，那些在烹调车间干活的工人们则要忍受"房里满是蒸汽和令人呕吐的味道"[20](P132)，冷藏间的工人常患风湿病，最倒霉的还要数制造肥料和在烹调车间干活的工人，他们的臭味足以使人百码开外就感晕眩。但读者的反应却大大出乎辛克莱意料，他们对辛克莱的宏大叙事并不感兴趣，反而聚焦于书中所描写的肉类加工厂内非常不堪的生产环境。辛克莱对此也颇为无奈的慨叹："我瞄准公众的心，但却意外击中了人们的胃。"[21](P174)《屠场》一书在全美所引起的轰动效应对于当时的联邦监管立法来说真乃"临门一脚"，它加速了美国食品药品监管的改革进程，推动了国会立法的脚步。正如美国图书馆之友协会在其为辛克莱所立的文学纪念碑中所说："1906年，厄普顿·辛克莱的长篇小说《屠场》揭示了这一大门后面劳动条件的可怕状况。促进了劳工运动，并导致通过《联邦食品与药品法》。"[22](P54)

相较之下，亚当斯从1905年10月7日开始在《柯里尔》（*Collier's*）杂志上连载的《美国大骗局》系列文章则针对制药行业的弊端和欺骗行为给予了无情揭露，它不仅有助于普通百姓认清专利药的罪恶本质，而且也为联邦监管立法提供了重要证据。亚当斯在文中以确凿事证和翔实史料向社会公众完整呈现了专利药的来龙去脉，对专利药商人的行销体系、市场策略做了细致分析。他还购买了大量专利药广告，运用自己在汉密尔顿学院求学时所学到的化学方法对专利药进行化学分析，检测其药品成分，以验证广告语宣传是否可信。[7](P230)在实地查访过程中，他要求病人记下服药后的感受，尤其注意专利药中所含有的鸦片等高度致瘾物质对患者的危害。[23]坚实的数据分析和重点突出的个案研究使亚当斯的《美国大骗局》一时间"洛阳纸贵"，成为刺向专利药的一把锋利"投枪"。

（二）哈维·韦利的贡献

"少有化学家对公共卫生的影响能够超过哈维·韦利"[24](P111)，人们就这一观点或许有不同看法，但不论有何分歧，只要一提到韦利，势必会将他与1906年《联邦食品与药品法》相联系，并进而想到其所享有的"纯净食品和药品法之父"这一美誉。历史的关键时刻需要英雄挺身而出，时任美国农业部化学局局长的哈维·韦利博士便适时扮演了这一英雄角色。

韦利于1883年接掌美国农业部下辖的化学局（FDA的前身），出身化学家的他深知掺假食品对人体所产生的危害，而其自小所受的宗教熏陶则使韦利将诚实、信用视为做人的基本准则。在他眼中，掺假食品已不仅是单纯的质量不达标问题，而是对上帝和信仰的背叛，其行为理应受到严惩。自1887年起，韦利陆续出版了系列食品检测报告：日用品报告（Dairy Products，1887年），香料与调味品报告（Spices and Condiments，1887年），发酵类酒精饮品报告（Fermented Alcoholic Beverages，1887年），猪油报告（Lard and Lard Adulateration，1889年），烘焙粉报告（Baking Powders，1889年），糖类报告（Sugar，Molasses and Sirup，Confection，Honey and Beeswax，1892年），茶叶、咖啡和可可饮品报告（Tea，Coffee，and Cocoa Preparations，1892年），蔬菜罐头报告（Canned Vegetables，1893年）等。[25](P72)为了让民众能够更为浅显易懂的认识到掺假食品的潜在危害性，韦利特于1902年进行了一次名为"试毒班"的轰动性实验，其直接目的在于通过实验来向世人证明食品中掺入的添加剂和防腐剂对人体的危害程度。

韦利招募了12名年轻力壮的男性作为实验对象，将他们分成两个小组，其中六人吃的是健康食品，而另外六人吃的则是含有添加剂和防腐剂的食品。为了确保实验结果可信，志愿者需严格遵守用餐和生活规则，韦利每天都会对志愿者餐前餐后的体重、体温和脉搏进行称量和记录，且每周都会对志愿者进行例行的全面身体检查，以时时观测实验进展和实验者的身体症状。一旦消化受损，韦利将给予该志愿者假期，便于他获得充分休息以能够进行下一阶段实验。韦利首先选择了硼砂作为实验对象，这主要因为硼砂是当时使用范围最为广泛的防腐剂。起初10天，维利并未在实验者的食物中加入硼砂。此后，维利每天加入0.5克硼砂于食物中，实验者并未有明显症状。韦利又继续加大实验者的硼砂摄入量，当每天增至2～3克时，实验者的食欲下降，并伴有肚胀、胃痛等症状。[7](P155)当剂量增加到每天4克的时候，志愿者出现严重的头疼和腹痛，而且浑身乏力。虽然没有死亡案例，但韦利事后也承认部分志愿者的肠胃系统受到永久性损坏。

继硼砂之后，韦利继续对水杨酸、亚硫酸、苯甲酸和甲醛等化学物质进行了检验，并将结果公诸于世。"试毒班"的意义除了澄清韦利本人关于使用添加剂和防腐剂的观点——"他不认为应该绝对禁止使用，而是应限定在绝对必要的用量范围内"[25](P152)，还通过努力得到来自基督教妇女禁酒联合会、妇女俱乐部总会和全国消费者联盟这三大进步时代妇女改革团体的支持，形成了促推国会通过《联邦食品与药品法》的"统一战线"。

（三）业界的态度

多元社会下的美国进步时代不仅是只有消费者在发声，还有生产者——也就是食品药品业界也会表达利益诉求，他们同样会在法律框架下寻求维护自身利益。就实质面而言，法律旨在调节社会利益分配，找到符合各方利益诉求的"黄金分割点"。一部"良法"不应仅仅是社会特定人群的"蛋糕"或"礼品",在遵守法治原则和立法程序的前提下,法律覆盖面应惠及尽可能多的社会成员。毕竟业界成员也会根据形势走向和利弊得失来调整其对联邦监管立法的态度,绝非一味反对。[26](P259)不同实力层次和地区之间的企业也存在竞争与合作的关系,这决定了他们在面对食品药品监管立法时的不同心理反应。[27](P1228)

政府监管对业界自身而言在当时已经显得十分必要,业界与公众之间不但没有不可调和的矛盾和冲突,还有着共同的利益基础。市场规模的扩大为美国企业家创造了更多的商机,食品药品业界也不例外。借助于全国性交通网络的联结,食品药品业界内部涌现出像亨氏公司这样的全国性大型食品企业,他们不仅追求高效和利润,而且也倡导从生产环节到销售过程的一体化,降低成本,提升竞争力。第二次工业革命中不少技术创新既有助于业界满足新的市场需求,又使他们开始控制对产品的供应。[6](P19)除了大公司的兴起,新型分销策略和企业销售部门的扩张也是 19 世纪最后 20 年内极为引人瞩目的两个现象。与此相对,各地的食品药品小生产者因无法适应新时代下社会发展需求而逐渐萎缩。各州监管法律的不统一和掺假食品药品的横行肆虐不论对于大企业还是小生产者来说都是一大威胁。因此,追求联邦监管,建立完善的全国性食品药品统一监管体系对于市场中任何一个要素主体都将是必然选择。

业界实际上对这样一部全国性食品药品监管法律秉承着"无条件支持"(Unqualified Support)的态度,特别是对于那些大企业来说尤为如此。《联邦食品与药品法》将有助于他们巩固和扩大国内市场份额,建立起在国内市场上的优势竞争地位。[14](P413)业界利益与消费者利益能够兼容,且时有一致,两者实为紧密缠绕的"嵌套"关系。[14](P404)"不论是消费者还是生产者都不想受骗,准确的商标信息符合两方利益。"[14](P430)业界私利的获得某种程度上也能为公众谋福利,两者犹如硬币的正反两面,呈现为互相促进之势,并非绝难共处一室。"当然,除了掺假者、假冒商标者和那些已经威胁到既有公司市场地位的新兴食品生产者外,不论是象征意义还是实际作用,《联邦食品与药品法》对于业界和公众来说都是一大胜利"[14](P432)。事后证明,业界的表态支持和首肯加速推进了国会参众两院讨论的时程。

(四)罗斯福的支持

当业界态度趋缓,黑幕揭发者和韦利等人的"场外运动"进行得如火如荼之时,国会内部就《联邦食品与药品法》的讨论也正在展开,其激烈程度丝毫也不含糊,而罗斯福在这个过程中的支持则成为《联邦食品与药品法》最终得以通关的重要推手。

当罗斯福于 1905 年 12 月 5 日向国会发表的国情咨文中要求在打击掺假食品药品问题上尽快立法后不久,来自爱达荷州的国会参议员、参议院制造业委员会主席赫伯恩(Weidon Heyburn)就于当月起草了一份纯净食品法案提交委员会讨论审议。在参议院中,赫伯恩和另一位资深参议员麦克坎贝尔(Porter J. McCumber)乃纯净食品法案的坚定支持者,而阿尔德里奇(Nelson Aldrich)、贝利(Josiah William Bailey)、福克拉(Joseph Benson Foraker)、斯普纳(John Coit Spooner)、加林格(Jacob Harold Gallinger)、海明威(James Alexander Hemenway)、洛奇(Henry Cabot Lodge)和彭罗斯(Boies Penrose)等参议员则对法案持反对态度。但在罗斯福和外界舆论的双重压力下,参议院中有着重要影响力的共和党人阿尔德里奇于 2 月 6 日开始转而力推《赫伯恩法案》。经过讨论,《赫伯恩法案》于 1906 年 2 月 21 日在参议院全院投票时以 64 : 4 的巨大优势获得通过(另有 22 票弃权)。仅有的 4 张反对票全部来自南部各州民主党参议员，分别是佐治亚州的培根(Augustus Octavius Bacon)、德克萨斯州的贝利、路易斯安那州的福斯特(Murphy James Foster)和南卡莱罗纳州的蒂尔曼(Benjamin Tillman)，他们反对的理由很简单——主要是基于纯净食品法案的通过将会扩大联邦权力，侵蚀州权，而这在他们的认知中显然与宪法精神相违背。[18](P166)

数月之后，《赫伯恩法案》于 6 月 23 日在众议院以 241 ∶ 17 投票通过，这 17 票反对者的党派属性和反对理由与此前参议院投票时反对者来自民主党和基于州权原则也都基本一致。但不可忽视的是，众议院中有多达 112 名议员弃权。笔者在此试从议员所在选区的人口规模与其投票意向这两者之间关联的角度做进一步分析，相关数据可见下表。

表 1 《联邦食品与药品法》国会众议员投票分布统计[6](P24)

	共和党	民主党					合计					
选区规模(人)	总数	总票数	赞成	反对	弃权	总票数	赞成	反对	弃权	赞成	反对	弃权
500 000	33	2015	0	5	13	6	1	6	21	1	11	
499 999—250 000	14	11	10	0	1	3	2	0	1	12	0	2
249 999—100 000	28	21	16	0	5	7	4	1	2	20	1	7
99 999—50 000	20	16	9	0	7	4	2	0	2	11	0	9
49 999—25 000	32	26	21	0	5	6	4	1	1	25	1	6
24 999—10 000	47	35	24	0	11	12	4	3	5	28	3	16
9 999—0	205	116	81	0	35	89	43	11	35	124	11	70
总计	379	245	176	0	69	134	65	17	52	241	17	121

根据上表有关数据可知，议员对法案的投票意向与其是否来自城市选区成正比例关系，共和党相比于民主党在这方面体现得更为明显，这也验证了前文所说的城市居民对联邦食品药品监管有着更为迫切的需求，亦是美国 19 世纪后半叶高速城市化的直观体现。共和党议员明显就推动联邦食品药品监管有着比民主党议员更为积极的态度。两者间的差异除了有选举考量外——毕竟“在这种情况下，他们必须面对的焦点是地方事务而非中央议题。所以国会议员承担不起与选区失去联系的代价”[28](P286)，也说明了即便到了 20 世纪初，美国南部和东北部在经济发展和社会开放程度上仍有不小差距，而对联邦权力与州权之间的边界讨论直至今日也依然是一个动态议题。

总之，以《赫伯恩法案》为底本的《联邦食品与药品法》经多年奋斗后于 1906 年 6 月 30 日终获国会两院一致通过，并经罗斯福总统签署而成为美国的正式法律，1907 年 1 月 1 日起正式开始施行。[29](P848) 持续长达数十年的美国食品药品联邦监管立法可谓“终成正果”。

五、《联邦食品与药品法》的文本分析

“语言是法律发生作用的媒介”[30](P1)，民众诉求和法律制定过程中的各方博弈最终都被浓缩在通过语言来表达的法律文本之中。除去开头一段申明颁布本法宗旨外，《联邦食品与药品法》的正文内容共计 13 条，以下分述之。

（一）条文内涵

"本法旨在防止掺假、伪标或有毒有害食品、药剂、内服药品及溶液的生产、销售或运输，规范交易行为，并用于其他目的"[31]，这是《联邦食品与药品法》立法意图的明确宣示。具体说来，《联邦食品与药品法》的监管对象集中针对三类行为："通过掺假使产品低于购买者所预期的质量标准；本身就有毒或以染色、防腐为名添加有毒物质而危害人体生命健康；伪标或商标中的产品信息（性能、质量、源产地和生产者）虚假而误导公众"[32](P1)。

正文第一条"掺假食品或药品的生产"，内容主要涉及如何处理掺假食品药品生产者。条文首先从法律层面认定那些"在任何准州①或哥伦比亚特区生产任何一种本法界定的掺假、伪标的食品或药品的行为都属违法行为，违反此项规定的行为者即构成犯罪。一经定罪，法院将判处 500 美元以下罚款，或监禁一年，或二者并处。屡犯者将被处以 1 000 美元以下罚款，或监禁一年，或二者并罚"[31]。第一条虽无长篇大论，但其言简意赅中却透露了三个方面的关键信息：食品药品掺假行为不再仅仅是道德层面的良心善恶问题，它已经是触犯法律的违法行为，《联邦食品与药品法》也为判定行为性质提供了坚实的法理依据，厘清这一点犹如搭建好埃及金字塔的底座，为美国日后应对食品药品掺假和保护消费者权益奠定了法律基础，此其第一，也是首要方面；其次，法条明确宣示其法律效力适用于包括首都华盛顿在内的整个联邦范围，这也就是前文一再提及的美国食品药品监管实现了由州内自主向"联邦化"的层次升级，其实质在于为联邦政府日后能够有效为食品药品掺假问题扫清法律障碍，提升了联邦政府的综合治理能力；第三，法律也规定了对违法者施以何种处罚的权力应由法院掌握，法律和作为司法机构的法院不是静态摆设，而是社会矛盾和冲突的调节器和减压阀，不同阶层和阵营中的人们都能通过法律武器来维护自身权益，最大限度地避免矛盾激化和社会动荡。

题为"州际掺假食品贸易"的第二条则在上述基础上提出对州际贸易中掺假食品药品的处理意见。该条款规定："禁止将任何一种本法规定意义上的掺假、伪标食品或药品从其他州、准州、哥伦比亚特区或任何其他国家引入到任何州、准州、哥伦比亚特区或运到任何其他国家。任何人将任何一种本法规定意义上的掺假、伪标食品或药品，从任何州、准州、哥伦比亚特区运输或交运至其他州、准州、哥伦比亚特区或任何其他国家；或在任何州、准州、哥伦比亚特区接收来自其他州、准州、哥伦比亚特区或任何其他国家的任何一种本法规定意义上的掺假、伪标食品或药品，并且接收后为了赢利或其他目的，将未开封的原包装物品寄给其他任何人；在哥伦比亚特区或美国领土上销售、打算销售任何一种掺假、伪标食品或药品均构成犯罪。法院对首犯将处以 200 美元以下罚款，再犯者将被处以 300 美元以下罚款，或一年以下监禁，或二者并处。"[31]美国食品药品纯净运动之所以将全国性监管树为奋斗目标，其重要原因便在于此前州一级立法各自为政及其面对州际贸易时的疲软无力，而《联邦食品与药品法》则顺势解决了这一法律难题，无疑也是顺应美国社会经济发展总体趋势的一大利好。

第三条题为"规章及条例"。条文并未如维利所预期的那样将化学局立为食品药品监管

① 准州指的是某些地方还没有建立州的资格前的一种过渡状态，条件成熟后可正式建立州政府。

的唯一主体，而是将财政部、农业部、商务与劳工部①作为食品药品市场的共同监管主体，赋予这三者一同享有为执行《联邦食品与药品法》而制定统一规章和条例的权力。笔者认为，《联邦食品与药品法》虽然没有将化学局作为唯一的监管主体，这对维利来说似乎有所损失，但分散监管权力一定程度上却有助于各部门之间的制约与平衡，避免法律沦为“花瓶”“附庸”以及某一监管机构一家独大后垄断整个市场话语权。

第四条题为“化学检测”。其意在对食品药品是否违反本法关于掺假或伪标的规定进行专业鉴定，法律将此项权力赋予维利领导下的化学局。

接下来的第五条题为“法律程序”。它要求农业部部长必须向地区检察官报告任何违反《联邦食品与药品法》的行为，任何州、准州、哥伦比亚特区负责食品或药品的官员应当向地区检察官提供违法证据。地区检察官则负责为实施本法规定的处罚，及时向相应法院提起诉讼程序及控诉。[31]

第六条题为“定义”，主要是对《联邦食品与药品法》中的食品和药品这两个关键概念进行界定。《联邦食品与药品法》在涉及药品概念时提出所谓“国家标准”，即《联邦食品与药品法》中所使用的药品概念以美国《药典》或《国家处方集》中所认可的药品名录为准。列入两者之中任何一项国家标准的药品和制剂都将受到法律保护，而未列入者也将意味着无法受到法律保护。与药品不同，《联邦食品与药品法》在对食品概念进行界定时并未制定统一的官方标准，而是比较宽泛地将包括糖果和调味品在内的所有可被人类或其他动物所食用的食物和饮品都列入食品范畴。[31]

第七条题为“掺假物品”，第八条题为“伪标物品”，这两款分别详细说明食品药品在哪些情况下可被视为掺假或伪标，先来看法律是如何界定掺假药品的。

《联邦食品与药品法》认为符合下述两项条件之任何一项的药品都系掺假药品。其一，以《药典》(*Pharmacopoeia*)或《国家处方集》认可的名称销售，但按《药典》或《国家处方集》的标准检验后发现药品规格含量、质量或纯度不符合标准者。如果将规格含量、质量或纯度标准明确标识于瓶子、盒子或其他容器上，在此情况下，即使与美国《药典》或《国家处方集》确定的检验标准不符，该药品也不被视为掺假。[31]这两项法律规定除了继续强调《药典》和《国家处方集》的权威性外，重点指出药品销售时的各项标准应与其宣传内容一致，也就是药品广告信息本身务必确保真实。如此规定的主要目的是为了应对专利药广告进行虚假宣传欺骗广大消费者的行为，从而使消费者购买时有能力做出正确判断，这也正面呼应了《联邦食品与药品法》保护公共利益的立法宗旨。

对于何为掺假食品，该法律列数了六种情况。其一，与其他物质混装，因而降低、减少质量或规定含量，或对其质量、规定含量产生有害影响；其二，某种食品中的物质全部或部分被其他物质所替代；其三，食品中有价值的成分全部或部分被提取；其四，以混合、涂色、碾压成粉末、涂层或染色等方式对食品已有损坏或劣质状况有意掩盖；其五，含有任何有毒或有害成分，可能使该食品有害人体健康，但为了运输食品而使用防腐剂，需以机械方式、水中浸泡或其他方式祛除防腐剂，且在遮盖物或包装上印有祛除防腐剂指示的除外；其六，包含部分或全部肮脏、腐烂变质的动植物，或无论是否经过加工都不适合作为食物的动物，或是利用

① 作为美国政府的一个部门，商务与劳工部创建于1903年，后于1913年更名为商务部，其专司劳工的有关机构则转为劳工部，并一直延续至今。

患病动物或非因屠宰而死的动物制成。[31]可以说，这六个方面基本涵盖了当时美国食品掺假的各种“怪现状”，也充分反映了维利的关注重心确实是在食品而非药品。法律条文更是对食品从生产、运输到最后销售的整个过程做了巨细无遗的规范，突出强调食品生产和运输时要严格依照作业流程，不能因为消费者的无知而在其中“耍伎俩”，应诚信经营、翔实告知消费者有关产品的准确信息。若站在立法者角度对立法做某些适度揣测，《联邦食品与药品法》的规定相较于维利不无极端的完美要求已有所妥协，它一方面并未完全否定防腐剂在食品生产和运输过程中的运用（这实际承认了现代化大生产对食品工业的冲击乃无法回避的历史趋势这一事实），另一方面也要求生产者注明防腐剂的使用情况及其对人体健康可能产生的危害，这其中既有法律原则的宣示，也为生产一线留有转圜余地。

《联邦食品与药品法》第七条也对糖果生产中的掺假情况做了一定的说明。法律规定：“如果糖果中含有石膏、滑石粉、白土、重晶石云母、铬黄或其他矿物质，或有毒的色素或气味，或其他有毒有害成分，或任何葡萄酒、麦芽酒、烈性酒或其混合物，或麻醉药，都将属于掺假糖果”[31]。从该条款后半部分可以看出，立法者之所以要特别提及酒类和麻醉品，旨在防止不法商贩将专利药混入糖果，而后利用虚假广告吸引儿童的注意力。

第八条主要聚焦于食品药品的伪标问题。法律首先对适用范围做了明确说明，即《联邦食品与药品法》中的伪标概念适用于所有说明食品药品成分或所包含物质的声明、设计、图案包装、标签，或在某方面误导消费者的食品药品，还适用于依生产制造的州、准州或国家规定为伪标的任何食品药品。法律分别针对食品药品在哪些情况下属于伪标产品做了详细说明。在药品方面，其一，若某一药品实系模仿他者或者销售时以其他药品名称冒名顶替；其二，包装中标明的成分已全部或部分被移除，并将其他物质放入同一包装内凑数，或包装标签没有声明含有酒精、吗啡、鸦片、可卡因、海洛因、优卡因、氯仿、印度大麻、水合氯醛、退热冰以及这类物质的衍生物或配制品含量。[31]很明显，这两项细则说明也主要针对专利药，特别是内中含有的酒精等 10 种致瘾物质。[31]

伪标食品则包含四个方面。第一，某一食品系模仿他者或在销售时冒用其他食品名称，这一点与上述伪标药品中的相关条款类似；第二，如果食品商标误导和欺骗购买者，或声称是一种外国产品而事实却并非如此，或包装中标明的成分已被全部或部分移除，而将其他物质放入同一包装内，或包装标签没有声明含有酒精、吗啡、鸦片、可卡因、海洛因、优卡因、氯仿、印度大麻、水合氯醛、退热冰以及这类物质的衍生物或配制品含量；第三，如果食品有外部包装，食品成分以重量或尺寸度量时，在包装中却并未明白和准确的说明；第四，食品外包装或标签对该食品成分或其所包含物质的综述、设计、图案描述错误，或在某一特定方面对消费者进行误导，但如未含有附加的有毒有害成分①则不被视为掺假或伪标。[31]

第九条“制造商的保证”规定：“只要经销商能与相应批发商、制造商，或其他在美国居住的当事方签订保证书，指明这些物品不是本法规定意义上的掺假或伪标物品，经销商就不会被起诉。这些保护性的保证书应当包括把这些物品卖给经销商的一方或各方的名称和地址。”[31]

---

① 这两种情况分别是：目前或今后被称为食品的混合物或复合物以其特殊名称销售，并假冒另一种物质或使用另一种物质的特有名称，且在标签或商标上声明该物质生产地或制造地；食品贴有、印有、附有的标签，明确标明该食品是复合、仿造或混合物，在要销售的食品包装上明确使用“复合”“仿造/仿冒”“混合”等字眼。但混合一词在此应被解释为相似物质的混合，不包括为调节颜色或气味而使用的无害颜料或调味成分。

第十条题为"查封原始包装"。该款规定:"掺假或伪标的食品、药品或溶液正从一个州、准州或属地运往另一个州、准州或属地销售,或已经运输还未卸货、未销售或原包装尚未开封,或已在哥伦比亚特区、准州、美国属地销售或要销售,或已运往国外销售,或打算销往国外,可在物品被发现地的美国地区法院起诉,并通过虚假宣传罪的定罪程序没收这些物品。如果判定该物品为本法规定意义上的掺假或伪标物品、有毒有害,即按法院指令销毁或出售该物品。如果按照指令出售物品,除去诉讼费用及其他费用,所得将上缴美国财政部"[31]。

第十一条则将目光转向进口食品药品的检测。《联邦食品与药品法》建立起覆盖全美的联邦监管体系,立法者也试图借助法律手段来保障美国进口食品药品的安全,以免美国沦为他国倾销劣质食品药品的"天堂"。也正因为此,该款规定:"财政部长应当根据农业部长的不时之需,将正在进口或要进口到美国的食品药品样品交给农业部长,同时通知所有人或收货人,所有人或收货人可以会见农业部长提出证据。法条重点强调对食品药品进行检测后,如果发现这些食品药品属于本法规定中的掺假或伪标产品、有毒产品、对人体健康有害的产品、属于禁止进口的产品、在其生产国被禁止或限制销售的产品、任何准备进口美国的食品药品样品在接受检查时根据本法被认为是掺假的产品,都应拒绝该产品入境。货物被拒绝入境或运输而产生的仓储、装卸及劳务费用均由所有人或收货人承担,不支付这些费用会导致对该所有人或收货人以后进口的货物进行留置。"[31]

第十二条"定义及责任"则是对"准州"(Territory)和"人"(Person)这两个概念进行了说明。《联邦食品与药品法》中的"准州"包括美国属地,"人"在本法中则根据不同情况既是单数也是复数,包括法人社团、公司、社团和协会。解释和执行本法规定时,任何代表或受雇于某法人社团、公司、社团、协会的官员、代理人或其他人的作为、不作为或疏忽,如属于其工作或职责范围,就应当被视为该法人社团、公司、社团、协会以及此人的行为。[31]

最后一条为"生效日期",规定《联邦食品与药品法》自 1907 年 1 月 1 日起实施并生效。[31]

综上所述,不难理解《联邦食品与药品法》为何要以在当时最为严重的掺假和伪标问题作为主要整治对象,其主要目的就在于通过全国综合性监管立法,以保障消费者的产品信息知情权,这已不仅是政府单纯的宏观调控行为,而且也是其在治理能力提升基础上对民众合法权益的有力保护,凸显了美国政府的责任意识。

(二)立法进步与时代局限

环顾全球,经历过类似美国进步时代这样急剧社会转型的国家并不在少数。在整个自近代以来的世界历史中,英、法、德、俄、日等国在其现代化进程中都在不同时期的不同阶段经历过由于社会转型而来的阵痛。由于多种历史诱因的相互作用,这些国家解决转型期社会问题的手段也形成激进暴力和渐进改良这两种截然不同的方式,而社会问题司法化则是进步时代美国社会转型期乃至整个美国历史发展进程中非常突出的一个特点。① 在美国人

① 武汉大学李工真教授在其《德意志道路——现代化进程研究》一书中提出纳粹德国乃是一种"暴力的现代化"。虽然该书主要探讨德国现代化,但笔者认为书中提出的"暴力现代化"概念却可做进一步引申。也就是说,暴力现代化最为显著的特征在于其对内专制独裁和对外侵略扩张,它建立在国家一体化和奴役、压迫、掠夺他国的基础之上,二战中的德国和日本无疑是暴力现代化的典型国家。

的政治思想辞典中，"法律是统治阶级意志的反映"这样的观点不仅未能准确地表述法律本质，而且也窄化了法律在美国社会中所起的重要作用。退而言之，由于美国国会参众两院议员与选民之间的互动，法律在美国其实既能为所谓"大资产阶级"的利益代言，也能服务于小民百姓，其惠及面涵盖美国社会多个阶层。这种包容性和全民性使法律成为缓和美国社会矛盾的粘合剂和调节器。在面临社会转型时，法律的存在也使美国社会不至于整体崩溃，顶多表现为撕而不裂的紧张状况。《联邦食品与药品法》依然是美国社会问题司法化这一优良法治传统的体现，以国会立法的方式来解决食品药品掺假这一棘手问题也正是美国法治进步的体现。

相比于此前的各州立法，《联邦食品与药品法》无疑具有非常明显的优势，而各州立法中最为时人所诟病的地域性局限也在联邦法律中得到克服。在《联邦食品与药品法》授权下，农业部和化学局成为美国食品药品安全联邦监管的中流砥柱，代表了美国政府为应对市场混乱、整治市场秩序和保护消费者权益所做的可贵努力。即使对于食品药品业界来说，《联邦食品与药品法》也有助于他们提升企业的社会责任意识和服务观念，对整个食品药品市场的健康运转有着积极意义。维利对纯净的热情不仅使消费者意识到掺假食品药品的危害，而且也使众多食品生产者认识到有责任向消费者提供纯净、卫生和可靠的食品。[33](P106)《联邦食品与药品法》不仅做到了"保护健康"和"保护消费者"，而且也是市场经济下的"自由企业"和"竞争经济"[34](P342)之所需。

在国家层面，《联邦食品与药品法》标志着美国政府职能的转变——弱化政府身上原先所具有的意识形态色彩和权力拥有者的形象，提升政府的公共服务意识，凸显国家公共权威。美国社会的转型也促成了政府转型，国家现代化不仅是经济和社会的现代化，也包括政府的现代化，美国政府不再仅是少数政治精英的权力游戏，民众、社会团体和媒体的介入使政府决策愈加透明，政府施政也日益朝着更为公平的方向发展，奠定了日后社会—政府—个人—媒体这四者之间关系的张力结构。

也不可否认《联邦食品与药品法》存在若干不足之处。比如在技术层面，化学局当时测定掺假食品的方法和手段还较为落后[35](P317)，化学局所掌握的检测技术和手段滞后于食品药品工业的发展速度，《联邦食品与药品法》也基本没有涉及食品药品的标准问题。可见其立法目的并非主动性出击，更多还是被动性防御，旨在纠偏而非惩罚食品药品掺假。而且由于乳制品行业的坚决抵制，《联邦食品与药品法》中也未涉及有关乳制品掺假的内容，而乳制品掺假在此前 20 多年一直被认为是美国食品掺假问题的重灾区。虽然民愤极大，但《联邦食品与药品法》的最终文本也仍将乳制品掺假排除在外，不予考虑，这无疑是一大败笔！

瑕不掩瑜，笔者认为，若是能够理解渐进改革所具有的永无止境性（所谓"彻底革命"本身就是伪命题）和美国法律中的普通法传统①（《联邦食品与药品法》也是渐进改革和普通法传统的反映），一代人如果能够完成时代赋予的历史使命已属不易，黑幕揭发者、维利和罗斯福总统应该说已经完成他们所肩负的历史重任，难说圆满，但亦属开创！

六、结语

虽有不尽如人意之处，但 1906 年《联邦食品与药品法》作为美国食品药品实行联邦监管

① 根据中国已故著名法学家杨兆龙先生的阐释，普通法（Common Law）的名称直到 11 世纪后才在英国流行开来，意指具有统一性的一般适用的法，以区别于各地之特别法（Particular Law）。

的第一部法律仍在美国食品药品立法史中留下其里程碑式印记，不仅对美国后世立法起着指导性作用，而且其立法过程中的得与失对于省思当下中国食品药品安全监管亦有一定的历史参考价值。

兹以为，首先应该承认多元利益群体既相互共存又不乏冲突的客观事实。毕竟，在一个充满竞争性的市场环境和变动社会中，可供分配的资源是有限的，市场各要素主体之间既有相互合作，同时也会因私利分歧而导致摩擦和冲突。在尊重这一现实的前提情况之下，政府的食品安全立法应该允许不同群体表达各自利益诉求，进行合理申辩和磋商，使食品立法过程尽可能透明、阳光，最大限度的得到公众参与。其次，政府也需明确自身定位。换言之，在当下中国社会逐步朝着更为健全的市场经济体制迈进之时，政府务必在管理理念和服务意识这两方面能够跟上市场发展的需要，树立起服务市场、协调各方的全局意识，放之长远，从公众利益出发，制定相应的法律法规，务求达到公众利益、业界盈利和政府公信度三者之间的“战略性平衡”——即三方的“共赢”状态。最后，从美国 19 世纪的食品立法可以明显感受到各民众团体和媒体在推动立法过程中所起的重要作用。历史发展到今天，在关系到每个人生命健康的食品安全问题上，民众团体和媒体的介入将不但会增强立法的可信度，避免产生“恶法”，而且也更加能够促进政府、民众、媒体和市场这四者关系的良性互动，从而进一步增强政府的治理能力和在民众心目中的公共权威。笔者认为，上述三个方面是美国 1906 年《联邦食品与药品法》的立法实践对当下中国的最重要启示。

参考文献：

[1] F. Leslie Hart. A History of the Adulteration of Food Before 1906[J]. Food Drug Cosmetic Law Journal, 1952,7(1).

[2] George M. Burditt. The History of Food Law[J]. Food and Drug Law Journal, 1995: 50.

[3] Sukkoo Kim. Economic Integration and Convergence: U. S. Regions, 1840—1987[J]. The Journal of Economic History, 1998,58(3).

[4] Clayton A. Coppin, Jack C. High. The Politics of Purity: Harvey Washington Wiley and the Origins of Federal Food Policy[M]. The University of Michigan Press, 1999.

[5] 大英百科全书. “Adulteration”词条[EB/OL]. [2015-05-18]. http://www.1911encyclopedia.org/Adulteration.

[6] Ilyse D. Barkan. Industry Invites Regulation: The Passage of the Pure Food and Drug Act of 1906[J]. American Journal of Public Health, 1985,75(1).

[7] James Harvey Young. Pure Food: Securing the Federal Food and Drugs Act of 1906[M]. Princeton University Press, 1989.

[8] Louis Filler. The Muckrakers: Crusaders for American Liberalism[M]. The Pennsylvania State University Press, 1976.

[9] [美] 斯坦利·L. 恩格尔曼，罗伯特·E. 高尔曼. 剑桥美国经济史：漫长的 19 世纪(第二卷)[M]. 高德步，王珏，李淑清，译校. 北京：中国人民大学出版社，2008.

[10] [美] 劳伦斯·M. 弗里德曼. 美国法律史[M]. 苏彦新，等，译. 北京：中国社会科学出版社，2007.

[11] Marc T. Law. The Origins of State Pure Food Regulation[J]. The Journal of Economic History, 2003,63(4).

[12] Ruth Dupré. “If It's Yellow, It Must be Butter”: Margarine Regulation in North America Since 1886

[J]. The Journal of Economic History, 1999,59(2).
[13] Marc T. Law, Gary D. Libecap. The Determinants of Progressive Era Reform the Pure Food and Drugs Act of 1906[EB/OL]. [2015-05-18]. http://www.nber.org/chapters/c9989.
[14] Donna J. Wood. The Strategic Use of Public Policy: Business Support for the 1906 Food and Drug Act[J]. The Business History Review, 1985,59(03).
[15] Dennis R. Johnson. Introduction: The History of the 1906 Pure Food and Drugs Act and the Meat Inspection Act[J]. Food Drug Cosmetic Law Journal, 1982: 37.
[16] 张勇安. 美国医学界和1848年《药品进口法》的颁行[J]. 世界历史,2009(3).
[17] Charles Wesley Dunn. Its Legislative History: Original Federal Food and Drugs Act of June 30, 1906 [J]. Food Drug Cosmetic Law Quarterly, 1946,1(3).
[18] Richard Curtis Litman and Donald Saunders Litman. Protection of the American Consumer: The Muckrakers and the Enactment of the First Federal Food and Drug Law in the United States[J]. Food Drug Cosmetic Law Journal, 1981:36.
[19] Marc T. Law, Gary D. Libecap. The Determinants of Progressive Era Reform the Pure Food and Drugs Act of 1906[EB/OL]. [2015-05-18]http://www.nber.org/chapters/c9989.
[20] [美]厄普顿·辛克莱. 屠场[M]. 肖乾,译. 北京:人民文学出版社,1979.
[21] Robert M. Crunden. Ministers of Reform: The Progressives' Achivement in American Civilization, 1889—1920[M]. Basic Books, Inc., 1982.
[22] 陈安. 美国知识分子:影响美国社会发展的思想家[M]. 北京:当代中国出版社,2010.
[23] Samuel Hopkins Adams. The Great American Fraud[EB/OL]. [2015-05-18]. http://www.museumofquackery.com/ephemera/oct7-01.htm.
[24] Gary R. List. Giants of the Past: Harvey W. Wiley (1844—1930)[J]. Inform, 2005,16(2).
[25] Oscar E. Anderson. The Health of a Nation: Harvey W. Wiley and The Fight for Pure Food[M]. The University of Chicago Press, 1958.
[26] William P. Browne. Benefits and Membership: A Reappraisal of Interest Group Activity[M]. The Western Political Quarterly, 1976,29(2).
[27] Robert H. Salisbury, John P. Heinz, Edward O. Laumann, Robert L. Nelson. Who Works with Whom? Interest Group Alliances and Opposition[J]. The American Political Science Review, 1987,81(4).
[28] 孙哲. 左右未来:美国国会的制度创新和决策行为(修订版)[M]. 上海:上海人民出版社,2012.
[29] P. J. McCumber. What the Pure Food Law Has Already Accomplished[J]. The North American Review, 1907,184(613).
[30] [美]布莱恩·比克斯. 法律、语言与法律的确定性[M]. 昭继,译. 北京:法律出版社,2007.
[31] Federal Food and Drugs Act[EB/OL]. [2015-05-18]. http://www.legislation.gov.uk/ukpga/1875/63/section/2/enacted.
[32] Arthur P. Greeley. The Food and Drugs Act: A Study[M]. John Byrne & Company, 1907.
[33] Fred B. Linton. Federal Food and Drug Laws-Leaders Who Achieved Their Enactment and Enforcement Part Two[J]. Food Drug Cosmetic Law Journal, 1995,50(5).
[34] Richard L. D. Morse. The Significance of the Food and Drug Laws to the Consumer[J]. Food Drug Cosmetic Law Journal, 1956,11(7).
[35] Lauffer T. Hayes, Frank J. Ruff. The Administration of the Federal Food and Drugs Act[J]. Law and Contemporary Problems, 1933,1(1).

(责任编辑:宋亚辉)

先验的废话与功能的进路

[美]费利克斯·S. 科恩著　韩振文译*

一、法学概念的天国

大约50年前,一位伟大的德国法学家做了一个奇怪的梦。他梦见自己死后被带到一个专门留给法学理论家的天国。在这个天国里,会碰到许多绝对纯粹的法学概念,它们摆脱了所有与人类生活纠缠不清的关联。这里有善意、恶意、财产、占有、玩忽职守以及物权的游魂;这里有运用和改造这些法律概念所需的逻辑工具,因而这些工具能够创造并解决各种最美妙的法律问题;这里还有一家辩证式、液压式的解释出版社,可以超越任何文本或者法规发行无限量的概念含义,它就像一台构思小说的机器,或者一台切割发丝的机器,可以将一根头发分成999 999等份,而当最专业的法学家操作它时,还可以把这些等份的头发再次切割成999 999等份。法学概念天国里无数的机会向所有适格的法学家开放,只要他们饮下忘河水,忘掉人间事。但对于最有成就的法学家来说,忘河水纯属多余,因为他们早已没有什么可以忘却了。[①]

这些年来,在社会学法学、功能法学、制度法学、科学法学、实验法学、现实主义法学和新现实主义法学的殿堂里,冯·耶林的梦一再被重复。问题是:有多少当代法学思想住在冯·耶林的法学概念天国的纯净苍穹下?人们从主流法学教科书和法院意见中寻找答案。愿冯·耶林的灵魂指引我们。

(一)公司在哪里?

让我们观察一家极富才干的法院如何在法律程序框架内处理典型问题,并作出调查。在Tauza诉萨斯奎哈纳煤炭公司案(Tauza v. Susquehanna Coal Company)中[②],一家经由宾夕法尼亚州特许成立的公司在纽约州被起诉。按照纽约州法律规定的方式,传票和起诉书被送达到一位身在纽约的该公司职员手中。该公司提出了反对意见,认为在纽约它不能被起诉。纽约州上诉法院不同意这一辩解,认为该公司可以在该州被起诉。就本文的目标而言,我们感兴趣的不是法院的具体裁定,而在于法院通过何种推理方式得出了

* 本文译自Felix S. Cohen. Transcendental Nonsense and the Functional Approach. Columbia Law Review,1935,35(6)。费利克斯·S. 科恩(Felix S. Cohen),美国著名法学家、政治家,被誉为“正义的建筑师”。韩振文,山东滨州人,山东理工大学法学院讲师,法学博士,复旦大学历史系、高雄大学公法研究中心访问学者。感谢华东政法大学公民社会与法治发展比较研究中心副主任陆宇峰老师对译文的部分校对。

① Von Jhering, Im Juristischen Begriffshimmel, in Scherz und Ernst in der Jurisprudenz (11th ed. 1912) 245.

② 220 N. Y. 259, 115 N. E. 915 (1917).

这项裁定。

该上诉法院面对的是一个纯粹的实践问题。如果称职的立法机关预先考虑到在其他州注册的公司是否应受到起诉这个问题，可能会做一些事实调查，弄清楚所在主权州在现代公司实践方面[①]，以及公司与其注册地之间关系的实际意义。立法机关可能预先考虑到，受害的原告如果不得不在被告公司注册地所在州起诉的话，可能碰到种种困难。除了原告的困难以外，出于对被告公司法律便利的考虑，立法机关也可能权衡被告公司不得不在许多州应诉的困境。基于上述调查所获得的事实，以及对公司财务负担问题的某种政治或伦理价值判断，称职的立法机关可能会制定一些规则，规定别的州公司何时应当接受起诉。

在没有明确讨论上述问题的情况下，上诉法院就做出了裁定。裁定书没有显示提交给法院的关于任何一个问题的科学证据。法院并未提出称职的立法机关所面对的那些经济学、社会学、政治学或者伦理学问题，而是仅仅提出了一个问题："公司在哪里？"这个公司实际位于宾夕法尼亚州或者纽约州，还是可能同时在这两个地方呢？

当一家公司在一个州注册，同时又有代理人在另一个州办理公司业务时，依靠经验观察显然无法回答公司在哪里这个问题。也不需要任何政治考虑或社会理念的分析来加以解决。事实上，从形而上学角度看，这个问题类似于传说中经院哲学家曾经长篇大论的一个问题："针尖上能站多少天使？"现在人们非常怀疑，是否真的有哪位经院哲学家曾经讨论过这个问题。[②] 但对我们来说，这个问题已经成为一个时代的象征，而这个时代极其推崇不扎根现实的思想。

未来的历史学家们会更仁慈地处理"公司在哪里"这类法律问题吗？对此的回答是：无人见过公司。如果我们不信任天使的存在，那我们有什么权利去相信公司的存在？可以肯定的是，我们中的一些人见到过公司的资金、公司的交易等(就像我们中的一些人见过天使般的行为、天使般的面容等)，但这并没有赋予我们将公司具象化、"物化"的权利。假定公司就像凡夫俗子的旅行那样在各州之间穿行。显然，只要以这些本质上超自然的方式处理法律问题，我们就符合了冯·耶林构建的法学概念天国里囚犯的条件。

然而，正是用这些先验的废话，上诉法院处理了萨斯奎哈纳煤炭公司能否在纽约州被起诉的问题。上诉法院一致裁定意见的卡多佐法官说："重要的是，该公司未来可能进入本州被起诉。"[③]这段旅程为何重要，又如何可能，我们无从得知。但意见书提到该公司在纽约州有一个办事处，办事处里有 8 名销售人员和 11 张办公桌，并得出结论公司实际上"在"纽约州。从这个推理思路我们很容易看出：既然可以在纽约起诉身处纽约的人，且既然公司是一个(拟制的)人，那么萨斯奎哈纳煤炭公司就受纽约州法院诉讼管辖。

以同样的推理方式，同一家法院指出道奇兄弟汽车公司"不能"在纽约被起诉，因为该公司(有别于其纽约雇员和经销商团队)"不在"纽约。[④]

在外行人看来，这种论证十分奇怪，但经过长期实践训练、相信不可能之事的律师却会

① 参见 Berle, Investors and the Revised Delaware Corporation Act (1929) 29 Columbia Law Rev. 563; Ripley, Main Street and Wall Street(1927)。

② 几位经院哲学的学者向我坦言，他们在此事讨论中从未发现任何证据会比拉伯雷的传闻证据更为可靠。

③ 参见 220 N. Y. at 268, 115 N. E. at 918。

④ Holzer v. Dodge Bros. Motor Corp., 233 N. Y. 216, 135 N. E. 268 (1922).

认为，这种推理是相关的、客观的、适当的。[①] 实际上，甚至社会学法学的伟大领袖布兰代斯大法官也用这种超自然方法处理外州公司的诉讼问题，丝毫没有怀疑过“公司在哪里”这个问题的事实指涉。在著名的美国银行诉惠特尼国家中央银行案中(Bank of America v. Whitney Central National Bank)[②]，美国最高法院面临的问题是一家在路易斯安那州设立的银行能否在纽约州被起诉，这家银行在纽约从事大量金融交易且银行董事长亦参与其中，但在纽约连一张办公桌都没有。最高法院指出，尽管被告“有通常会被称为大量的纽约业务”，但纽约州法院仍然不能继续管辖该诉讼。布兰代斯大法官对这一奇怪结论的论证是[③]：

“在既没有法定要求又没有明示同意的情况下，外国公司的司法管辖权之取得，并非基于建构性存在(Constructive Presence)的拟制，并非基于‘通过他人实施的行为视同自己亲自实施的行为’(Qui Facit Per Aliun Facit Per Se)。而是源于这样一项事实：公司本身以这样一种方式在该州或该地区经营，并且达到了这样一种程度，即已经形成了实际的存在。情况非常清楚：被告未在纽约，因此，在该地区内也找不到它。”

当然，批评法院用先验废话式的语词来发表意见，可能有点吹毛求疵。逻辑学家常常言过其实，好像语言的唯一功能就是表达思想。而人类学家对语言的功能了解更多，他们断言“语言首先是一种前理性的功能”[④]。为了释放被压抑的情绪，或者哄婴儿入睡，或者引导政治、司法观众的特定情绪和态度，某些特定的词语和语句十分有效。法律不是一种科学，而是一种实践活动，当过度精确的词汇令人麻木之时，神话可以促发想象、加深记忆。

在很多情况下，出于法律实践的目的，先验废话式的语言是有价值的，但当我们研究、描述、预测和批判法律现象时，它们却毫无用处。尽管法官和律师无需成为法律科学家，但他们应该认识到，法律论证和判决意见的传统语言既无法解释也无法证成法院裁判。如果传统法学的生动故事和隐喻被认为是裁判的真正理由，而不是基于其他理想化机制或者记忆机制的理由做出的裁判，那么判决意见、法律论证的作者和读者就都很容易忽视社会的力量，而正是社会力量塑造了法律以及使法律成为裁判依据的各种社会理念。因此，美国最有智慧的法官才能够在不讨论任何经济学、社会学、伦理学问题的情况下，处理具体的、实践性的程序法问题和公司责任问题。

(二) 法人何时存在?

法人法领域有许多富有启发性的例子，它们都秉持传统的解决实际法律问题的超自然

① “我不相信那个!”爱丽丝说。

“你不相信?”女王以怜悯的口吻说道，“再试一次：闭上你的眼睛，做一次深呼吸。”

爱丽丝笑了。“试也没用，”她说，“一个人不可能相信不可能的事。”

“我敢说你没有经过大量实践，”女王说，“当我在你这个年纪的时候，我总是每天做半个小时。为什么有时在早餐前我就会相信六件不可能的事呢。”(Lewis Carroll, Through the Looking Glass, c. 5.)

② 261 U. S. 171 (1923).

③ Id., at 173.

④ Sapir, Language(1921) 14.

路径。在著名的科罗拉多案(Coronado)中[①],提交给联邦最高法院的实际法律问题是:如果雇主的业务在罢工过程中受到妨害,雇主可以追诉"鼓励"罢工的工会,还是只能起诉被指控实施或者诱导妨害行为的特定雇员?从已有的书面记录看,被告工会的辩护律师并未试图表明:要求工会对罢工造成的损失承担经济责任,这将会使工会遭受严重打击;工会不可能操纵卧底去鼓动罢工的;在现代工业社会,工会的功能非常重要,而上述类型的责任将严重危及这种功能。工会的辩护律师没有提出上述任何论据以支持工会的主张,即豁免其成员的侵权行为,而是提出了一项形而上学式的论据,即工会是一个非法人团体,不是一个人,不能承担侵权责任。在程序法上,这是一项十分古老而又备受尊崇的论据。13 世纪中叶,教皇英诺森四世就曾以此论据证明,宗教机构的财产可以不承担侵权责任。[②] 遗憾的是,很多论据只在被人们接受时有效,而工会并非一个人这项论据,就是其中之一。[③] 当法院反对这项论据并认为工会应当承担责任时,工会就成为了一个人,一个可诉的法律实体,而这项论据也不再有效。

最高法院宣称,"工会可以被起诉,因为从本质上讲,它是一个人、一家准公司。"现实主义者则会说,"工会是一个人或者一家准公司,因为它可以被起诉;将某种事物称为一个法律上的人,不过是用隐喻的语言表明它可以被起诉。"

两种描述上述情形的方式存在重要差异。如果我们说,该法院做出这样的裁判,是"因为工会是一个人",我们似乎就证成了法院的裁判,而且是用先验的方式,亦即通过认定某种听起来像一项定理、却无法借助实证证据或者伦理论据证实或证伪的东西,证成了法院的裁判。另一方面,如果我们说,工会之所以是一个人,是"因为法院允许它被起诉",我们就会认识到法院裁判根本没有被证成,法院裁判是否可证成这个问题,要求法院以非法律的方式做出回答。用纯法律方式证成或者批评法律规则,总是陷入论证的恶性循环。[④]

(三)商号中蕴含着什么?

法律推理与社会事实问题和伦理价值问题的分离,并非源于从更黑暗的时代继承的粗暴法律拟制。即使在最现代的法律发展领域,还是可以发现法院和法律学者的思维在空中一圈又一圈地打转,没法回到地面,扎根可验证的事实。在反不正当竞争法的现代发展过程中,就有这种循环推理的许多实例。

曾有一种理论认为,商标和商号法旨在保护消费者,防止劣质货品使用误导性的标签进

① 美国矿工联盟诉科罗拉多州煤业有限公司案(United Mine Workers of America v. Coronado Coal Co.),259 U.S. 344 (1922)。这一案例在英国的原型是塔夫谷铁路有限公司诉铁路员工联合会一案(Taff-Vale Ry. Co. v. Amalg. Soc. Of Railway Servants)([1901] A. C. 426),得出了类似的判决,表面上两案基于相似的先验理由,但很快就被特别立法推翻了。参见 Webb,History of Trade Unionism (Rev. ed. 1920) 600 ff。

② 参见 Dewey,Corporate Personality,Philosophy and Civilization(1931),154;参见 Gierke,Das Eutsche Genossenschaftrecht,279-285;又见 Holdsworth,History of English Law (3d ed. 1923),470-474。

③ 与野性的谦逊相比较,在南海某岛上发现一朵花,它真的很白但任何一个人看到它时,它就变为红色[来自 Traprock's "The Cruise of the Kawa"中的记录 (1921)10]。

④ 参见 Roguin,La Regle Du Droit (1889):"没有什么比相信一个人可通过法律本身来讲述法律更荒谬的了。"

行"假冒"。[①] 渐渐地,法院放弃了这种理论,开始将这一法律分支视为旨在保护具有潜在经济价值的销售机制的财产权。[②] 在当前的实践中,禁令救济的范围正在扩张,在这里并不存在混淆消费者的实际危险,而且该领域的主流学者积极支持和鼓励这种扩张。[③] 可以想象,通过证明由私人控制的销售机制为商业的垄断权力提供了心理学基础,而且这种垄断在现代文明化进程中具有社会价值,可能证成这种扩张的正当性。但倡导加强对商号和类似销售机制的法律保护的法院和学者们却从未提出这套论据。这是因为,如果提出上述论据,他们似乎就在政治学和经济学的争议问题上表明了立场。因此,法院和学者们都躲进恶性循环中,拒不考虑任何法律之外的事实。他们的法律论证是:任何人借助广告的新颖性或者产品的质量,吸引了消费者对特定名称、标志、包装形式等的注意,就创造了有价值的事物;这种有价值的事物就是财产;财产的创造者就有权受到保护,防止第三方图谋剥夺其财产。[④] 在特定案例中,这种论证可能附带上对侵权被告自私动机的责难,对原告广告费用证据(当然是未经质证的)的汇总,以及对侵权被告产品质量低劣的(几乎没有事实依据的)影射。

内在于这一推理的恶性循环清晰可见。这一推理号称基于经济价值的考虑进行法律保护,然而事实上,一种销售机制的经济价值,取决于其受法律保护的程度。如果"棕榄"(Palmolive)这个词汇没有受到只允许一家公司加以商业利用的限制,那么对于其他任何公司来说,这个词汇都不会比交易中常见的一种合用的尺寸、形状、包装样式或者广告风格更具经济价值。如果这个词汇对任何一家公司都没有经济价值,法院就会认为它"不是财产",从而不予发布禁制令。换句话说,法院没有保护这个词汇的事实,使这个词汇丧失了价值;而这个词汇没有价值的事实,又会被当成不保护这个词汇的理由。这种恶性循环的荒谬之处就在于,它在逻辑上陷入了确定与不确定的对立恶性循环:法院确实保护某个词汇的私人利用这项事实与被接受为这个词汇的私人利用应当受到保护的理由。

在整个反不正当竞争法领域中,法律推理的循环性质被财产的"物化"掩盖了。法律语言将法院的工作描述成审查商业词汇,并发现内在于商业词汇之中的财产权。正是由于原告已经从这个词汇中取得了财产权,他才有权申请禁制令或者获得损害赔偿。根据公认的反不正当竞争法权威的意见,法院并未创造财产,而是仅仅确认一个预先存在的事物。

当然,反不正当竞争法领域的司法裁判只是确认了内在于特定商号和符号的超自然事物,这一理论是另一种理论的衍生品之一,后者认为法官没有创制法律,只是确认了并非由凡人创制的预先存在的真理而已。[⑤] 与其他法律领域一样,在反不正当竞争法领域,这种理论的效果是增加了外行对法院实际行为的理解和减少了批评。

在不正当竞争案件中,法院实际上正在做的事情,是创造和分配一种新的经济财富资源

① 参见 Nims, Unfair Competition and Trade-Marks (3d ed. 1929) § 8, 以及引用的案例。

② 参见"美国搓板公司诉萨吉诺制造有限公司"(American Washboard Co. v. Saginaw Mfg. Co.), 103 Fed. 281, 285 (C. C. A. 6th, 1900)。

③ 前引 Nims 著, § 9a; Handler and Pickett, Trade-Marks and Trade Names-An Analysis and Synthesis (1930) 30 Columbia Law Rev. 168, 759; Schechter, The Rational Basis of Trade-Mark Protection (1927) 40 Harv. L. Rev. 818。

④ 参见美国农业化学公司诉穆尔(American Agricultural Chemical Co. v. Moore), 17 F (2d) 196 (M. D. Ala. 1927),该案暗含着当前一个有趣的理论,就是要进行合乎逻辑的推论。肥料公司被授予禁令:政府官员试图阻止其使用误导性商号的行为。其论证是:原告会在该商号下作出大买卖,这样的预期具有财产属性,并且必须防止政府干预。

⑤ 参见 M. R. Cohen, The Process of Judicial Legislation, in Law and the Social Order (1933) 112, 同时,刊登于 (1914) 48 AM. L. Rev. 161。

或者权力资源。无需法律，语言也有益于社会，正如空气有益于社会一样，但语言和空气都不是经济财富资源，除非一些人被阻止，以某种允许其他人采用的方式使用这些资源。换言之，财产的功能具有不平等性。[①] 举例而言，如果法院阻止一个人呼吸其他人已经呼吸过的空气（在一个合理的时效期间内），那些呼吸最有力且最快、最明智地选择了理想呼吸地点的人（或与这样的人签订了最有利契约的人），由于对一定体积的空气享有财产权，因此能够行使和享有一种独特的经济利益，这种经济利益可以通过经济交换的方式转变为其他形式的经济利益，比如新闻报纸或漂亮衣服的所有权。所以，如果法院阻止一个人使用别人已开始使用的特定形式的语言，那么第二个使用者就会处于经济上的劣势，将不得不向第一个使用者支付金钱，以获得使用类似语言的特权，或者将不得不在向公众展示商品时使用不那么有吸引力的语言（一般说来是这样）。

因此，法院制造语言商业利用的不平等，就是在创造经济财富和财产，当然不是无中生有地创造财产，而是从社会事实、商业习惯和流行的道德信念或者偏见等材料中创造财产。除了合成谬误（Fallacy of Composition）的情况[②]，这并不意味着法院正在通过创造新的私人财产造福社会。法院能否造福社会取决于一系列问题，而处理这个法律领域的法院和学者们尚未认真考虑过这些问题。从实践角度看，对于某一待售商品来说，有同等吸引力的词汇是否无限供应，以至于即使第二个商品销售者被迫避免使用某个或某些被第一个商品销售者使用的词汇，也没有什么商业劣势？如果情况并非如此，亦即如果特有的情绪语境赋予了一个词汇更多的销售吸引力，使它比任何其他词汇都更适合某种产品，那么州法律是否应该将那个词汇的特殊吸引力授予并未支付报酬的第一个占有者呢？为了引导第一个占有者在出售其产品时使用最具吸引力的语言，有必要创制这种“英语宅地法”吗？另一方面，如果所有词汇的商业潜力最初是相近的，但由于广告和其他形式的商业利用而出现了差异，那么这种类型的商业压力是一件好事，并且应当通过为流行的语言习惯和偏见的私人利用提供法律奖赏的方式来加以鼓励。在多大程度上，商号导致的商品差异化有助于消费者明智地购物？在多大程度上，是这种排他的权力在利用有吸引力的词汇，以及改变与这个词汇联系在一起的商品的质量，从而成为欺骗消费者购买劣质商品的一种手段呢？

由于没有坦诚面对上述问题以及其他类似问题[③]，涉及商号主题的法律推理只是披着法律逻辑外衣的纯粹经济偏见。这种纯粹的经济偏见把不正当竞争案件中的原告利益等同于商业利益[④]，进而把商业利益等同于社会利益，直到法院和学者们认识和揭示这种偏见，这种偏见才会受到严格的审查。然而，只要“财产权”的人格化仍然掩盖着法律推理的循环性质，这种偏见就不会得到认识和揭示。

① 参见 M. R. Cohen, Property and Sovereignty, in Law and the Social Order (1933)41; R. L. Hale, Coercion and Distribution in a Supposedly Non-Coercive State (1923) 38 POL. SCI. Q. 470; R. L. Hale, Rate Making and the Revision of the Property Concept (1922) 22 Columbia Law Rev. 209。

② “合成是一段旅程，从对每名集体成员或者所有集体成员的逐一陈述出发，按照某种特定前提，抵达一项对整个集体的陈述作为结论。”Eaton, General Logic(1931) 340。在当前语境下，合成谬误的实例是这样一种陈述：法院正在增加社会的财富，因为它增加了它所保护的控制销售机制的特定个人的财富。

③ 这一领域中现实主义后果分析的例子是一项立法，即为著作权登记而设计的纯洁法案，可参见(1931) 31 Columbia Law Rev. 477。

④ 参见前引 Schechter 著，at 831。

（四）公允价值有多高？

也许在当代法学中，有关循环论证最臭名昭著的例子就是，司法重新裁定公共事业在“宪法之下”被授予何种权利。[①] 法院打算要做的是，在分等级情况下确定实用财产的“价值”，然后让消费者去定价，并由消费者来保证效用即在价值上公平的回报率。当然，法院想要保住实际成本或重置成本的“价值”，这也是一个可以理解的过程。然而，近四十年来，由于在著名的史密斯诉艾姆斯（Smyth v. Ames）案件中[②]，法院认为，若允许在财产实际成本或重置成本上仅有公平的实用回报，就存在“违宪”的可能性。它必须允许在财产的“实际价值”上有公平回报。

那实用财产的实际价值到底是什么呢？显然，在目前预期利润的市场利率方面它是资本化的。在6%利率的货币市场中，一个资产价值为1亿美元的企业，每年获得利润是600万美元；而5 000万美元的企业，每年获利则是300万美元。那么，实用财产的实际价值来自于法院裁判的功能，而法院的裁判实际上并不是基于财产的实际价值。价值由法院来创造，之前除了信息或信仰之外，法院将裁定什么，都非经济事实的问题。法院也不是基于给定实用的数额来认定公开化的伦理事实，而是根据社会事实与政策才允许原告控告消费者。在这个领域内，司法推理完全变成了虚构，并且，法院作出裁判的实际动机被所有真正的法律神学信徒有效隐瞒了。

（五）法律程序“正当”在何时？

在“正当法律程序”服务的社会立法的司法审查文本中，法律推理承载着人类特有的希望与苦难。至少在这里，人们会希望通过“真诚地尊重判决意见”，以此引导法院形成自身行为的明确观念。然而，任何领域都不会从字义方面对现实性分析提出更强烈的质疑。

法律的正当程序是什么呢？

有人会认为，某些案件中[③]的术语“法律的正当程序”，意味着它是宪法制定者们所熟悉的。因此，可以设想的是，它能指称一个比较明确的观念，并且，法院把这一观念应用于立法中，其功能在于客观学术性地探究法律史。然而，很明显的是正当程序条款在现代司法中的适用，并不是基于任何历史性的探究。这些条款已特别提醒我们，要反对对工资和物价进行监管，这能在早期殖民地和英国立法中找到充足的历史先例。[④]

最近的司法话语表明了正当程序的辅助性观念：在理性人赞成的情况下，立法属于“正当程序”条款。这种观念使得法院须认真对待心神丧失者的罪行，且对其审判要依据立法者

---

① R. L. 黑尔在这个领域讨论了司法的循环论证，Value and Vested Rights (1927) 27 Columbia Law Rev. 523; D. R. Richberg, Value by Judicial Fiat (1927) 40 Harv. L. Rev. 567; J. C. Bonbright, The Problem of Judicial Valuation (1927) 27 Columbia Law Rev. 493。

② 169 U. S. 466 (1898).

③ 参见穆雷诉霍博肯土地与改良有限公司（Murray v. Hoboken Land and Improvement Co.），18 How. 272, 280 (U. S. 1855)；罗伯逊诉鲍德温（Robertson v. Baldwin），165 U. S. 275 (1897)，以及引用的案例。

④ 例如，1778年4月3日纽约法案，“法案调整劳动者的工资，商品货物的价格，该州酒店持有人的费用，以及这里提及的其他目的”，以及汉德勒在文章中引用的其他法规，载 Conmtitutionality of Investigations by the Federal Trade Commission (1928) 28 Columbia Law Rev. 708, 712 n. 14；又见 Louis B. Boudin, Government by Judiciary 2 vols. (1932) 401, 447。

的心智能力，当然，偶尔也可包括司法的同业者。这一观念在布兰德先生关于穆勒诉俄勒冈州案[①](Muller v. Oregon)所做的著名辩护状中，起到主要的前提性作用，也就是通过个人健全的理智，以论证立法限制妇女工作时间的合理性，从而引导法官接纳此良好的辩护意见。但后来案件中对此辩护技巧的应用显示，它获得越来越少法院的支持，就在法兰克福先生提交给最高法院赞成妇女最低工资立法的相似意见时，最高法院给出的答复却是，“也可能会使不利意见产生印象深刻的集聚效果”。[②] 事实上，理性之人赞成特别立法，并未防止住它对“正当法律程序”的违反。

“正当法律程序”的措辞，既不表示历史事实也不表示精神事实，或许，它表示一种道德理想。无论立法是正当的或不正当的，还是失效的，在外行看来它是一种社会伦理或道德问题，但这种观念已被法院所大力批判。所以，法兰克福先生有关社会丑恶现象的分析即最低工资立法，就有可能消除被最高法院定性为“虽有趣但只有温和的说服力”的观点，法院会继续说道：

“这些对立法机构的考虑都是足够恰当的，因为考虑的趋势为确定立法合意或不合意；但他们在有效性问题的表征上不存在正当性，这就是要求由我们来做决定的原因。”[③]

这样，“正当法律程序”既不能用社会伦理的措辞来定义，也不能用法律史或变态心理学的术语来定义。

在实务中，最高法院自称在“正当程序”案件中会考虑，主要是因为之前在这一问题上做出的裁决，很显然它会相信，贝尔曼[④]所说三遍同样的话(“正是蛇鲨所在地”)必定真实。但是，这种自创生过程几乎不考虑实际的裁决，人们可能会质疑，如果法院裁决的理由向公众公开而毫无羞愧之感，那它就不会一直躲藏在一系列先验废话的背后。

（六）法律废话的本质

调查的拖延让我们感到乏味。在法律的各个领域中，我们本应找得到忽视实际有价值问题或经验事实的相同习惯，并且归因于“法律问题”，而这些问题总是能通过某种认可的方式，操作法律概念来加以回答。在法律的各个领域中，我们应该找到些独特的概念，它们无论在经验事实还是伦理方面都没被定义，但却用来解答经验与伦理的类似问题，这就阻挡了对社会事实与政策展开明智调查的前进道路。“公司实体”“产权”“公允价值”以及“正当程序”就属于这样的概念。同样如此的概念还有“标题”“合同”“共谋”“恶意”“近因”，以及传统法

① 208 U. S. 412 (1908).

② 阿德金斯诉儿童医院案(Adkins v. Children's Hospital)，261 U. S. 525, 559 (1923)。

③ 同上。

④ “正是蛇鲨所在地！”贝尔曼叫道，
　当他小心地接近他的船员；
在潮汐顶端支撑着每个人，
　用手指缠绕着他的头发。
“正是蛇鲨所在地！”我已说了两遍，
　应单独激励一下这个船员。
“正是蛇鲨所在地！我已说了三次，
　这件事我告诉你三次就是真的了。”
　刘易斯·卡罗尔，猎捕蛇鲨，健康第一。

学中所有其他的具有魔力的"决断词"。用这些术语表达的法律论证必然是循环的，因为这些术语本身创造着法律，而正是这些论证使我们的知识更加精确，正如莫里哀医生发现了鸦片，它能使人入眠，因为它包含催眠的原理。

现在，鸦片能使人入眠的命题之所以成立，是因为它包含催眠的原理，而如果在物理学或化学中能界定出"催眠原理"，那么它就变得科学有用了。否则，它只会粉饰知识，成为阻碍知识理解的道路。因此同样的，主张此法律是违宪的，因为它未经法律正当程序就剥夺了个人的财产，而如果"财产"和"正当程序"用非法律的术语来定义，那么它将是科学有用的，否则这样的陈述只会阻碍我们对相关事实的研究。

如果上述关于法律推理的实例是典型的，那么我们可以总结一下传统法律理论中的基本假设，具体方面如下：

法律概念（例如，公司或产权）都是超自然的实体，除了在信仰的视阈之外，它们的存在没有被证实。法律规则涉及到这些法律概念，它们既不是经验社会事实的描述（如人的习俗或法官的习俗），也不是道德理想的陈述，而是独立体系中的特定定理。它对法律论证的遵循既不会被道德原则也不会被任何经验事实所驳倒。因而，法学作为法律概念的自治系统，其规则和论证必须独立于伦理学以及作为经济学或心理学的实证科学。实际上，它却是先验废话的科学中一个特殊的分支。

二、功能的方法

有些事情虽在传统法律思维上早已被公认，但从根本上却是错误的。霍姆斯、格雷、庞德、布鲁克斯·亚当斯、莫里斯·R. 科恩、托马斯·R. 鲍威尔、库克、奥列芬特、穆尔、杰瑞德、卢埃林、英特马、弗兰克以及其他美国现代法律思想的领军人物，他们达成的基本共识是对"机械法学"、法律魔力及词的戏法持轻视态度。① 但当我们面临该怎么办时，即如何走出这种纠结，相互的共识就不太明显了。那我们如何用一种现实、理性、科学的描述法律事实的进路，以代替经典的概念神学法学呢？

若试图回答这个问题，就意味着已是做出坚持运用"功能的方法"了。不幸的是，这一措辞常被用来作为反对任何魔法性的法律概念的向导，从而显得毫无意义。许多人使用术语"功能的"只是暗示出模糊的内涵，如单词"实用性的"可表达出一个"实干的"人的意思。再次，"功能的方法"有时被用来指称一种万物有灵论的现代形式，根据是每种社会制度或生物

① 参见 Holmes, The Path of the Law (1897) 10; Harv. L. Rev. 457, Collected Legal Papers (1920) 167; Gray, Nature and Sources of the Law (1909) c. 4-5; Pound, Law in Books and Law in Action (1910) 44 AM. L. Rev. 12; Pound, Mechanical Jurisprudence (1908) 8 Columbia Law Rev. 605; Brooks Adams, Law under Inequality: Monopoly, in Centralization and the Law (1906) Lecture 2; M. R. Cohen, The Process of Judicial Legislation (1914) 48 AM. L. Rev. 161, Law and the Social Order (1933) 112; T. R. Powell, The Iudiciality of Mininnmu Wage Legislation (1924) 37 Harv. L. Rev. 545; Cook, Logical and Legal Bases of the Conflict of Laws (1924) 33 YALE L. J. 457; Oliphant, A Return to Stare Decisis (1928) 6 AM. L. School Rev. 215; U. Moore, Rational Basis of Legal Institutions (1923) 23 Columbia Law Rev. 609; M. Radin, Case Law and Stare Decisis: Concerning Prajudizienrecht in Amerika (1933) 33 Columbia Law Rev. 199; Llewellyn, A Realistic Jurisprudence—The Next Step (1930) 30 Columbia Law Rev. 431; Llewellyn, Some Realism about Realism: Responding to Dean Pound (1931) 44 Harv. L. Rev. 1222; Yntema, The Hornbook Method and the Conflict of Laws (1928) 37 YALE L. J. 468; Frank, Law and the Modern Mind (1930)。

体都有生活的“目的”，而要判断是好还是坏，就是看它是否能实现这种“目的”。我不想忠实于这些使用术语“功能”的模糊用法，我会更情愿使用该术语去指定某些原则或趋势，而这些原则或趋势都最清晰地出现在现代物理学、数学及哲学中。值得注意的是，消除超自然术语与无意义问题，并重新定义概念与有关可检验现实的问题，并不是法律所特有的。在过去的2个或3个世纪里，尤其是过去的40或50年内，哲学、数学、物理学、心理学、经济学、人类学以及与其他科学一样，毫无疑问，都一直面临着上述问题。功能主义、操作主义、实用主义及逻辑实证主义，所有这些和许多其他说法都已用于不同领域中，伴随着不同意义与重点的弦外之音，以上说法将指定某些常见的进路，以此解决重新定义传统概念与传统问题的总任务。

它或许可以廓清法律中功能的方法之意义，以探究功能的方法在现代科学与哲学中已作出的一些基本贡献。

（一）无意义概念的根除

在消极方面（自然是在新教运动中表现特别突出），功能主义代表的是对一切教条和计划的攻击，使之不能转化为实际经验的术语。

在物理学中，功能的或操作的方法是对作为绝对空间、时间的超自然概念的攻击；在数学中，则是对作为真实和想象、理性和非理性、积极与消极数字之超自然概念的攻击；在心理学中，威廉·詹姆斯通过询问幼稚的问题“有意识存在吗？”[①]，开创了功能的方法（其中行为主义是一个极端的形式）。现代“功能的语法”是对语法理论与特性的攻击，它虽适用于英语语言，却根本没有可验证性意义。这种空洞的概念，例如，作为名词的语法，就无法在主格、宾格与所有格之间作出核实辨别。[②] 并且我们通过艺术的领域发现，功能的结构同样是一种陈腐符号与无功能形式的否定，都是没有意义的，空心的大理石柱子不能支撑伪造的支墩与假锋面。[③]

因而，在法律中同样如此。我们的法律体系充斥着超自然的法律概念，也就是说，概念不能从经验方面来定义，而是各种经验决策应该从概念中得出。现代法学对这些无法检验的概念提出了最后通牒。任何单词在通货情况下都无法支付需求，它将被宣告破产，并且我们不会进一步处理它。卢埃林提出了非自愿破产申请，反对这一标题概念[④]，奥列芬特反对合同概念[⑤]，海恩斯、布朗、托马斯·R.鲍威尔、芬克尔斯坦以及库什曼反对正当程序、警察权以及与宪法相类似的吸引人的词汇[⑥]，黑尔、里奇伯格、邦布赖特和其他人反对利率调整

① 在论文《激进经验主义》（1921年第1卷）中回答了这个问题，詹姆斯断言，“这里……没有土著居民的东西或人的特性，与制作的实体对象相对比，它们源自于我们的思想，但在实践中思想的功能发挥着作用……”（第3—4页）。

② 参见H. N. Rivlin, Functional Grammar (1930)；以及参阅L. Bloomfield, Language (1933)，第266页等各处。

③ 参见F. L. Wright, Modern Architecture (1931)。

④ Llewellyn, Cases and Materials on the Law of Sales (1930).

⑤ Oliphant, Mutuality of Obligation in Bilateral Contracts at Law (1925) 25 Columbia Law Rev. 705; (1928) 28 Columbia Law Rev. 997.

⑥ C. G. Haines, General Observations on the Effects of Personal, Political and Economic Influences in the Decisions of Judges (1922) 17 ILL. L. Rev. 96; R. A. Brown, Police Power—Legislation for Health and Personal Safety (1929) 42 Harv. L. Rev. 866; T. R. Powell, The Judiciality of Mininunm Wage Legislation (1924) 37 Harv. L. Rev. 545; M. Finkelstein, Judicial Self—Limitation (1924) 37 Harv. L. Rev. 338; R. E. Cushman, The Social and Economic Interpretation of the Fourteenth Amendment (1922) 20 Mich. L. Rev. 737.

中公允价值的概念[①]，库克和英特马则反对冲突法中既得权的概念。[②] 这些人都试图揭示，由这些概念造成的现行法律思维的混乱，并在他们的领域中重新明确地表述问题，而这些问题则展示了对社会事实的法律决定的具体关联性。

（二）无意义问题的治理

对无法检验的概念进行功能性攻击，其结果是许多传统的科学、法律及哲学中的问题，被揭示为毫无意义的伪问题。逻辑实证主义的代表人物维特根斯坦，针对传统哲学问题讲到：

“大多数记录关于哲学题材的命题和问题，并不是虚假的，而是无意义的。因此，我们根本不能回答这类问题，而只能阐明它们是无意义的。大多哲学家提出的问题与主张，是由于我们不了解自身语言逻辑这一事实的缘故（面临着同类问题，那就是善的多与少是否与美的比较是相似的）。所以，最深层次的问题真的是没有问题，这就不足为奇了。”[③]

同样的事情在传统法学的问题中也被提及。通常表述像这样的“问题”，“什么是裁决或案件的判决理由？”[④]或者“先有法律还是先有国家？”[⑤]或者“犯罪和侵权之间的本质区别是什么？”[⑥]或者“公司在哪里？”，这些实际上是没有意义的，并且只能作为鼓动像概念式技法一样的无意义显示。

从根本上讲，在法律领域仅有两个重大问题。其一是，“法院实际上如何裁决给定类型的案件？” 其二是，“法院应该如何决定给定类型的案件？”除非一个法律“问题”能够归入以上其中一种形式之下，否则它就不是一个有意义的问题，且给出的任何问题答案必定是无稽之谈。[⑦]

（三）概念的重新界定

尽管功能方法的消极方面倾向于突出“假设”在论辩论战中特殊作用，但方法的价值在最后的分析中，却取决于它对知识进步作出的积极贡献。从这个角度来看，我认为以下说法是公平的：功能方法已证明自身在每一科学领域已得到实际的应用，并且在过去半个世纪的科学发展中，科学概念重新的功能性定义，已被认为是理论进步中的最重要议题。

我们在纯数学基础的理解方面取得了巨大进展，通过弗雷格、皮亚诺、怀特海和罗素[⑧]

---

① 见前引黑尔、里奇伯格、邦布赖特的文章。

② Cook, Logical and Legal Bases of the Conflict of Laws (1924) 33 YALE L. J. 457; Yntema, The Hornbook Method and the Conflict of Laws (1928) 37 YALE L. J. 468.

③ Wittgenstein, Tractatus Logico—Philosophicus (1922) prop. 4. 003. 并参见 James, Pragmatism (1908)：“实用主义方法主要是解决形而上争端的方法，否则它可能会没完没了……在这种情况下，实用主义方法试图通过跟踪各自实际的后果来解释每个概念……如果无法追溯到实际差异，那么改变就意味着几乎是同样的事情，并且所有争端都是虚置的……令人惊讶的看到，有多少哲学争端陷入无意义的那一刻，你接受它们这种简单的通过跟踪实际后果的测试。”（第45—49页）

④ 参见 Goodhart, Determining the Ratio Decidendi of a Case (1930) 40 YALE L. J. 161; 并参见 Llewellyn, Bramble Bush (1930) 47。

⑤ 幸运的是，在英语中很少有文献涉及这一问题，然而，德国法学家都非常喜欢它。

⑥ 参见 C. K. Allen, Legal Duties and other Essays in Jurisprudence (1931) 226. 并见 W. W. Cook, Book Review (1932) 42 YALE L. J. 299。

⑦ 参见 F. S. Cohen, What Is a Question? (1929) 39 Monist 350。

⑧ 参见 Russell, Principles of Mathematics (1903); Introduction to Mathematical Philosophy (1919); Russell and Whitehead, Principia Mathematica (1910); Frege, Die Grundlagen der Arithmetik (1884)。

等人所完成的工作，提供了一个行动中功能方法的富有启发性例子。

50 年前，数学学科中充斥着神秘的非逻辑元素、超自然概念、不真实假设以及非正确运算，这都是当时该学科的经典理论。高中生仍然认为，整数 2 减去整数 7，在逻辑上是不可能的。一个整数表示这个数字的量，整数 7 明显不能被整数 2 包含或者作减。学生对此深信不疑，这是完全合理的，尽管他必须得到无知教师勉为其难的宽容（就如同法律学生拒绝回答毫无意义的法律问题，他只是仅仅指出这种无意义性）。然而，数学神话，就像法律神话（例如：一个公司的空间位置），代表了对一个重要事实困惑的感觉，这是功能性方法解开困惑、发现事实的职能。实际是，如果移动 7 个单位到一个方向，这方向代表了消减或者降低的意思，我们称之为“减”；然后移动 2 个单位到相反方向，也就是“加”。事实上，结果只是往“减”的方向移动了 5 个单位。毫无疑问，发明或界定这一数学术语去描述这两个运算步骤和二者之间的关系是非常有用的（如同发明法律术语去描述人类的法人行为是颇有益处的）。但是，一定要认识到，这样的数学术语并不是数字，因为“数字”通常已经被界定了（例如，它们不是整数）。那么，这些神秘的字符是什么呢？经典数学认为这些字符是整数在特殊的分配之下，以超自然的方式所作的表演。现代数学认为这些字符是“符号数字”，并不完全是整数，而是整数的建构或功能。数字“－7”是任何整数从其之前一系列整数的移动，重复 7 次而得来的运算。数字“＋7”也就是往相反的方向从其之后一系列整数的移动，重复 7 次所作的运算。所以数字“＋7”与整数“7”并不相同，“＋7”是出现在“＋7”的定义中作为重复 7 次的运算，这是一种逻辑的方法或者是整数 7 的构建。

同样，数学学科的与时俱进已经理清了理性与非理性、真实与虚幻，数字在最初的感觉上已完全不是数字了，而是数字的功用。[①] 所谓数学的算术化，以及怀特海和罗素提出的数学观念的定义，就像特定简单逻辑术语的构造，已经剥落了数学术语的超自然内涵以及消除了内在矛盾，这样不仅澄清了各个数学观念之间的联系，还澄清了数学观念和物质世界的关系。

功能性方法的类似使用以现代哲学的飞速进步为特点。对超神观念、物质、绝对、实质与巧合、物质与属性的挑战已经呈现在世人面前，C. S. 皮尔斯、詹姆斯、杜威、罗素、怀特海、C. I. 刘易斯、C. D. 布劳迪以及最近的以维特根斯坦和卡内普为首的维也纳古典派对发出该挑战乐此不疲。[②] 这些人分属不同学派，例如实用主义（“实用主义”这个词是皮尔斯后来改动过后的）、新现实主义、批评现实主义、功能现实主义以及逻辑实证主义。轻视这些学派的实质区别是有失公允的，但是从基础的角度来讲，它们是一样的。下面一句话可以表现出这些学派的区别，“事情就是它所做出来的”。皮尔斯对这句话的论述是最严密的，他说：“为了断定一个智力概念的意思，我们应该考虑从此概念而来的必然性会导致什么样的现实结果，

① 参见 Russell，Introduction to Mathematical Philosophy (1919) c. 7。

② 参见 C. S. Peirce，Chance，Love and Logic (1923)；Collected Papers(1931-1934)，特别是第 5 卷；James，Pragmatism (1908)；Essays in Radical Empiricism (1912)；Dewey，Appearing and Appearance，in Philosophy and Civilization (1931) 51；Russell，Our Knowledge of the External World as a Field for Scientific Method in Philosophy (1914)；Mysticism and Logic (1918)；Whitehead，The Principles of Natural Knowledge (1919)；The Concept of Nature (1920)；C. I. Lewis. Mind and the World-Order(1929)；C. D. Broad，Scientific Thought (1923)；Wittgenstein，Tractatus Logico—Philosophicus (1922)；Carnap，Ueberwindung Der Metaphysik Durch Logische Analyse Der Sprache (1932) 2 Erkenntnis no. 4；J. E. Boodin，Functional Realism (1934) 43 Philosophical Review 147。

这些结果的总和就构成了这个概念的全部意思。”[①]罗素在如下语句中总结了这句箴言的方法论启示：

“科学哲理中的最高箴言是：逻辑构造无论在哪里，都可能被推断出的实体所替代。”[②]

换句话说，我们重新定义抽象思维，它是我们真实看到的或者做过的东西作为构造、功能、复合体、样式或安排部署，而不是在我们看到或做过之前预设的原因或先验的原则。并非来自真实体验的所有观念都是无意义的。

现代哲学的任务是，通过把概念重新作为实际体验的功能来定义，以此拯救依附于传统形而上学概念上的意义。无论现代哲学家之间关于体验术语的选择存在何种差异，它们都是服务于功能分析的基本术语——只是其中的几个，如“事件”“感觉”和“原子事实”。很少有人会不赞同威廉·詹姆斯所表达的观点，他说在我们关于抽象概念的任意调查中，其核心问题一定是：“就特殊经历而言，它的现金价值是什么？以及，如果这是真的或假的，那么何种特别的差异将会来到这个世界？”[③]

功能方法类似使用的特性在物理学的最新进展中得到体现。作为合乎物理事物的东西并不是设想的空间，而是在某种程度上存在，除了填补它的东西（如普通法中实际存在的先前判例）外，其他都是无法证实的。然后，假设事物是空的话，有一个以太来填充空间，而现代物理学家就设想，空间是作为物理对象或事件之间的流形。相对论从一开始就认识到，物理对象或事件之间的关系涉及到时间与空间的方面。因此，对于把空间替代成时空的观念，甚至替代成质量、时空组成的观念，就特定目的来说会变得十分方便。

现代物理学的功能方法与现实法学的程序之间的并行状态，是如此的被一位著名的中国法学家勾勒出来，以致于我只能提供一个没有置评的引证：[④]

爱丁顿教授在最近一本名为《物质世界的本质》的书中评论道：“一件事必须按照它在实践中被认识到的方式来定义，而不是根据我们假设它拥有的一些不可告人的意义而定义。”

所以，布里奇曼教授也在《现代物理学的逻辑》中提到：

“迄今为止许多物理概念根据它们的属性已被定义。”但现在，“总的来说，我们指称的任何概念只不过是一套操作，概念与相应操作是同义词。如果概念是物质性的，如长度，操作便是实际的物质性操作，即由长度测量的操作；或者如果概念是精神性的，如数学的连续性，操作便是精神性操作，即那些由我们决定是否给定一个大小的集合是连续的”。

现在，这种处理概念的方式正是霍姆斯在80年代早期引入到法律科学中的。在讨论新方法的可能性意义之前，让我在这里列出一些他在司法场域所下的定义：

法律：“我认为所谓法律，即此法庭实际上将会做出什么的预言，而绝非什么矫饰浮夸之辞。”

“但是对于法律目的来说，权利本质上仅是一种预言。公共力量将会引入支持事实的物质想象力，施加于那些言行不一的人身上，正如我们对太空中的身体行为作出解释时，会说到万有引力一样。”

---

① 5 C. S. Peirce, Collected Papers 6.

② Russell, Mysticism and Logic (1918) 155.

③ James, The Pragmatic Method (1904) 1 JOUR. of Philosophy 673.

④ John C. H. Wu, Realistic Analysis of Legal Concepts: A Study in the Legal Method of Mr. Justice Holmes (1932) 5 China L. Rev. 1, 2.

义务："所谓法律义务只不过是一种预测，如果一个人做了或忽略了特定事情，他将会以法庭判决的方式遭受这样或那样的后果；法律权利亦是如此。"

合同："在普通法中履行合同的义务意味着预测：如果你不履行它（并没有其他的原因），那么你必须支付赔偿金。如果你侵犯了别人的权利，你有责任支付赔偿金。如果你违反了合同，除非承诺的事情实现了，否则你有义务支付赔偿金，这就是所有差异之所在。"

"这可能在起初就承认，所有这些定义都能被进一步阐发或改进。需要注意的重要一点是，它完全背离了古典法学中定义事物的方式。霍姆斯对传统逻辑持敌对态度，他在法律概念的分析中已触及到了新现实主义逻辑的根源。他完全放弃了主谓结构的逻辑形式，而是采用了一种关系逻辑。他并未试图展示，一个法律实体在何种程度上具有一定的固有特性。他到处都在尝试主张：如果一个人真是属于一定的法定事实构成，那么这个人将会赋予与事实构成相连接的一定法律后果。不是把法律概念作为一种本质上必然蕴含某种固有特性的物质。我们这里有一种逻辑，视法律概念为纯粹的真正关系的路标，而此关系存在于前件与后件之间，并且，作为一位新现实主义者——霍姆斯曾恰当地指出，所有的路标必须紧随时代，保持指向的清晰与真实。总之，通过将法律逻辑从主谓形式转换到因果性形式，霍姆斯事实上创造了一个作为归纳科学的法律。对于前因和后果来说，需要被证明并实证性确立。"

总之，霍姆斯以及应该算上的霍菲尔德[①]，他们在实证方面即就司法裁判而言，为每一法律概念的重新定义都已提供了逻辑的依据。由超自然法实体的幽灵世界授权给法院断案的道德责任消失了，我们看到法律概念被定位为司法行为的模式，而行为会影响到人的生活使之更好或是更坏，因而行为要受到道德评判。有的人对于法律科学中的功能方法可能会有说辞，恰如罗素所说的在当代哲学中的方法，"我们这里的程序正是类似于那些从数学哲学中冲走的无用怪物，而这些形而上学式的怪物曾常常出没于动物园中"。[②]

（四）研究的重新定位

我们往往不是通过询问"为什么要为基础理论作辩护?"，而是通过分析"基础理论提出了什么样的基本问题?"，以此更容易地区分出一种思想学派。

由于未能认识到法律是一个广阔的领域，在这个领域内不同的学生对不同的问题感兴趣，这使得每一个法律思想学派依据职权（Ex Officio）来对抗其他学派，从而产生了糟糕的效果。依据曾任哈佛大学法学院院长庞德的分类，学派被分成相互排斥的"分析的""历史的""哲学的"和"社会学的"等种类，以及涉及到太多的学派分支。[③] 他对以下观念给予了很高的评价：全新的法学学派必须能对所有存在的学派产生一种革命性的挑战。在法律中把"功能主义"作为所有其他"主义"的替代品，那将是一件很不幸的事。相反，我们必须将法律中的功能主义作为人类学、经济学和其他领域的"主义"，并且作为一种呼吁，去研究被其他科学的调查方法所忽视的问题。

一般来说，当一个人面临一个奇怪的事实，并试图去理解它时，他可以从以下四种进路

---

① 参见 Hohfeld，Fundamental Legal Conceptions（1919）。

② 前引罗素所著的《神秘主义和逻辑》。

③ 参见 Pound，Outlines of Lectures on Jurisprudence（4th ed. 1928）c. 1。

进行探究。

首先,我们的调查人员把事实进行分类,或者在事实上贴上一个任意的标签,或者通过辨别事实去阐释与其相关的其他事实的重要异同。

其次,你可以寻求发现事实的起源问题,并追溯其历史的先例。

第三,你可以探究现存事实的本质,并努力通过逻辑的分析,把它分解成简单的元素。

第四种可能的进路,旨在通过已给定的数学、物理或社会的背景下,确定事实的影响或后果,以试图发现其意义之所在。

正是依赖最后的进路,"功能"术语才得以被应用。显然,这不是唯一收集有用信息的进路,同样很明显,它在很大程度上依靠分类或分类调查、遗传或历史研究以及分析查询的结果。最后,必须指出的是,功能的方法并不是最近的一项发明。柏拉图试图通过评估一个公正国家的活动来定义"正义"①,与亚里士多德作为生命体行为方式②的灵魂观念一样,都是功能分析的杰出例证。同样如此,休谟在继承统一性方面的因果关系分析,以及伯克利关于外观的实体分析,都是在自然的措辞下重新定义超自然概念的重大尝试③,他们以用愤世嫉俗的讽刺来洗涤思想(借用霍姆斯暗示的话)。④

如果功能分析在法律中看起来还算新奇,其成因可能要溯及一般法律科学的落后,此乃无法被新口号消除的社会因素的产物。

伴随着反对这种观念的警告,即功能方法作为一种新的知识发明,它能解决所有法律问题(或人类学的、经济学的或者任何其他科学),为此,我们可以转向一种有意义的质问:"功能方法将会为科学研究提供什么样的新方向?"

若想在法学领域中试图回答以上问题,那也许我们也能在其他社会科学中发现暗示解答此问题的先例。

譬如,在应用于宗教的研究中,功能方法已意味着研究重点的转移,它远离宗教信仰的系统化比较尝试,并远离对宗教起源与演化的关注,而转向依据人类动机与社会结构对多样性宗教信仰的后果进行研究。突出这一研究重点的杰出例子有韦伯与托尼关于新教对现代资本主义发展的影响之研究⑤,以及詹姆斯所写的有关各种宗教信仰的个体心理意义之论文。⑥ 功能方法拷问着每一宗教信条或仪式:它是如何运作的? 是如何服务于有个性的人的生活,并通过特定途径阻止行为与表达,准许可接受的行为模式;产生或减轻某些情绪性压力,以促进社会的团结;通过赋予凡人死后的愿景、思想与成就以生命,以此为文化积累奠

① Plato, Republic.

② Aristotle, De Anima, I, 1; II, 1.

③ 参见 James, Pragmatism (1908):"绝没有新的实用方法。苏格拉底擅长运用它。亚里士多德也有条理地使用它。洛克、伯克利和休谟为达致真理,他们通过方法作出了重大贡献"(第 50 页)。又见 James, The Pragmatic Method (1904) 1 JOUR. of Philosophy 673。

④ "……义务概念的模糊范围是如何廓清的,同时,当我们用审慎怀疑的态度对待这一概念,排除我们的研究客体即法的运作之外的其他一切,这一概念又是如何更加精确的。"参见 Holmes, The Path of the Law(1897) 10 Harv. L. Rev. 457, 462。

⑤ Max Weber, The Protestant Ethic and the Spirit of Capitalism(英译者帕森斯,1930 年版); R. H. Tawney, Religion and the Rise of Capitalism (1926).

⑥ James, The Varieties of Religious Experience (1902).

定基础?[①] 宗教教义的意义并不存在于神学命题的系统中,而是存在于人类行为模式中。功能的方法要求客观描述这种行为,宗教信仰的经验意义正是在描述中得到体现。就这样,功能的方法在物理学中捕捉到了物理学家在实践操作过程中的物理概念之意义性,而不是在神学或形而上学的解释时,物理学家才把功能方法放于他们自身活动之中。正是同样方法在法官、警长和当事人实际行为中得到应用,这才揭示出法律原则的意义,而不是法官、警长和当事人"应该"去遵循传统描述的原则。

在人类学中,功能方法代表了一种远离两种研究类型的运动:一种是人类特点的显著型分类与幼稚型报告;另一种为更复杂地尝试探索历史起源、演化和"复合体"的传播。那些已接受了功能方法的人(并不是所有的人都援引"功能"一词),主要是一直关注于追踪多样习俗、信仰、仪式、社会安排以及人类行为模式的社会后果。该方法引导了肥沃领域的开拓,而这些领域恰恰在早期被大多数研究人员所忽略。在原始艺术的研究中,新的焦点已带进有关工匠动机与目的问题的前景研究,并深入到个性化或社交力的艺术意义中,从而引发出物质、技术及社会需求间相互作用的整个问题。[②] 原始社会组织的研究越来越达到解决作为社会决定因素的家庭、家族及部落组织问题的功能意义,这些因素存在于生产、分配和财产使用,以及教育、宗教、比赛、性和友谊等的非经济性人际关系之中。[③] 在原始法律的研究中,功能方法提出了服从与这些刺激措施的效用、执法技术之间的竞争关系,以及法律制裁与其他社会力量之间的补充关系等先前的激励问题。[④] 现代政治学的一个特点就是功能方法的类似运用,其中联合当代思想最为多样的学派来反抗古典的超自然的主权概念,是彼此达成共识的一点。对此,典型的陈述如下:

"依存于体制中的我们,仅仅意味着集体的行为模式,这些模式在社区中上演着社会生活的无数次活动……社会通过集体政治行为取得了一定的成效。它所使用的手段,我们称之为法院、立法机构、委员会、选民、行政机构的行为模式。在国家里我们共同理想化这些机构并把它们人格化,但这种理想只是纯粹的幻想。国家作为法律化或理想化的人才是真正的虚构。对于政府机构来说,它真的只是作为集体名称而已。"[⑤]

在功能方法的影响下,政治理论不再是单纯的形式科学,而是越来越多地成为处理心理动机与通过政治手段而起作用的技术力量。

在经济学中,我们已目睹了此研究的类似转变,即从经济"规范"的分类或系统分析到人与国家实际经济行为的研究。维布伦的古典经济学理论控诉到,如果我们只是替代术语

---

① 参见 Kaplan, Judaism as a Civilization (1934), c. 26("功能方法的解释"); Elwang, The Social Function of Religious Belief(密苏里州大学研究中心,社会科学系列,1908 年卷 2,1 号);Foster, The Function of Religion in Man's Struggle for Existence (1909)。

② 参见 Boas, Primitive Art (1927)。

③ 参见 Boas, The Social Organization and the Secret Societies of the Kwakiutl Indians (1895)"美国国家博物馆报告"第 315 项;Malinowski, The Family among the Australian Aborigines (1913); Lowie, Primitive Society (1920); Goldenweiser. History, Psychology and Culture (1933) 第三部分("图腾崇拜");W. C. McKern, Functional Families of the Patwin (美国加州大学公共服务中心,《考古学与民族学》,第 13 卷 7 号)。

④ 参见 Malinowski, Crime and Custom in Savage Society (1926); Hogbin, Law and Order in Polynesia (1934)。在他的后卷介绍中,马林诺夫斯基写道:"最重要的是,现代人类学集中关注于,什么是现在通常称为习惯、信仰或制度的功能。我们的意思是,在总体方案中文化的任一因素通过这一功能所发挥的作用。"

⑤ W. J. Shepard, Democracy in Transition (1935) 29 AM. POL. SCI. Rev. 1; 参见 H. J. Laski, Grammar of Politics (1929 年第 2 版);W. Y. Elliott, The Pragmatic Revolt in Politics (1928)。

“经济的”与“经济学家”以及“法律的”和“法学家”，那么就可以一字不差地应用于经典法学中：

“古典经济学家从他们更高的或明确的综合概括角度看，认为这不能不适当地被称为正式充分性的立场……实际上，这种偏见把事情归因于一种趋势的显现，即受时间指引的常识接受了适当的或值得的人类最终的目标……并把这种行为的理想当作真理的准则……”

“在他们的说教使用中以及对于省力的机制来说，隐喻都是有效的，比起用户设计出来的更为有效。通过他们的使用，理论家激活了‘沉睡’的嘱咐，使自身从以下难以捉摸的因果序列的顺序中走出来……所达成的方案可从精神上约束预期行为……过程的特性并不适于他们根据方案来做解释，由于受到干扰的原因，它出现了异常的情况。所有这些机构或武装力量有原因地起着作用，但却在经济生活过程中被巧妙避免了。该方法的结果，最好的是，大量的逻辑一致的命题关注于事物的正常关系——一种经济分类的系统。”①

同样的“仪式妥善性立场”在某种程度上已反映出古典法学家作品的特点，比如法学大师比尔、威利斯顿，甚至包括威格莫尔。相比他们，古典经济学家更容易避免“因果序列中难以捉摸的顺序”，原则构想为“从精神上约束预期行为的现象”，从法律世界的残酷事实上转移他们的注意力——在每次洗礼中，人类动机、法官的社会偏见以及先例都会得到伸展或收缩，陪审团的计算以及立法的事实——也都会从法律批判任务中转移掉注意力。②

我想古典法学家的时代已结束了。由美国法律研究所创制的“法律重述”，是最后旷日持久的垂死传统的喘息。③ 更聪明的年轻教师和学生对“重述”法律神学的教条不感兴趣。当然，在未来的岁月中，也将会有古典法学家的模仿者和追随者。但我认为未来真正的创造性法律思想家不会以威利斯顿、威格莫尔和他们同类大师的方式，把自己致力于法律概念的分类，以及辅以“正确”的案例，对“正义”与“理性”原则进行系统的阐明。创造性法律思想将越来越多地看到“正确”案例“标致打扮”背后司法行为的实际事实，将会在司法行为的科学描述和预测中增加统计方法的使用，将会更多的寻求描绘司法裁决隐藏的源泉以及权衡被法官代表的社会力量。我认为创造性法律思想至关重要的一方面，就是你将更多的看到传统公认的“正义”与“理性”原则背后，它会从伦理层面来评价社会价值，而这恰好处于两个先例任意选择中的紧要关头。

“社会政策”将不再作为法律论证中紧急要素来理解，而是作为引力场，它会对任何规则或先例给出权重，无论是在宪法、商标法中，还是在法律程序的大多数技术细节中。

这隐含在法律研究之路的转变中，为此，法律学子对知识的需求也发生了改变。对于学生来说，试图理解控制司法行为背后的社会力量，仅熟悉过去司法意见的语词与法律概念操

① Veblen, Why is Economics not an Evolutionary Science? In The Place of Science in Modern Civilization (1919) 56, 65-67.

② 这不是说要否认法律学者在澄清司法原则的逻辑意义与冲突方面的出色表现。这种分析是有用的，但它却不是法律科学的全部与实质。参见 F. S. Cohen, Ethical Systems and Legal Ideals (1933) 235-237。

③ 参见 M. Franklin, The Historic Function of the American Law Institute: Restatement as Transitional to Codification (1934) 47 Harv. L. Rev. 1367；并见 Patterson, The Restatement of the Law of Contracts (1933) 33 Columbia Law Rev. 397; E. S. Robinson, Law—An Unscientific Science (1935) 44 YALE L. J. 235, 261。

作的技能是远远不够的，而对于试图使用这些力量的律师来说，同样如此。[①]

在“独立”的法律科学中，我们法学院的所得利益被我们知识的每一次进步暗中破坏了，而这种知识就存在于司法裁决的社会起因与结果之中。在法学院意识到这种进步时，它变成了自由裁量权的一部分，以致于法学院承认法律科学必然涉及到心理学、经济学和政治学中的理论。在我们更先进的法学院开设的课程中，大多已开始谨慎地探讨心理学说如何嵌入我们的证据规则里，和社会学理论在刑法中的假设，以及经济学假设如何嵌入宪法学说中，再以及心理、社会与经济的事实如何赋予在这些法律领域中的规则和决定以力量与意义。采取的第一步有些笨拙，这引起了来自不同性情批评家的同情般的微笑或大笑声。但它将继续走下去。

对于律师来说，不亚于法律学者，其对资料的处理至今仍被认为是越来越重要的“非法”假设。法院不保护这种非法的资料，它把证据法的禁忌放于事实和论证之上，并揭示出法律主张或判例的功能性社会意义，最终它将发现社会有其他机关——各种立法机关、立法委员会以及行政委员会，愿意以简单的方式处理统计的和描述的资料，而这是一个过于挑剔的司法蔑视。

三、功能方法在法律中的运用

如果我们考虑功能方法在以下四个传统法律问题上的关联，那此方法在法律领域中的意义就会被澄清：(1) 法律的定义；(2) 法律规则与概念的本质；(3) 法律决策理论；(4) 法律批判主义。

（一）法律的定义

美国法学中功能分析的起点可在霍姆斯大法官的法律定义中发现，即为“预测法院实际上会做什么”。在《法律之道》一文中[②]，这种现实的法律概念第一次被清晰地阐述：

“如果你只想知道法律而非其他什么，你必得将人当作一个只在乎法律知识允其得以预测之物质后果的坏人，而非一个好人，其秉依冥冥中良心制裁的训谕，懂得自己行为的理由，不论其为法律或非法律的理由……不妨想一想一个基本问题：什么是法？君将发现，有些论著的作者会告诉你，法乃一种不同于麻省或英国法庭判决之物事，是一套理性分析系统，不言而喻的公理或伦理原则的演绎结论，或者，因此公理并未获得广泛接受，其与法庭的判决或许一致无悖，或许扞格不入。但是，设若我们与吾辈之友，那个坏蛋，英雄所见略同，则吾人将会发现，此君并不在乎公理或演绎的杂什，毋宁，其确乎欲知者不过麻省或英国法庭实际上可能会做什么。在此，鄙人与那厮甚感心心相印。卑意所谓法律者，即此法庭实际上将会做出什么之预言也，而绝非什么矫饰浮夸之辞。”[③]

很多徒劳的争论起因于试图表明法律的这种界定，即法院事实上决定案件的方式是真

① 对于法学教育来说，功能方法的影响可详细追溯到凯泽林，Social Objectives in Legal Education (1933) 33 Columbia Law Rev. 437。

② Holmes, Path of the Law (1897) 10 Harv. L. Rev. 457, 459-461; Collected Legal Papers (1921) p. 167, 171-173. 霍姆斯之后，C. J. 凯泽给出了一个更精确的定义，On the Study of Legal Science (1929) 38 YALE L. J. 413。

③ 此处翻译参照许章润译，译文载《环球法律评论》2001 年秋季号——译者注。

的还是假的。[①] 关于法律定义或者有用或者无用。任何超越新年的决议或保险政策，不是真的就是假的。定义实际上是防备特定风险混乱的一种保险类型。它无法超越一个能消除所有风险的商业保险政策。绝对确定的是，生活如同陌生的语言一样，不存在最终的预防保险公司破产的措施。并且，对于定义来说总是带有自己模糊的边缘。然而定义有时也是有用的：如果它能够确保防控风险的话，比起它本身包含的内容来说则更为重要。

"法院做什么"并非完全没有歧义。关于法院是什么的问题存在争论的空间。比如，州际商务委员会或海牙法庭或特苏基普韦布洛委员会是否为法院，以及法官行使超越政府执行机构的权力，是否被承认为法院的行为。从事实上大多数司法行为作为言语的这一视角来看，甚至可能会对法院做什么与法院说什么之间的区分界限都有分歧。但是，在霍姆斯的法律定义中这些来源的模糊性是容易补救的，它发生在边缘地带，而不是在核心区域。因此，混乱来源的危险远低于内在于法律经典定义中的基本模糊性，而这种模糊性涉及到实然与应然之间的混淆。

传统的混淆对现实主义法学而言是一种抗议，其例证是布莱克斯通的经典法律定义，他把法律作为"一种民事行为的规则，由国家最高权力机关制定，它命令什么是正确的，并禁止什么是错误的"。[②]

在这个定义中，我们试图统一两种互不兼容的思想，而这种努力置于英国法学传统中，就与霍布斯和柯克的名字紧密相连。

霍布斯作为现实主义法学的鼻祖，在法律中早已看到实体的命令。他认为，对于私人个体来说，存在强制他们的力量。在自然状态下，是一切人反对一切人的战争。为了实现和平与安全，每个人放弃了他的自由与权力的部分，从而组成集体权力的命令，这便是国家，并构成了法律。

霍布斯的法律理论在体面的市民中非常不受欢迎，但我却大胆地认为，大多数针对它的批判，在过去的两个半世纪中，都是基于对他本人所理解的自然状态的一种误解。据我所知，霍布斯从未把自然状态看作是一种实际的历史时代，最后人们走到一起并签订了社会契约。自然状态只是分析中的一个阶段，而不是一个历史的阶段。当今它存在着，并在人类活动的各个领域，以较多或较少的程度一直存续下去。在某种程度上，任何社会关系都已不受政府的控制，这也就展示了霍布斯所说的自然状态。

在当今的国际关系中，至少在某种程度上，国家间并没有通过契约建立国际联盟或万国

① 这种争论的例子参见 Dickinson，Legal Rules：Their Function in the Process of Decision（1931）79 U. of PA. Law Rev. 833；H. Kantorowicz，Some Rationalism about Realism（1934）43 YALE L. J. 1240；Frank，Law and the Modern Mind（1930）127-128。狄金森试图驳斥现实主义法律定义的恶性循环，对此我在其他地方已有分析。参见 F. S. Cohen，Ethical System and Legal Ideals（1933）12，n. 16。康特洛维茨重复同样的论点，强调依据法院决策给法律下定义是"把车放在马之前"（指本末倒置——译者注），正如依据医生的行为给医学下定义一样荒谬。虽机智但这种对比是不恰当的：把法律科学定义为法官行为的描述，其正确类比乃是把医学科学定义为某些寄生虫的行为描述，等等。康特洛维茨不加批判地接受了形而上的假设：定义是从更一般到不一般的单向通道。但现代逻辑已证明这种假设的空洞。为特定目的而从功能线索这一点来定义是很有用的。对于其他目的而言，从功能点来定义的线路也是有用的。恰如其他方式一样，根据法院来定义法律是符合逻辑的。选择是便利之事，而不是逻辑或真理的事。

同样的形而上谬论削弱了弗兰克相反的论证，即"主要的"现实是特殊具体的，因此法律定义必定依据实际的判决。在现代逻辑之眼中，世界包含着的事物与关系，不可要求一个高级的现实。一人凭借具体事实或一般原则就能开始战斗或科学探究。

② BL. COMM. * 44.

邮政联盟等这种国际政府的基本机构，来有效地交出它们手中的权力，但实际上这是一种自然状态和一切人反对一切人的战争。对于这场战争，霍布斯坚持认为，在它实际爆发之前，一直潜在地存在着。当今不仅在国际关系中，而且在劳资关系中我们确实发现了一切人反对一切人的战争，政府控制的地区并没有扩展，有的已撤出——如果它曾存在的话。

仲裁合同、国际条约、工业“章程”、公司合并或者集体劳动协议都会涉及到相互妥协和权力授权，而这些会介入到政府建立中，并会适用到新法律规则与新的执法机构的运作中。政府的存在并不是一劳永逸的。今天政府在许多社会地区出现，并且人们发现它出现在内在于自然状态的无法忍受的冲突中。通过程序创建的政府及其制定的命令，是一种人类谈判的过程，它基于双方的同意并权衡冲突个体或团体间的相对权力。

一切法律概念的界定，都不会诉诸于理性或者良善。对法律命令的服从不是因为它具有良善或正义或理性，而是因为它背后的权力。而这种权力确实在真正程度上依赖于一定法律理念价值的普遍信仰，它在今天依然如此，正如霍布斯在他的《普通法上的对话》中所说的，“在政府问题上，当没有别的出现时，社团就是王牌”①。

柯克提出的著名理论，完全不同于现实主义的法律概念，他认为法律只是理性的完善。② 这一概念在美国宪政史上具有相当大的力量，它首先为人民革命反对英国人违反“自然法”与“自然权利”的专制而提供基础，并提供更多的司法依据，来否定法官认为“不合理的”法规的合法性。否定以自然法或正义观念作为标准来判断统治者立法、行政、司法等行为的重要性，这是非常荒谬的。然而，很明显法律概念的有效性存在于价值观的领域中，而这与社会现状的境界不完全相同。

对法律经典概念造成侵扰的混乱与模糊，由布莱克斯通构想出来并被大多数现代法律学者隐式地接受，而这种混乱与模糊起因于试图把两个不一致的想法糅合在一起。布莱克斯通实际上在试图添加一张由心软的伪君子所绘制的法律图画，柯克则让坚强的讽世者来执行图画，霍布斯则奉献给我们一张合成的照片。法律对于布莱克斯通来说就是“一种民事行为的规则，由国家最高权力机关制定（霍布斯语），它命令什么是正确的，并禁止什么是错误的（柯克语）”。③ 把这两种观念糅合在一起，我们就找到了困惑的丰富根源。其实，自布莱克斯通以来，很多重要的法律学者就已发现了经典概念在法律论战中的实用性，就像乌贼喷出墨汁来麻痹敌害一样有用。

坚持布莱克斯通式法律定义的理论家们努力达致法律理论的核心内容，而不必担心遭到反驳。如果立法机构或法院不同意给定的理论，这一简单的事实就表明，这种异议是不公正的、不合理的及荒谬的，因此，就不能称为“良好的法律”。另一方面，入侵的道德家对法律原则采取反对的立场，但这种立场是不公正或不受欢迎的，他被告知“还是返回他自身的道德境界吧”，因为法律毕竟是主权者的命令，而不是道德理论的问题。可能布莱克斯通理论的主要效用是钳制对法律批评的言论。显然，如果法律是命令什么是正确的以及禁止什么是错误的，那么任何关于法律善恶的争论都是不可能的。对于法律辩护者为维护社会的现

① Hobbes, Dialogue between a Philosopher and a Student of the Common Laws of England (1681),“论刑罚”。

② Co. LITT. * 976.

③ 这里定义的“正确”与“错误”是在伦理学意义上使用的，而不是严格的法学用语，这些术语在布莱克斯通的英格兰法释义中得到了澄清。COMM. * 54-55。

存秩序而言，阻碍人们对法律定义的任何批判，是非常有用的。

现代权威的法律推理则宣称，“因此，造法的所有事情同时具有合法的伦理性，因为它是法律，而且，必须放弃法律必为伦理或者系统本身”①。

（二）法律规则与概念的本质

如果功能主义者是正确的，那么定义的意义可从它的后果中发现。对一般术语的定义如“法律”是重要的，只因为它影响了我们对所有具体法律概念的界定。

若把定义法律的结果作为具体司法裁决的一项功能，那我们可以继续将这样的法律概念定义为“合同”“所有权”“主体”“法人人格”“权利”和“义务”等，这类似于作为具体司法裁决的功能。

若把定义法律概念作为政治力量与道德价值大杂烩的结果，那每一个法律概念、规则或问题都将会有相似的模糊不清之处。

思考一个基本的法律问题：“存在合同吗？”

当一个现实主义者问这个问题时，他所关心的是法院的实际行为。对于现实主义者而言，合同关系，像一般法律中的其他关系一样，是一种司法裁决的功能，这与法院应该做什么的问题不相关，只要具有法律强制力的承诺就可达成协议。所以“存在合同吗？”这个问题的任何构思回答，必须像其他预言一样，以过去与现在的事实为基础，具有预言的性质。因此，“存在合同吗？”或者其他任何类似的法律问题，都可以分解成许多次要的问题，每一个问题都会涉及到法院的实际行为：(1) 什么样的法院可能会根据构成事实和法律后果作出裁判？(2) 事实中的什么因素被这些法院认为是相关的和重要的？(3) 这些法院如何处理与构成事实相似的案件事实，也就是说，对于这些相同的情况，法院都会认为是重要的吗？(4) 是什么样的力量(例如惯性，保守主义，过去的知识或者足以获取这种知识的智慧，对审理案件的前任法官、上级或同事的尊重，对律师界或公众既定预期的服从习惯)促使法官遵行恰当的司法先例，以及这些力量有多么强大？(5)哪些因素会引发法官对事实问题有新的司法处理(比如公众舆论的改变、法官的个性和偏见、新的法律理论的接受、社会或经济的、或者案件社会环境的变化)，以及这些因素有多大的力量？

以上这些问题都是成功的执业律师在每一案件中所要面对和回答的。对现实主义律师来说，他们所使用的法律术语就是这些问题的答案。预测任务包含本身，但不含道德价值的判断。当然，即使是最为愤世嫉俗的从业者也会认识到，在任何案件中法官实证存在的伦理信念都是作为材料事实，因为由它们来决定什么样的事实是法官所看重的，何种法律规则是合理的或不合理的，以及值得被扩展或限制的。但关于生命价值与社会理想的司法信仰，就像安达曼岛居民的宗教信仰一样都是事实，而执业律师对这种道德信仰，正如科学观察者一样，关于它到底是真还是假，则毫不关心。

每一个被冷嘲热讽冲刷过的法律问题，都可被解释为关于法官实证行为的问题。

我们还可以给出一个具有根本不同意义类型的问题，即“合同存在吗？”。当法官在他写的判决意见中提出了这个问题，那他并不是在尝试预测自己的行为。实际上他以一种不起眼的方式提出这个问题：是否应有责任附着在一定行为之上呢？这必然是一个道德问题。

① Brumbaugh, Legal Reasoning and Briefing (1917), 7.

在给定的情况下，法官应该做什么就相当于“星期天学派”（Sunday School）提出的传统的道德问题。①

对于那些仍用超凡脱俗的语词来构想道德准则的人来说，很难认识到每种情况都已向法院提出了道德问题。但这个观念对于那些用世俗的术语思考道德性的人来说，并不可怕。因此所构想的道德极其关心作为人类期望的事实，这些事实奠基于过去裁判、经济交易的稳定性甚至秩序维护以及法律体系简明性之上。如果道德价值观在人类行为的所有领域是固有的，那在不熟悉的社会环境中，法律现状的道德评价就无法体察到细腻良知的自然流露。先例的背景、实践与期望、法内与法外等，都围绕交易的给定类型而成长起来。

经典法律概念的巨大伤害隐藏于每个司法问题伦理品性之眼中，因而，它使得阶级偏见与不加批判的道德假设无法在自由伦理争辩的阳光下生存。

布莱克斯通半人半神式的法律概念为我们提供了一个合同里的神秘观念。当古典法学提出像威利斯顿所讲的问题“合同存在吗？”时，在他内心既没有执业律师面对的科学预测问题，也没有严谨的法官面临的价值观问题。如果他在心中有前一个问题，那他的研究无疑会揭示出法院实际在何种程度上执行各种类型的合同义务。② 他的结论与概率论和统计学方面有关。另一方面，如果威利斯顿教授对合同责任的伦理方面很感兴趣，那他无疑会提供一个人类价值观与社会成本的重要说明，而价值观与社会成本也会涉及到不同类型的协议以及它们的实施方法。然而，事实上威利斯顿的讨论将在法院实际做什么与法院应该做什么两种理论之间来回摇摆，它既不依赖于社会现状层面也不依赖于价值观层面，因而，这就需要足够长的时间才能解决重大问题。这种在现实世界与正义世界之间的迷茫徘徊会削弱损害所有的争论与分析。

智识的明确性要求我们仔细区分以下两个问题：(1) 客观的描述；(2) 批判性判断。古典法学将这两个问题置于相同的话语之下。现实主义法学对以上两个问题的区分提供了双轨制命题：(1) 每一法律规则或概念只是司法裁判的一种功能，而与所有的价值问题无关；(2) 法官的问题不在于是否有法律规则或概念的实际存在，而在于是否它应该存在。明晰双轨制命题的是后果。它使法律事实的描述更加客观，并使法律的批判变得更加重要。

当现实主义的律师试图去发现法院实际上如何处理特定境况时，他将寻求超越自己的道德偏见，并放弃他所查询的法律学者专著中的道德偏见。

教科书的现实主义作者不会一厢情愿地让想法弄混他对司法行为的描述，如果他对此司法决策或决策思路表示反感，他会控制自己不去说，“这不可能是法律，因为它与良好的原则相悖，”而是说，“这是法律，但我不喜欢它”或者，更有用的是，“这种规则会导致不受社会欢迎的后果，其原因如下……”。

作为现实主义的倡导者，如果他继续在不切实际的法庭上使用仪式性的语言，那他至少不会被自己的话所骗：他将使用他的“行话”引导出良好的司法态度，同时面向错误的方式，

① 参见 F. S. Cohen, Modern Ethics and the Law (1934) 4 Brooklyn L. Rev. 33。有关“星期天学派道德观”的观念。

② 无视案件实际事实的法律传统是如此神圣，以致于著名法学家古德哈特教授严肃地争辩到，被一些美国法律图书馆采用的做法，放在记录案例的文件中，这是非常危险的事情。学生可能在案件正式判决理由上分散注意力，并试图去发现案件事实是什么，这将是对传统法学的致命打击。参见 Goodhart, Determining Ratio Decidendi of a Case (1930) 40 YALE L. J. 161, 172。

从先例和事实中分散当事人的注意力(正如专业的魔术师用他的“行话”,从特定事实中来分散观众的注意力)。现实主义的倡导者认识到概念论证的循环,他将设法引入法院之前支持的人类价值的理由,因为证据的规则经常成为绊脚石;他必将通过“简明社会学”到“司法认知”的技法把材料引入到司法关注中来,通过先例背景与后果的讨论,以及可采纳证据上的详尽阐述与解释,甚至通过在案件或论据总和中的提取,来进行政治演讲或经济学讲座。

现实主义法官最终不会通过公司、共谋、产权、权利、合同、近因或司法裁决本身的其他衍生品等的存在与否,来支撑循环论证后的裁判,因为这样会欺骗自己或其他人。相反,他会坦率地评估在每一争论中因反对所带来的冲突的人类价值,评价每个索赔上诉先例的社会重要性,开放法庭的所有证据以将光芒带到社会精细调整的实际任务中来,并将随机应变者——律师的唯一技能交付给耶林的法学概念天国。

(三)法律决策理论

对功能方法的使用并未使“现实主义法学”精疲力竭。目前运用的“现实主义法学”[①],是一种关于法律本质的理论,确切地说,是关于法律规则、法律概念及法律问题等本质的理论。法律定义的实质作为司法决策的功能,这个定义在法律科学发展中起到巨大作用,因为它能够使我们消除笼罩在法律秩序上的迷雾,并用客观科学的术语处理法律秩序中的元素。但这种定义及说明只是法律科学生活中的初步阶段。当我们已把法律规则与法律概念分析为决策的模式时,它就变为了相关的追问,“司法决策的构成是什么?”。

如果我们把法律规则与概念构想为司法决策的功能,那么对这种分析的目的来说,就很容易想得到这些是作为困难与简单事实的决策。就像每一物理对象可以分析为正负电子的复合体一样,每一法律制度、法律规则或概念也可以分析为原告与被告决策的复合体。但是简单是相对于分析水平来说的。对于化学家,原子是最小的分析粒子,然而,物理学家无法以原子甚或电子来停止分析的过程。对科学信仰来说这将是一种异端,因为它赋予了最终简单性并永久免于进一步地分析。不幸的是,现实主义法学的某些拥护者,在使用功能方法把规则、概念分解为微小的决策后,却拒绝去做任何进一步的过程解析。他们愿意把决策看成是简单的司法直觉或难以消化而无法分析的产物。

法律的“预感”理论[②],通过扩大司法行为中的个人因素与偶然因素,来隐式地否定可预测的社会决定、支配司法决策过程的显著相关性。那些推进这种理论的人,确实有助于展示实际法律中大范围的不确定性。但实际经验确实揭示了法院行为中可预测一致性的重要地位。法律既不是大量无关的决定也不是司法抱怨的产物。法官也是人,但他们是拥有特殊品质的人,在政府强有力的管制制度下进行类型选择并服务。他们的行为只在为上诉、重审、控告及立法提供体系规则时才是“司法的”。这种决策在遭遇侵蚀后而变得“特殊”——除非它象征一种新的社会力量的突出表现形式,在这种情况下,它很快就不再是“特殊”的

---

① 参见 K. N. Llewellyn, A Realistic Jurisprudence—The Next Step (1930) 30 Columbia Law Rev. 431; Pound, The Call for a Realist Jurisprudence (1931) 44 Harv. L. Rev. 697; Llewellyn, Some Realism about Realism: Responding to Dean Pound (1931) 44 Harv. L. Rev. 1222。

② 参见 Hutcheson, The Judgntent Intuitive: The Function of the “Hunch”in Judicial Decisions (1929) 14 CORN. L. Q. 274; Hutcheson, Lawyer's Law and the Little, Small Dice (1932) 7 Tulane L. Rev. 1; Frank, Law and the Modern Mind (1930) c. 12-13; T. Schroeder, The Psychologic Study of Judicial Opinions (1918) 6 Calif L. Rev. 89。

了。依据法官判例研究的持续影响,来分析司法的“预感”是更有用的,比起严格的生理术语,要更多关注法官与同事的谈话、法官阅读报纸以及法官对大学课程的回忆。

真正的现实主义司法决策理论所构想的每一决定必须超越个性的表达,与此同时,更重要的是一种社会力量的作用,也就是说,作为社会决定因素的产品和社会后果的指示标记。司法决策是一种社会事件。像联邦法令的颁布或配备无线电警车一样,司法决策就处于社会力量的交叉点上:起作用的是决策背后的社会力量,它为决策提供了一种合成的动力与方向,超越决策的是受到社会力量影响的人类活动。当决策在目前仅被简单描绘呈现时,它并无显著的社会维度。只有通过探索决策背后反映出的力量,或者展现决策之外的施加于未来的轨迹,我们才能深刻理解决策本身的含义。任何决策中“多数意见”与“附带意见”之间的区别既不是通过见解的逻辑检查所发现,也不是通过案件事实的历史调查所发现。[①] 这种区别涉及到我们的权衡预测,即法院将给出描绘决策的未来引证。这并不是一个纯粹的逻辑问题,而是人类心理学、经济学和政治学的问题。

司法决策的意义是什么,用一句话总结,“为原告作出判决吗?”很显然,决策的意义,即使是当事人直接参与的情况下,都依赖于官方行为特定预期的一致性。例如,一个司法官或随行的官员将以这样或那样的方式执行决定,在一段时间内,法官给出的决定在同一法院或其他法院会受到尊重或遵行,并且在上诉的案件中特定的程序也将受到遵行,等等。当我们超越实际仅仅是在私人意义上的决定时,我们就处在新的预测状态中,此时在有关某些方面相似的其他案件,或者可能在拥有管辖权的相同法院或其他法院中,就会受到同等的对待。除了在这种预测的背景中,司法决策的声明只是一种噪音。如果这种可靠的预测不能被合理地做出,正如杰罗姆·弗兰克有时讲的那样[②],那么所有的法律决策都变成了纯粹的噪音,对于科学来说,没有比先验法学的神奇短语更好的材料了。

如果任何决策的理解必然涉及到我们的预言,那么(从而在历史上)法律概念作为完整系统的存在物,在任何给定的时刻都是虚假的。[③] 法律是一种社会过程,一种人类活动的复合体,并且适当的法学必须处理有因果关系、时间维度的人类活动。传统法学试图给出有关现有的和已完成的权利义务体系的瞬时快照。在这种系统内,没有时间过程,没有原因与结果,没有过去与未来。法律决策因此被理解为源于固定原则的逻辑推演。它的意义只有从逻辑后果的角度来表达。因此审视法律体系,它是远离世俗活动的纯粹几何学体系。事实上,法学作为代数是纯数学非常重要的一部分,除非它被理解为一种人类行为的研究——人类行为作为模具被司法决策所塑造。法律体系、原则、规则、制度、概念以及判决仅被理解为人类行为的功能。[④]

---

① 在史威尔确定个案裁判“真实”理由(古德哈特:《确定个案的裁判理由》,载《耶鲁法学杂志》1930 年第 40 卷第 161 页)的公式之后,古德哈特做了正统却徒劳无功的事。与此相比较,卢埃林通过在案件中支持或窄或宽范围命题的方式,作出了明智的描述。参见 The Bramble Bush (1930) 47, 61-66;又参见 Oliphant, A Return to Stare Decisis (1928) 6 AM. L. School Rev. 215, 217-218; F. S. Cohen, Ethical Systems and Legal Ideals (1933), 33-37。

② 参见 Frank, Law and the Modern Mind (1930), 7, 53, 104-111, 132-134。

③ 在这里,法律与其他社会制度或实体对象没有什么不同。请参照前引 C. I. 刘易斯的论著《心智与世界秩序》,第 5 章。

④ “就法律制度而言,——私有制,美国联邦政府,哥伦比亚大学,——它的存在就是来规定一群人以什么样的方式做什么样的事情。它表明人类行为的特别之处……但法律制度不仅仅是人在单一情形下的行为方式……一项法律制度反复适用于同类型的行为中。”参见前注 U. 穆尔《法律制度的理性基础》的引文。

这种法律科学的视角揭示出我们法律知识的空白，我认为，法律研究将对此给予越来越多的关注。

当形成的社会力量在塑造司法决策过程时，我们却仍处在猜测阶段并偶然性地搜集信息。我们知道，在一般情况下，占主导地位的经济力量在司法决策中扮演重要角色，法官通常在社会问题上反映出他们自己收入阶层的态度。一方面，他们的法律观点，在某种程度上被过去作为为特殊利益集团辩护的律师经验所形塑；另一方面，律师技能和口才的影响是一种积累的力量，慢慢地这种力量把法律锤炼成了那些最能提供法律技巧和口才之人所渴望的形式。① 我们知道，太多的法官是工匠，拥有审美的理想②，关心的是审美的判断，即法庭和法学院将判断他们笨拙的或熟练的、和谐的或不和谐的、异常的或满意的行动或理论；但我们在法律各个分支中，再无从发现审美偏见程度上的具体信息。我们知道，至少在这个国家中，法院是一种普遍保守的社会力量，并且它在社会机制中更像制动器而不是发动机，但站在社会工程的立场上，我们没有对政府的司法、立法、行政机关作出科学事实的比较。具体来说，我们知道某某法官先前是一位非工会行业的律师，他对劳动禁令有非常明确的想法；另一位曾经历不幸婚姻生活的法官，在离婚扶养费上是吝啬的；又有一位法官被某一政治性“老板”所“固定”；而一系列臭名昭著的绑架事件将会引发绑架案宣判的最大波动。这些知识对于执业律师、政府官员、社会改革家以及社会感到冷漠的学生等都是有用的。但我们拥有的知识稀少、贫乏，只可单独使用而不适用于集体。目前并未公开展示各个法官政治的、经济的、专业的背景及活动。这样的参考工作将会非常有价值，不但对想在富有同情心的法官面前提出诉求或听讼的执业律师来说有用，而且对法律不感兴趣的学生也同样如此。然而，这种司法指数并未公布，因为它是不值得尊重的。③ 根据经典理论，这些事情与法院裁决案件的方式无关。功能方法的机智批评认为这是一种归谬法(reductio ad absurdum)，未来法学院可能会探讨司法心理学，讲授贿赂的技巧，并培育研究生侦探能力④，但这其实还谈不上是一种归谬法(reductio ad absurdum)。当我们学习了更多关于法官如何思考、司法腐败的确切程度以及调查法律相关事实的技术时，我们对法律的理解才会极大的丰富。当然，这些知识可以用于不正当的目的，但同样不能说传统法律教育就散播了这些(用于不正当目的的)知识。

今天我们对塑造法律决策的激励力量知之甚少，甚至我们对这些决策的后果了解得更少，

① 对于这项研究已采取了有希望的第一步，参阅布鲁克斯·亚当斯的论著《不平等下的法律：在集中化和法律中的垄断》；Gustavus Myers, History of the Supreme Court (1912)；布丹：《依据司法的政府》(1932 年版)；Walter Nelles, Commonwealth v. Hunt (1932) 32 Columbia Law Rev. 1128; Nelles, The First American Labor Case (1931) 41 YALE L. J. 165；Max Lerner, The Supreme Court and American Capitalism (1933) 42 YALE L. J. 668; W. Hamilton, Judicial Tolerance of Farmers' Cooperatives (1929) 38 YALE L. J. 936；海恩斯：《法官决策对个人、政治、经济等效果影响的一般观察》；布朗：《警察权力——对于健康与个人安全的立法》；库什曼：《“第十四修正案”的社会与经济解释》。

② 参见 F. S, Cohen, Ethical Systems and Legal Ideals (1933), 56-61; Modern Ethics and the Law (1934) 4 Brooklyn L. Rev. 33, 48-50。

③ 弗兰克的报告(《法律与现代精神》，第 112—115 页)，在已中止的纽约治安法官多种决策的统计研究中，我们发现接受治疗的某些违法者存在着惊人差异。

④ Kantorowicz, Some Rationalism about Realism (1934) 43 YALE L. J. 1240.

我们甚至都不知道法律专著几乎只关心的上诉案件，实际上离初审法院遵行的有多远。[①] 这里我们再次看到，有经验的从业者可能积累了大量的实证信息，但对于刚从一流法学院毕业的年轻法官助理来说，甚至都没有意识到这一问题的存在。同样，对判决的实际执行问题几乎没有人进行批判性研究。有关各种法规实际上定期执行程度的讨论在争论理论中慢慢消失。通常想找出给定法规是否已得到执行几乎不可能，除非对执行不满而向上诉法院提出上诉。

当我们提倡超越官方行为的领域，去寻求发现特定法规或决策的社会后果时，我们找到了一些有前途的研究项目[②]，但几乎没有实际的研究成果。[③] 今天规范中包含的实际注解，显示了执法的程度与影响，将会冲击大多数令人可憎的律师。但对淫秽观念上的改变以及每次重大知识性革命，都提出了一旦变得模糊与不体面的突出现实问题。我们可以合理的预期，有一天甚至霍姆斯和卢埃林的冒失言行将变得明智审慎与受人尊敬。

（四）法律批判主义

功能的进路可能主要效命于澄清法律规则、概念，使逻辑化或形而上的制度更富有吸引人心的力量，并为法律的意识伦理批判创造空间。在传统法学中，我们发现批判主义所在地被先验废话的保护性幌子所掩盖："法律必须（或可能）是这样，因为合同、公司或其他人员的本质就要求如此"。功能的方法允许隐匿的伦理走出来。我们认识到法律规则只是用简单的公式来描述司法决策的一致性，同样，法律概念是司法决策的模式或功能，决策本身并不是预存的法律原则通过单向逻辑导致的产物，而是具有社会因果性的社会事件，然后，我们依据一些人类价值的标准，来为评价法律和法律制度等严肃的事情做好准备。

明确而客观描述司法行为的法律批判主义，其重要性及因果性越来越多的得到人们的认可。不那么容易得到认可的是，法律批判主义对客观法律科学的重要意义。

自边沁（Bentham）取得辉煌的成就之后，描述性法律科学在确定法律规则的后果方面几乎没有取得任何进展。[④] 按照现代对司法决策影响因素及社会背景研究的欣喜进展，可

---

① 约翰霍普金斯大学法学研究所打破了现代初审法院决策研究中的僵局。参见 Study of Civil Justice in New York (1931). 又见 Marshall, Study of Judicial Uaicial System of Maryland (1932); C. E. Clark, Fact Research in Law Administration (1928) 2 CONN. BAR J. 211; B. L. Shlientag and F. S. Cohen, Summary Judgments in the Supreme Court of New York (1932) 32 Columbia Law Rev. 825, and Works Cited Therein, Notes 6 and 7; Saxe, Summary Judgments in New York—A Statistical Study (1934) 19 CORN. L. Q. 237; B. L. Shientag, Summary Judgment (1935) 4 Fordham L. Rev. 186。

② 例如，Pound, The Scope and Purpose of Sociological Jurisprudence (1911-1912) 24 Harv. L. Rev. 591, 25 id. 140, 489; F. K. Beutel, Some Implications of Experimental Jurisprudentce (1934) 48 Harv. L. Rev. 169, 191-194。

③ 值得注意的例外是：Mccracken, Strike Injunctions in the New South (1931); Brissenden and Swayzee, The Use of the Labor Injunction in the New York Needle Trades (1929) 44 POL. SCI. Q. 548, (1930) 45 id. 87。除了这些直接对法律规则或决策影响的研究外，越来越多的文献关注于与法律有关的社会材料。这些作品的例子有：Pound and Frankfurter, Criminal Justice in Cleveland (1922); R. R. Powell and Looker, Decedents' Estates: Illumination from Probate and Tax Records (1930) 30 Columbia Law Rev. 919; Smith, Lilly and Dowling, Compensation for Automobile Accidents: A Symposium (1932) 32 Columbia Law Rev. 785; S. and E. T. Glueck, Predictability in the Administration of Criminal Justice (1929) 42 Harv. L. Rev. 297。

④ 下面是由康特洛维茨教授推荐的精神上的训练。让未转业的律师或法律学生以下面方式阅读法典："让他问自己关于每个语句……如果语句被制定替换为相反的语句，那社会活动将会遭受什么伤害。然后让他转向所有的教科书、评论、专著和决策报告，看看他会发现多少这类要回答的问题以及甚至是要提出的问题。"Rechtswissenschaft und Soziologie (1911) 8，引自 Pound, The Scope and Purpose of Sociological Jurisprudence (1911—1912), 25 Harv. L. Rev. 489, 513。

以要求对描述性法律科学这种学问的衰微做出解释了。

可能这种差距根据既定假设可解释为能够自动执行的法规与决策，因此法律或判断的后果，能被法规或决策本身的语言所清晰地指引，这样实际的研究就成为多余。可能这种学问的衰败可从私人律师在我国法律教育中的主导地位角度做出解释。私人律师对司法决策的原因很感兴趣，但对后果的兴趣可能止步于费用的支付。然而，我更倾向于在此指引下，探讨我们法律学问的衰败可归因于一个更根本的困境。确定给定法治后果的前景似乎是一个无限期的任务，而且确实是一个无限期的任务，除非我们用一些识别后果的标准来接近它，这才是重要的。现在重要性标准以价值为先决条件，而这正是现代思想家形成的“社会学”和“现实主义”学派所主张的，这在以前从未有过。庞德院长已谈了多年的利益“平衡”问题，但未曾说明何种利益更重要或者对于“利益”评价来说如何构建权衡或细化利益的标准。① 一般情况下，当代的“现实主义者”或者彻底否定绝对标准重要性的存在②，或者坚持认为，在我们开始评估它们之前，我们必须完全了解它们的事实本身。这种价值问题的延迟策略相当于否认它的价值。我们从来没有彻底了解过事实，并且，我们不可能在事实了解上取得很大进展，除非我们同时引入批判理论并发挥它的重要价值。依据批判理论，人类特定的欲望和习惯是重要的，并且研究法律后果的任务已从模糊的好奇心领域转移到问题形式领域：法治如何强化或改变这些重要的习惯，并满足或抑制这些重要的欲望？

因此，描述性法律科学的积极任务并不能完全从法律批判主义的任务中脱离出来。无人类价值的选择性标准而搜集的社会事实，则会产生无用统计资料的可怕荒野。③ 实证法学和法律批判主义之间的关系并不是时间性优先关系，而是相互依赖的关系。④ 如果没有对法律决策的因果性作出客观描述，那法律批判主义就是空洞的；如果没有价值理论明灯的指引，那法律的描述就是盲目的。正是通过客观法律科学与批判性社会价值理论的联盟，我们才对法律的人类意义性理解充实起来。正是对不同学科联盟的忠诚，我们才能在当代法律科学与法律哲学中标识出什么是持久重要的。

（责任编辑：徐珉川）

① 参见 W. L. Grossman, The Legal Philosophy of Roscoe Pound (1935) 44 YALE L. J. 605, 608-611; John C. H. Wu, The Juristic Philosophy of Roscoe Pound (1924) 18 ILL. Law Rev. 285, 294-304。

② 参见 U. Moore, Rational Basis of Legal Institutions (1923) 23 Columbia Law Rev. 609, 612; W. Nelles, Book Review (1933) 33 Columbia Law Rev. 763, 765-768。

③ 参见 Pound, The Call for a Realist Jurisprudence (1931) 44 Harv. L. Rev. 697, 701。

④ 我已试图追溯这些关系，一些细节见《伦理制度和法律理念》(1933 年版)，以及更简洁的，用一两个音节的单词来描述，见 Modern Ethics and the Law (1934) 4 Brooklyn L. Rev. 33。

趋同是否正在发生?①
——欧盟公司治理趋同化研究

洪祥星*

摘　要　在全球范围内,一场有关未来公司治理趋同情况的讨论正在如火如荼的进行中,欧盟区是否存在趋同的可能性是各国学者讨论的一项重要议题。本文以欧盟发展过程中所采用的几项重要改革措施为主线,讨论欧盟各成员国的公司治理实现趋同的可能性与现实性。通过具体分析各项改革措施的缘起、发展以及目前的进度,本文认为,尽管欧盟作出了种种有关协调各成员国公司治理改革的尝试,但各成员国公司治理的趋同程度还相当低;同时,这种低程度的融合还将在未来长期存在下去。此外,结合中国的具体实践经验,本文认为,中国的公司治理改革可以在一定程度上参照其他各个国家和地区的情况进行,但企图照搬照抄其他公司治理模式的做法是不可行的,也是不切实际的。

关键词　欧盟公司法协调纲要　欧洲公司　公司治理准则　证券市场融合

当前,全世界范围内的公司治理正在经历一场重要变革。趋同还是存续——这是目前有关公司治理讨论的热点问题之一。舆论各方对未来各国公司治理模式是否会最终融合成为一个终极模式(Ultimate Model)存在着不同观点。在这一宏观背景下,欧盟内部公司治理模式的发展对未来全球公司治理的发展方向具有非常重要的启示性效应。在此,本文试图对欧盟公司治理的发展脉络做一点粗浅的梳理和讨论,并由之谈及对中国公司治理改革的启示,以期抛砖引玉。

一、不同的公司治理模式及趋同理论简介

(一)两种不同的公司治理模式

从最一般意义而言,公司治理是指有关公司如何被引导、策划或控制的一系列过程及习俗、政策、法律和制度的总称。[1]从总体上而言,在全世界范围内,公司治理存在着两种截然相反的模式。一种是以英美为代表的外部人模式,另一种是以德日为代表的内部人模式。

以英美为代表的外部人模式是以委托—代理关系为公司治理的理论基石的,更具体来说,在这种模式中,内部的权力分配是通过公司基本章程来进行限定的,其基本遵循的是决

* 洪祥星,法学博士。研究方向:比较公司治理。

① 本文为荷兰乌特勒支大学(Utrecht University)中国博士生2008年访问计划的部分研究成果,研究过程中得到了 Adriaan Dorresteijn 教授及其研究助理的支持和协助,特此感谢。

策、执行、监督三权分立的框架。这种模式以英国为雏形,美国为代表,并为许多普通法系国家(如加拿大、澳洲和新西兰)所采用。此外,这种模式还具有一些其他模式所没有的特征,如以机构投资者为主要持股人的分散型股权结构,以股东利益为基础的公司法,对小股东利益保护的重视,以及对信息披露的强化。这一模式以市场为基础,并强调市场在公司行为调节中的基础性作用。传统上,英国和美国对公司和投资者之间的关系倾向于做市场化的评价。外部人模式的主要目的是建立非控权股东的信心,并使董事会对股东负责。其潜在的含义即公司法承认股东可以通过具体权利去控制公司。这一模式的核心特征潜藏于公司法、证券法以及相关的上市规则中,即强调对公司信息的披露,要求公司按照相关规则进行运作,从而使整个市场处于有序状态。这种模式的核心要素是"对抗"(Confrontation),即通过建立各种协调机制去平衡存在于公司内部的利益相关者之间的利害关系。在某些公司法学者看来,这种模式也被称为多元模式(Pluralist),即参与到公司治理中的利益相关者要比内部人模式更多,而且各利益相关者之间的利益冲突更明显。利益最大化和财富增值成为商业公司发展的最主要目的,而股东和经理之间的代理关系成为该公司治理模式中讨论的焦点所在。[2]然而,这种模式也存在着一定程度的问题,21 世纪初爆发的一系列丑闻,如安然、世界通等世界知名公司的倒闭,部分折射出美国的公司治理模式也并非完美无缺。由于这种模式过度依赖市场和其他外部资源的调节,部分忽略公司本身的利益相关者在整个公司治理结构中所能起到的指导性和调节性作用,导致公司治理调节机制某种程度上的不平衡和不协调。在这种情况下,一旦外部市场尤其是该治理模式赖以生存的证券市场发生崩盘或其他大规模亏损,而与之互补的内部调节机制又不能发挥相应的补充协调作用,则整个公司治理结构将可能受到毁灭性的打击,并进一步造成整个国民经济的衰退。[3]

与外部人模式不同,在内部人模式中,一个公司并不被视为由其股东所拥有,而是由其雇员、客户、贷款人和周围环境中的其他人所共同拥有。在这一模式中,虽然利润对整个公司非常重要,但并不是最终目的,公司存在更多的是考虑能否为其所存在的社区乃至地区的利益相关者提供更好的资源和服务。在公司的利润分成上,强调的是报酬和奖金,而非股份和期权,因此,投资者和雇员更多采用的是一种长期投资的态度,并使他们的投资通过不同方式被锁定。从这个角度而言,这种公司治理模式与上述的外部人模式存在截然相反的特点,其主要依靠公司内部来获得融资,如通过公司职工、占大股份的银行或关联公司进行融资。也正因如此,在公司的股权结构中,集中的机构(尤其是银行)和公司间股份占有重要位置,银行作为高层管理的融资者、建议者、管理者和监督者,在上市公司中具有非常重要的地位。公司中有相对稳定和平衡的资本提供者,董事会中的专家和内部人员具有与公司和行业相关的知识。相应地,个人股东所拥有的股份在整个公司中所占的比例则非常小,重要性也非常低。此外,这一模式对外部资本市场的依赖也非常有限。证券市场和其他金融机构在整个公司治理结构中所能起到的作用是比较有限的。而在信息披露方面,由于证券市场的相对狭小,政府和证券交易所对会计信息的披露要求较小,在会计信息披露政策上的要求会相对保守,许多在英美证券市场上必须披露的信息,在内部人模式中都不是必须披露的信息,即这些信息是可以被选择性披露的。[4]这种较为封闭的股权结构和信息披露方式所造成的首要问题就是,公司和银行之间具有比较紧密的联系,甚至是闭合性的联系,因而容易形成垄断,对其他企业,尤其是新建立的企业发展非常不利。在这种模式下,主银行非常强调信用风险管理,因而更倾向于将信用额度发放给大集团和大公司,而对向新兴公司(如刚成立的公司)融资则态度谨慎。同时,外部市场的相对不健全也容易成为公司进一步发展的绊脚石,如由于信息披露不充分,公司外部的投资者和其他利益相关者不容易对公司进行实质性干预,内幕交易和其他不正当竞争手段不容易得到充分监督,整个公司运营不能得到市场的充分干预和调整,并可能最终对整个公司的正常发展产生一定程度的影响。

(二)关于公司治理模式未来趋势的全球性争论

由于这两种不同模式之间差异的存在,一场有关公司治理模式未来走势的争论在全球范围内热烈地展开了。在这场争论中,双方的争议焦点主要集中在如下两个方面:

第一,通过不断的融合交汇,内部人模式和外部人模式是否可以最终融合成为一种统一的模式?在这一问题上,争议的双方对实现最终模式的方式有不同的见解。

持支持论的一方认为,通过各种不同的方式,如全球市场竞争和证券交易所联合,这两种模式间的差异可以逐步消失,在很大程度上实现重合,并最终实现趋同。持这一支持观点的一方又可以分为两个小派,即正式融合说和功能性融合说。正式融合说认为,通过法律和制度上的正式融合,两种模式最终可以融合成为一种统一的模式。在这种学说中,在各国经济激烈竞争和全球化不断进步的情况下,各种公司治理模式将会不断向前演进和变化,并最终在不同法律和制度的作用下,实现正式融合,并使各种公司治理模式朝着终极模式(Ultimate Model)不断迈进。由于其他模式,如经理人主导模式、劳动者主导模式、国家主导模式、利益相关者主导模式等的失败,以股东利益为首要地位的标准模式将最终取得胜利。[5]然而,该模式对其他各种所谓失败模式的解释却是难以令人信服的。至少从现实的情况看,尽管上市成为当前公司融资的最重要手段,股东在公司治理中的地位得到不断提升,但经理人、劳动者、国家和利益相关者等并未在公司治理中彻底失去其地位和影响力。其中一个显著的例子就是,2008年席卷全球的金融危机中,中国的整体经济状况并未受到严重影响,其原因是国家在整个国民经济运营中起到了重要的干预作用。国家主导模式虽然在前苏联和其他东欧社会主义国家失败了,但在社会主义的东方却得到了延伸和发展。这一例子至少在一定程度上说明正式融合说所预测的国家主导模式的失败并未成为现实。

趋同论中的另一派则认为,正式融合并非公司治理趋同的最主要方式,功能性融合才是实现全球公司治理统一化的最主要方式。比如,日本通过合作式和启发式的终身雇佣模式所支持、并通过闭合及长时间与供应商联系的精细生产模式,就无法与美国急速变化的管制制度相匹配。实际上,美国生产商的主要目的是采用精细生产模式以适应其本身的管制制度,而非改变本身的管制制度以适应精细生产模式。因此,在这一派学者看来,实现各种公司治理模式的正式和彻底的融合是不太现实的,可能的方法还是从各种公司治理模式之间的互补入手,使各种模式互相融合互相补充,才有可能在一定程度上实现各种公司治理模式的协调。支持这一派学说理论的一个最重要依据就是21世纪初出现的跨境上市热潮,即大量外国公司在美国上市。通过跨境上市,外国公司的治理模式将逐渐向美国模式靠拢,并为美国模式所吸收,并最终实现公司治理模式的功能性融合。[6]然而,现实情况表明这一派学说的观点也不能完全站得住脚,尤其不能忽视的是,在美国发生大规模的次贷危机之后,许多大型外国公司纷纷从美国退市,这不仅表明美国市场已经开始失去其领先于其他国家和地区的吸引力,同时还昭示了这一学说中所预测的功能趋同的不可实现。至少从短期的情况来看,功能趋同论所强调的通过跨境上市实现公司治理融合这一观点是无法成功的。[7]

显然,无论是正式融合说还是功能性融合说,两者的出发点都是各种公司治理模式之间的不同,但是,两者对各种公司治理模式实现趋同的可能性和程度上的认识却存在差异。正式融合说对趋同采取更为乐观的态度(即所谓的 Convergence Optimism),认为这是大势所趋,人心所向,并可以在不远的将来实现;而功能性融合说对此则有所保留,虽然这一派学者也认为公司治理模式的趋同是可以实现的,但彻底的趋同却是难以做到的。然而,从上述的讨论中可以看出,这两种学说在实践中并未能得到真正的落实和体现,而是或多或少地存在瑕疵和缺陷。

而持否定论的另一方则认为,由于各种阻碍因素的存在,各国公司治理模式间的差异将长时间存在。持否定论者所提出的因素非常多,包括政治、文化、经济等,但其中最重要的是路径依赖理论。在该理论中,一国某一特定时间段的所有权结构取决于其之前所拥有的所有权结构。因此,当几个国家的所有权结构不相同时,这些不同点将在未来一段时间内持续存在,即使这些经济体互相之间变得非常相似。在这一理论当中,路径依赖来源于两个方面:其一,由结构所驱动的路径依赖。在这种路径依赖中,某一经济体在特定时间点所拥有的公司结构是由其先前的公司结构所决定的,最初的公司所有制形式决定着以后的所有制形式。其二,由规则所驱动的路径依赖。在这种路径依赖中,初始的所有权结构将对随后产生的管制公司的法律规则产生巨大影响,最初的法律体系决定着后续的法律规则的发展。在路径依赖理论看来,即使各国的公司治理模式有趋同的可能性,但由于公司结构和初始的所有权结构存在巨大差异,最终的趋同是非常难以实现的。[8]总之,在上述因素的左右下,各种公司治理模式都将朝着各自的方向不断前进,而不是朝着一个统一的目标向前迈进,最终的结果将是公司治理模式趋同的无法实现。从过去几十年的公司治理实践中,不难发现路径依赖理论抓住了全球公司治理发展的主要脉络。然而,这一理论也并非完美无缺,至少从这一理论立论的过程来看,其主要聚焦于公司治理结构中最重要的一个因素,即所有权结构,而忽略了对其他因素,如董事会结构、资本市场融资、信息披露等的分析,因此,这一理论的分析是不完整的。同时,就对所有权结构的分析过程来看,其始终强调最初的所有权结构是造成公司治理模式差异的最主要原因。但是,为什么各个国家和地区最初的所有权结构有如此巨大的差异呢?在这一理论中却无法找到更为合理的解释。基本上,所有国家和地区的私人公司在未上市之前,其所有权结构都是集中型的,只有到了上市之后,其所有权结构才会开始向不同的方向发展,如在英美法国家,上市公司的所有权结构会逐渐趋向分散,而在大陆法系国家,其上市公司的所有权结构则维持集中。为什么各个国家和地区最初的所有权结构有如此巨大的差异,在这一理论中却无法找到更为合理的解释。[9]

在一定程度上,上述两方对未来公司治理模式走向的看法存在着巨大差异,甚至可以说是完全相反的。未来的路应该怎么走?到底何去何从?争议的双方谁的观点更站得住脚?这些都是需要进一步深入探讨的问题。

第二,如果各种公司治理模式可以最终实现趋同,那么全世界范围内是否存在着最佳的公司治理模式?许多学者,尤其是美国的学者认为,全球公司治理的最终模式应该是以美国为代表的盎格鲁—美利坚模式,其他模式,如上文所提到的以德日为代表的内部人模式,最终将趋同于盎格鲁—美利坚模式。这部分学者强烈推荐法律制度上的正式趋同而非功能性趋同,并认为法律的趋同包含了多个方面,如董事会结构、信息披露和资本市场监管、股东诉讼、并购、司法裁量权等。在这一模式中遵循股东至上原则,并以各类股东的利益为中心。

这些学者还进一步指出，引起趋同的力量包括很多种，如逻辑、例子、竞争等。[10]在这种观点看来，盎格鲁—美利坚模式具有优于其他模式的不可或缺的诸多优点，而且这些优点应可以传播到其他各种模式之中，并使各种模式最终融合在盎格鲁—美利坚模式之下。实质上，这一观点是在鼓吹盎格鲁—美利坚模式，乃至美国体制的无比优越性，具有一定的偏见性。此外，所谓的盎格鲁—美利坚模式也并非一个统一的模式，在这一模式下有英国、美国以及其他英联邦国家，这些国家的公司治理模式也正朝着不同的方向发展。例如，澳洲新闻公司向美国迁移的案例表明，美国的公司法与其他普通法国家的公司法之间存在着巨大的鸿沟。[11]这些事实表明，趋同论所推崇的所谓统一的盎格鲁—美利坚模式也只存在于理论之中，实践中这种统一模式不仅不存在，而且还有逐步变迁、甚至分崩离析的可能。简单来说，所谓统一的模式不仅不存在，同时也是非常难以实现的。

二、欧盟公司治理在这场争论中的角色

从上述讨论可以看出，在未来全球公司治理改革的发展方向这一问题上，各种专家和学者所主张的观点是不一致的，这种观点上的差异更强化了将欧盟纳入讨论的重要性。

首先，欧盟内部已经存在着上述两种不同的公司治理模式。在英吉利海峡的一端，是以英国为主的外部人模式，其发展主要依赖于各种外部治理手段，如开放的金融系统、严格的证券监管机构、互相补充互相协调的各种外部治理机制等；而与此相反的是，欧洲大陆国家绝大多数都是内部人模式，各种利益相关者能否得到最好保护是这种模式所考虑的重点。例如，作为利益相关者中的一方，德国法将雇员放在公司治理中比较重要的位置，并让雇员积极干预公司治理中的各个环节。[12]不难发现，这两种模式的存在基础和发展方向是完全不相同的。更为重要的是，在全世界那么多区域性国际组织中，也只有欧盟这一组织内才存在着这两种不同的公司治理模式。这两种模式是否可以实现趋同？能在多大程度上实现趋同？欧盟内部的公司治理走势将是未来全世界范围内两大不同公司治理模式走势的一个重要缩影。

其次，在全世界范围内，欧盟是迄今为止发达程度最高的区域性国际组织。欧盟从成立至今已进行了多次改革，联合性程度不断提高。在一系列国际条约，如《巴黎条约》《罗马条约》《布鲁塞尔条约》以及《马斯特里赫特条约》等的作用下，欧盟内部产生了一套独立的法律体系，同时欧盟各成员国之间的融合程度也在不断提高，欧盟已经成为全世界范围内趋同化程度最高的区域性国际组织。如果在欧盟内部如此强烈的驱动力量指引下，各个国家和地区还无法实现趋同，则其他国家和地区实现趋同的可能性就更小了。从这点来衡量，欧盟的公司治理实践带有一定的前瞻性，欧盟区内成员国公司治理的走向将是未来全世界公司治理能否趋同的一个缩影。

三、对欧盟内部几种可能的趋同途径的探讨

由于欧盟的上述两个重要特征，关于欧盟内部是否可以实现趋同的讨论也就具有实质意义。如果在欧盟这个区域性组织内都无法实现趋同，那在其他地区和组织内实现趋同的可能性就更小，更不要说全球性趋同了。简单来说，欧盟内部存在着如下几个实现趋同的可

能性因素:

(一)公司法协调纲要(Company Law Harmonization Program)[13]

公司法协调纲要是欧盟颁布的第一个全面性协调纲领,用以保护雇员、股东以及公众的利益,以阻止某些公司的错误行为。1968年,当时的欧洲共同体开始制定公司法指令,以寻求欧盟内部的法律协调。在随后的数年中,欧洲共同体委员会开始致力于引入公司法协调纲要,这一协调纲要包含了指令(Directive)、规章(Regulation)以及建议(Recommendation)等三种形式。目前,欧盟已颁布的公司法指令有十三个,其中有些已生效多年并进行了多次修订,已通过的指令主要与公司开业、合并、分立等相关。

从公司法协调纲要中所涉及的内容来看,目前所颁布的公司法指令中,直接涉及公司内部治理的仅有第五号指令,其中涉及的主要是公司内部机关尤其是股东会和董事会之间的关系。从1972年颁布第一稿开始,这一指令进行了多次修改,但是,这些努力并未实现真正的趋同效果,这主要体现在如下几个方面:

首先,第五号指令从颁布之日起就从来没有真正实行过。1972年以后,这一指令的修订经历了漫长的过程,但由于欧盟内部各成员国对指令中的多项内容存在巨大争议,因此,该指令一直没有得到真正落实。舆论的焦点主要集中在两个方面:第一,有关股东会、董事会和监事会之间的关系应该采取怎样一种形式进行界定——是采用德国式的双层委员会形式,还是采用英国式的股东会中心主义。由于该问题牵涉成员国内部的政治利益(如德国的工会制度在其政治体制中有重要影响,而该制度在英国则不具备相同的影响力),因而各方难以对该问题达成实质性一致。最明显的是,英国在整个谈判的过程中拒绝采纳其中的德国式共同决策制,因为其采用的是一层级董事会形式,所以公司完全是为了股东的利益而经营的。如果允许雇员进入董事会,"股东利益最大化"这一英国公司治理的终极目标就可能被利益平衡的趋势所限制,从而最终扭曲英国公司治理的目标。第二,在具体的股东权利方面,应该从多大程度上扩张或限制股东会及其成员的权利并未得到明确。第五号指令颁布以来的三稿中,对股东权利的保护范围一直规定得比较宽泛(如规定了召集股东大会的时间期限、对股东的通知义务、股东的议案提议权、代理投票制、参与股东大会的权利、股东的投票权等),但各成员国国内公司法中有关这些权利的规定却大相径庭,而且各成员国对是否统一这些权利所采取的态度也不一致,从而使得统一股权权利保护的进程变得举步维艰。直到2001年,各成员国对上述两个问题依旧存在巨大分歧,整个第五号指令最终只能以流产告终。[14]上述第五号指令的商议过程从一定程度上佐证了路径依赖理论的正确性,尤其是政治因素在整个公司治理结构变迁中所起到的重要作用。正是在政治因素的影响下,各成员国对本国公司内部治理的安排才存在各种分歧,并最终造成谈判破裂。如消除政治因素的影响,各成员国间应该可以更容易达成一致,并更快更好地实现公司治理模式之间的融合。

在第五号指令于20世纪90年代破产之后,进入21世纪,欧盟又开始筹划新指令来协调成员国内部公司治理之间的差异,讨论的结果即股东权利指令的颁布。2007年,欧盟通过了有关上市公司股东权利行使的新指令,部分实现了上述第五号指令的功能。但是,无论从所涵盖的范围还是从可能的影响来看,新指令都比不上旧指令来得深入。比如,旧指令中被一再强调的一些原则和权利,如一股一票原则、通过绝对大多数投票获得股东会提议的通过、股东召集股东大会的权利、修改公司章程和股东大会会议记录的规定等在新指令中均无从寻找。而且,新指令的适用范围也比旧指令小非常多,因为旧指令适用于所有以股权限制的公众公司,而新指令则仅仅适用于上市公司。因此,从总体上看,新指令仅从一定程度上协调了原第五号指令所需要涵盖的股东权利范围,但其方式和范围却比不上旧指令。[15]整个股东权利保护指令的修订过程也同样印证了政治因素对各国公司治理融合所可能造成的影响。在指令的制定和修正过程中,各成员国对各种股东的权利和义务进行了多方的交涉和协商,但出于政治因素的考虑,最终的协商结果却未如实际所预料的那么理想。这一过程同样也印证了路径依赖理论中政治因素对公司治理趋同化的重大影响。

因此,从总体上看,公司法协调纲要中所涉及的各项指令并未能从真正意义上实现欧盟内部各国公司治理模式的实质性趋同,更多的只是实现了部分原则和权利上的协调。在政治因素的左右下,未来很长一段时间内,这些指令对各成员国公司治理模式的趋同所能起到的作用也是非常有限的,企图通过公司法协调纲要实现公司治理模式趋同将是十分困难的。

(二)欧洲公司(Societas Europaea)[16]

建立欧洲公司的计划是欧盟统一内部公司治理所作出的又一重大尝试。从20世纪70年代开始,欧共体就致力于建立位于各成员国公司法之上的欧洲公司制度。然而,由于各成员国对欧洲公司的诸多具体规定(如有关内部法的适用范围、最终所设立的欧洲公司是应该采用德国式的双层委员会形式还是采用英国式的股东会中心主义等)存在明显分歧,蓝图中的欧洲公司计划一直没有得到实现。在讨论欧洲公司组织结构的过程中,德国要求将本国的雇员参与制度引入欧洲公司之中,但这一提议遭到英国的强烈反对。因为在英国市场上,公司经理享有最高的管理权,他们不允许雇员进入董事会限制他们的决策权。最后,因各成员国分歧剧烈,尤其是在上述第二个争议焦点上谈判各方互不相让,使得整个建立欧洲公司的计划濒临破产。

2001年,各方终于达成妥协,在最终公布的欧洲公司指令和欧洲公司规章中加入了很多参照欧盟成员国国内法律的规定,通过这种形式来挽回30多年的谈判以求得协议的最终达成。然而,由于这些参照欧盟成员国国内法律规定的存在,当初通过建立欧洲公司促进各成员国法律趋同的初衷变得很难实现。根据这些条款的内容,在欧洲公司规章中虽然规定了设立欧洲公司的不同方法,但其实际程序却是由国内法所规定的。这种架构的直接结果,即欧盟层面所设置的法律制度被国内化了。也就是说,欧洲公司规章中有关成员国国内公司治理的规定被各种参照国内法的规定稀释了,从而在一定程度上阻却了欧盟为协调成员国国内法律所做的种种努力。[17]

此外,从另一个角度考虑,由于欧洲公司是注册在一国之内而非注册在欧盟层面的,成员国的国内法也会在很大程度上对欧洲公司的长期发展产生重大影响。在欧洲公司指令和欧洲公司规章中规定了欧洲公司应该注册在一国之内而不能注册在欧盟层面,因而,当某一欧洲公司设立时,其首先考虑的是成员国的国内法而非欧洲公司指令和欧洲公司规章,这也在很大程度上削弱了与欧洲公司有关的相关规定对最终所成立的欧洲公司的影响力。正是基于上述两方面的原因,通过建立欧洲公司促使各成员国法律实现趋同的做法在实践中收效也不是特别明显。

（三）公司治理准则（Corporate Governance Code）[18]

欧盟各成员国所颁布的公司治理准则是实现欧盟公司治理趋同的又一可能性途径。虽然这些准则并非强制性标准，但在政府、证券监管部门以及证券交易所的联合作用和敦促之下，这些准则也可能成为实现公司治理趋同的有效手段。英国是世界上第一个采用公司治理准则来规制上市公司行为的国家，其他欧洲国家居多是在 OECD 的公司治理准则颁布之后才采用相类似准则的。在这些欧盟成员国的公司治理准则中，各个国家和地区有着相似的观点和取态，如董事会与经理层之间应当有适当程度的责任分工，在股东会中应对控股股东和小股东的权利和义务进行适当的区分，公司应对其财政状况和金融信息进行适当披露，同时还应适当照顾公司的利益相关者的利益。[19]但在实践中，这些公司治理准则的运作情况却非常不同。有些国家（如英国），非常重视公司治理准则在上市公司治理中的实际作用，因而在颁布第一个公司治理准则后不断进行公司治理准则的修改和更新，接连颁布新的准则以求得其国内上市公司治理结构的完善与发展。1995 年 5 月，金融因素公司治理委员会（Committee on the Financial Aspects of Corporate Governance）发布了一个名为“最佳准则合规情况”的报告。根据这一报告，所调查的 500 家最佳上市公司以及随机抽取的另外一些上市公司的年报中都包含了相关的合规陈述，其中仅有一家公司被审计人员发现有不合规的情况出现。而在另外一些成员国，公司治理准则的合规情况却未如预想般合乎人意。荷兰的彼得报告（Peters Report）要求所有的上市必须依据其推荐内容在他们的年度报告中披露相关信息，但该报告并未要求必须根据披露情况进行强制性合规。根据一份官方监督调查，即由蒂尔堡经济研究所于 1998 年发布的“Monitoring Corporate Governance in Nederland”《监督荷兰公司治理情况的调查报告》显示，仅有 55％的公司全面披露了所要求的信息，另外 36％的公司仅选择性地进行了信息披露。该报告显示，上市公司在监事会合规方面做得比股东权利合规方面更加出色和完善。与此类似，在比利时、葡萄牙、西班牙、法国等国家，公司治理准则的合规也并非十全十美，许多公司仅对公司治理准则中最重要的条款进行了合规，而非全面合规。[20]这些情况表明，尽管颁布公司治理准则已经成为欧盟内部各成员国的一个主流，但这种潮流并没有带来实践的实质性变化，通过成员国的公司治理准则来实现公司治理趋同的做法可能性比较小。

此外，在上文所提到的公司法协调纲要中也有关于协调统一欧盟公司治理的指引。该指引大致列举了协调成员国公司治理情况的相关内容，并将成员国公司治理中需要汇总的情况进行了分析和总结。[21]然而，现有的研究成果表明，上述协调统一欧盟公司治理的指引并不能从实际上起到协调成员国法律系统的作用。指令在某些领域，如基本的会计准则和资本维持原则上起到了非常显著的作用，但内部人体制和外部人体制之间的分别却依旧存在。这种差异可以从成员国之间为了在一系列关键性计划上达成一致，特别是在欧洲公司纲要中形成一致而不断协商，但却从未形成真正意义上的一致而体现出来。[22]可以看出，成员国内部的公司治理准则所能起到的更多的是鼓励性和指导性的作用，但却未能真正起到约束各成员国公司治理实现趋同性发展的作用。

（四）证券市场融合[23]

除上述所列的各项之外，欧盟还试图采取成员国证券市场联合的方式鼓励直接投资，从而间接引导各成员国实现公司治理的融合。当"上市公司市值/GDP"的比率越来越高时,某一上市公司对证券市场监管的要求就越来越高,并将最终引致外部治理的逐渐兴起。[24]到目前为止,由欧盟证券市场发展引发公司治理融合的例子主要有两个,即泛欧证券交易所的成立与发展以及欧盟要约收购指令的颁布和实施。

欧盟证券市场联合的显著例子之一即泛欧交易所的成立。伴随着阿姆斯特丹证券交易所、布鲁塞尔证券交易所以及巴黎证券交易所的合并,泛欧交易所于2000年9月22日成立,为欧盟金融市场的进一步联合提供了便利。此后,在2001年12月,泛欧交易所通过并购伦敦国际金融期货和股票期权交易市场(London International Financial Futures and Options Exchange,简称为LIFFE)的股份,实现了规模上的一次跨越式发展。2002年,泛欧交易所与葡萄牙证券交易所(Bolsa de Valores de Lisboa e Porto,简称为BVLP)进一步合并,从而初步达致欧盟内部主要证券交易市场的实质性联合。[25]而随着证券市场融合程度的提高,于各家证券交易所挂牌的上市公司的公司治理水平和规模也在一定程度上实现了趋同,此即为证券市场联合带动下的公司治理模式趋同。然而,由于证券法对上市公司的影响主要发生在信息公开领域而非公司治理结构领域,更非内部治理结构领域,而且欧盟层面的证券规则有很多还不成形,很多规则仍处于商议性草案的阶段,从而在很大程度上限制了欧盟公司内部治理融合的进一步发展和延伸。

在通过证券市场引导公司治理改革方面,欧盟内部的另一个显著例子是欧盟要约收购指令(Directive on Takeover Bids)的颁布和实施。经过长达20多年的交涉和努力,这一指令于2004年4月终于开始在欧盟执行,其中的内容包括强制收购规则(Mandatory-Bid Rule)、平等对待规则(Principle of Equal Treatment)、挤出和卖出规则(Squeeze-Out and Sell-Out Rules)、一股一票规则(One-Share-One-Vote Principle)以及突破性规则(Break-Through Rule)等。2007年,欧盟发布了有关这一指令执行情况的报告。报告内容显示,在该指令较重要的两个原则(即董事会中立原则和突破性原则)方面,指令的执行并没能为欧盟区域内上市公司的发展带来实质性影响。在董事会中立原则(Neutrality of the Board of Directors)方面,有18个成员国已实施了该原则,但是经过实际调查,可以发现早在该指令颁布实施之前,这一原则已经在这18个成员国中存在。换言之,要约收购指令的颁布和实施并没有在董事会中立方面产生实质性突破。而在另一个原则,即突破性(Breakthrough)原则方面,大部分成员国都没有将该原则视作强制性需要,而是将之作为其内部公司可选择适用的原则之一。可以看出,该原则对成员国内部公司治理结构的影响力也非常有限。[26]上述两方面的例子表明,要约收购指令在实践中所能发挥的效果并未如最初所预想的那般有效,实际影响力也比较有限。

四、结论

(一)未来欧盟公司治理的长期趋势

在欧盟这样一个统一化程度相当高、融合趋势比较明显的区域性国际组织里,公司治理的趋同程度却是相当有限的。尽管欧盟作出了种种协调内部各成员国公司治理模式的努力,但实际效果却不甚理想。本文中所讨论的四个方面,包括公司法协调纲要、欧洲公司、公司治理准则以及证券市场融合,都显示欧盟所作出的种种力求实现公司治理模式融合和统一的努力都没有真正起到使各成员国公司治理模式逐步趋同的作用。从目前的情况来看,欧盟公司治理趋同的程度仍非常低,实质性差异仍将在未来很长一段时间内持续存在。[27](P24-30)

同时,欧盟公司治理的发展历程也集中反映了路径依赖理论的重要性,尤其是政治因素对公司治理发展所能起到的重要作用。这可以集中从两个方面体现出来:其一,从宏观层面来看,在公司治理改革的过程中,各种政治团体和政党派别一般会将本身的政治利益考虑进去,通过谈判协商等手段将本身的利益或明或暗的融合在公司治理架构之中。第五号指令的失败就集中反应了政治利益在整个公司治理改革中的重要作用。其二,从微观层面来看,内部公司治理是整个公司治理结构的核心部分,其集中体现了公司内部各主体之间的力量对比和均衡趋势。在进行公司治理改革时,无论是股东会还是董事会,都是各利益关系方角力及争夺利益的舞台,折射出的是各种政治力量互相争夺、互相妥协的过程。在这里,政治因素同样是左右内部公司治理发展的最主要因素之一。

(二)中国语境下的思考

欧盟公司治理的发展历程也从另外一个角度论证了全球公司治理中的一个重要命题,即:无论是从某一区域性组织的情况来观察,还是从全世界范围内公司治理的发展过程来考量,各个国家和地区的公司治理模式都只能互相借鉴、取长补短,但却很难实现从一个模式到另外一个模式的彻底转型。企图实现公司治理模式从一国到另一国漂移的努力,犹如在狂风暴雨的黑夜中航行的油轮,难以成行,难以看到对岸,也难以登岸成功。

这一结论也可以在中国得到适用。从中国的情况来看,从 90 年代开始,我国不断从各个西方发达资本主义国家引入各种制度和措施,企图改变公司治理、尤其是国有企业公司治理效率低下、结构不合理的状况。然而,此类制度移植却没有带来预想的效果。例如,1993 年的《公司法》通过借鉴德国的双层委员会制度,创造性地引入了监事会制度,并对监事会制度的相关内容进行了详细具体的规定。然而,实践中这一制度却没有发挥出应有的作用,监事会成员往往是由先前的党委、政工干部委任而来,与企业有着千丝万缕的联系,并不能真正起到监督企业运作的作用。其直接结果就是,监事会被放空,成为公司治理结构中不可缺少却也没有生气的一个公司机构。[28](P11) 此后,中国证监会又通过一系列规则,如《上市公司章程指引》《上市公司治理准则》《关于进一步促进境外上市规范运作和深化改革的意见》等引入了英美法上的独立董事制度,在董事会中安排独立董事,以求增强内部公司治理机制之间的互相监督,增强整个公司治理结构的协调性和可塑性。然而,无论是统计研究还是案例分析,研究者均发现独立董事在增强公司业绩方面并没有起到真正的作用。[29](P64、P27、P61、P70) 由于市场资源有限,许多独立董事候选人均来源于高校教师或科研机构的工作人员,而非经过市场充分竞争留下的强有力竞争者,在很多时候对公司的财务会计制度都只是一知半解,无法提出实质性建议,并沦为"花瓶董事"。因此,未来中国进行公司治理改革时,更需要从本土情况出发,不能简单照搬照抄西方国家的公司治理模式。

参考文献:

[1] Adrian Cadbury. Report of the Committee on the Financial Aspects of Corporate Governance[M].

London：The Gee Press，1992：15.

[2] S. H. Goo，Anne Carver. Corporate Governance：The Hong Kong Debate，Hong Kong，Singapore，and Malaysia[J]. Sweet & Maxwell Asia，2003：88-91.

[3] Bratton William W. Does Corporate Law Protect the Interests of Shareholders and Other Stakeholders?：Enron and the Dark Side of Shareholder Value[J]. Tulane Law Review，2010:61.

[4] S. H. Goo，Anne Carver. Corporate Governance：The Hong Kong Debate，Hong Kong，Singapore，and Malaysia[J]. Sweet & Maxwell Asia，2003：5-11.

[5] Henry Hansmann，Reinier Kraakman. The End of History for Corporate Law[M]//Jeffrey N. Gordon，Mark J. Roe. Convergence and Persistence in Corporate Governance. UK：Cambridge University Press，2004.

[6] Ronald J. Gilson. Globalizing Corporate Governance：Convergence of Form or Function[M]// Jeffrey N. Gordon，Mark J. Roe. Convergence and Persistence in Corporate Governance. UK：Cambridge University Press，2004.

[7] Investopedia 中有关美国退市的词条[EB/OL]. [2011-11-24]. http://www.investopedia.com/ask/answers/06/ADRdelisting.asp#axzz1erHmKH9d.

[8] Lucian Arye Bebchuk，Mark J. Roe. A Theory of Path Dependence in Corporate Ownership and Governance[M]// Jeffrey N. Gordon and Mark J. Roe. Convergence and Persistence in Corporate Governance. UK：Cambridge University Press，2004.

[9] Marc Goergen. Corporate Governance and Financial Performance：A Study of German and UK Initial Public Offering[J]. UK：Edward Elgar，1998.

[10] Henry Hansmann，Reinier Kraakman. The End of History for Corporate Law[M]// Reinier Kraakman，John Armour，Paul Davies，Luca Enriques，Gerald Hertig，Klaus Hopt，Hideki Kanda，Edward Rock. The Anatomy of Corporate Law：A Functional and Comparative approach. UK：Oxford University Press，2009.

[11] Jennifer G. Hill. Subverting Shareholder Rights：Lessons from News Corp.'s Migration to Delaware [J]. Corporate Practice Commentator，2010,2.

[12] 杨斌. 欧盟公司治理:经验与启示[M]. 天津:天津大学出版社,2006.

[13] Steven M. Schneebaum. The Company Law Harmonization Program of the European Community[J]. Law and Policy in International Business，1982:14.

[14] G. F. Maassen. An International Comparison of Corporate Governance Models：A Study on the Formal Independence and Convergence of One-Tier and Two-Tier Corporate Boards of Directors in the United States of Ameraica，the United Kingdom and the Netherlands[M]. Amsterdam：Spencer Stuart Executive Search，2002.

[15] Fidy Xiangxing Hong. Protection of Shareholders' Rights at EU Level：How Far Does It Go? [J]. European Company Law，2009，6(3).

[16] International Bureau of Fiscal Documentation，Survey on the Societas Europaea (2003)[EB/OL]. [2011-10-17]. http://ec.europa.eu/taxation_customs/resources/documents/survey.pdf.

[17] J. M. Marychurch. Societas Europaea：Harmonization or Proliferation of Corporations Law in the European Union[J]. Australian International Law Journal，2002.

[18] 欧洲公司治理准则列表[EB/OL]. [2011-11-02]. http://www.ecgi.org/codes/all_codes.php.

[19] James E. Cicon，Stephen P. Ferris，et al. European Corporate Governance Codes：An Empirical Analysis of Their Content，Variability and Convergence[J]. Corporate Governance，2008(12).

[20] Comparative Study of Corporate Governance Codes Relevant to the European Union and Its Member

States: On behalf of the European Commission, Internal Market Directorate General[M]. Weil Gotshal and Manges, 2002.

[21] 有关欧盟公司法的发展情况[EB/OL]. [2011-11-03]. Summaries of EU legislation, http://europa.eu/legislation_summaries/internal_market/businesses/company_law/index_en.htm.

[22] Simon Deakin. Regulatory Competition versus Harmonization in European Company Law[R]. ESRC Centre for Business Research. University of Cambridge, 2000(3)

[23] 有关欧盟证券市场发展的情况[EB/OL]. European Securities Committee (ESC)[2011-10-25]. http://ec.europa.eu/internal_market/securities/esc/index_en.htm.

[24] Lutgart Van den Berghe. Corporate Governance in a Globalizing World: Convergence or Divergence?: A European Perspective[M]. Boston: Kluwer Academic Publishers, 2002.

[25] Wikipedia: Euronext[EB/OL]. [2011-11-01]. http://en.wikipedia.org/wiki/Euronext.

[26] Commission of the European Communities, Commission Staff Working Document, Report on the Implementation of the Directive on Takeover Bids(2007)[EB/OL]. [2011-10-17]. http://ec.europa.eu/internal_market/company/docs/takeoverbids/2007-02-report_en.pdf.

[27] 郑夏. 论统一世界公司治理制度的可能性[J]. 跨文化通讯,2009(2).

[28] 上海证券交易所. 上市公司治理问卷调查结果与分析[J]. 上市公司,2000(12).
何卫东. 深交所上市公司治理状况调查分析报告[N]. 证券日报,2003-12-18.

[29] 高明华,马守莉. 独立董事制度与公司绩效关系的实证分析——兼论中国独立董事有效行权的制度环境[J]. 南开经济研究,2002(2);王砚书,于佳欣,武侠. 上市公司独立董事制度与经营绩效关系的实证研究[J]. 管理观察,2008(23). 伊志宏,杜琰. 独立董事制度有效性实证研究[J]. 经济理论与经济管理,2005(11). 厦门大学管理学院,厦门证券有限公司. 我国上市公司董事会有效性的实证研究[J]. 上证联合研究计划第八期课题报告,2003.

(责任编辑:宋亚辉)

青 年 论 坛

强制企业兼并重组:一种行政征收

——重读“山西煤矿兼并重组事件”

孙展望 孙 祥*

摘 要 作为中国宪法重要事例之一的“山西煤矿兼并重组”折射出资源配置的多维性与复杂性,将其界定为民事意义上的矿业权转让,一味以市场化逻辑加以规范易偏离问题实质。依此思路改革,公共利益可能被武断地排除,同时政府行为亦得不到有效规制。这类煤矿兼并重组有明确的公共利益追求且包含强制因素,可以考虑扩充传统征收的边界,将征收形式多元化,以征收的制度模型来规范此类限制财产权的政府行为。

关键词 山西煤矿整合 兼并重组 强制 民事 行政征收

政府与市场的关系如何厘清,一直是困扰我国改革的一个重大命题,党的十八届三中全会公报也表明,中央将在今后进一步推进政府职能转变,确立市场在资源配置方面的决定性作用。但资源配置很多时候并非一个纯粹的经济问题,可能与环境治理、体制反腐等公共治理问题交织在一起性。这时候,简单地偏执于市场决定或政府主导都不可取,关键在于以法治的思路加以恰当的规范。

作为当代中国宪法重要事例之一的“山西煤矿兼并重组”肇始于2008年,持续数年,2012年大致结束,至今余波未息。①其中涉及的主要理论命题就是政府应当以何种方式干预市场,如何既保障企业家的经营权与财产权,同时又维护生态环境与经济健康发展等公共利益。如今事件已尘埃落定,许多信息也水落石出,热点的淡化反而有助于我们以一种客观、冷静的姿态重新审视这一场兼并重组的制度逻辑,并探究其中蕴含的具有普遍性的制度命题。

山西煤矿整合事件之所以成为社会各界关注热点,是因为其中山西省政府主导的“大吃小”式的兼并重组方式争议颇多。该方案表面上由兼并企业与被兼并企业充分协商签订“资产转让协议书”等,实际上却暗含强制性要求,并采取了各种强制手段。这究竟宜界定为一种民事意义上的兼并重组——因此政府不应当强制?还是宜界定为征收——因此应当用征

* 孙展望,南京审计学院副教授,法学博士。孙祥,湖南师范大学法学院讲师,法学博士。

① 2009年山西煤矿整合事件成为社会各界关注热点,并入选当年中国十大宪法事例之一,后又入选宪法学界“现行宪法施行三十周年三十大宪法事例”。摘自中国法学创新网:http://www.lawinnovation.com/html/xjdt/8187.shtml,2015年9月5日最后一次访问。

收的制度逻辑予以规范?哪种思路更加契合问题实质,更有助于推进产业改革,同时规范政府行为?这种新型的限制财产权的方式值得在学理上认真对待。本文力图抓住山西煤矿整合政策的实质,在超越实证法的层面,论证其已经构成征收。这虽与法院传统征收的界定有一定出入,但不妨碍用“征收”这一制度模型予以规范。

一、民事兼并重组?

山西煤矿整合的要点是到2010年,省内年产量300万吨、单井产量90万吨以下的煤矿必须以省政府指定的价格入股,或转让给其划定的省属大型煤矿企业以及其他符合条件的大型煤矿企业(包括民营),以建立大型煤矿企业为主的办矿体制。① 到2010年1月,据山西省政府提供的数据,企业主体已由2 200多家减少到130家。[1]2012年,山西省宣布煤炭资源整合结束。[2]

而山西省政府实现这种“大吃小”的主要法律手段是要求兼并主体与被兼并企业签订《资产转让协议书》及《采矿权转让合同》等。尽管合同上写明双方“充分协商一致”,但实际上采矿权价格是由政府指定,实物资产评估也由政府主导。由于认为政府强制不公平,这次重组遭到许多被兼并企业的抵制。政府则一方面采取下达政治任务的方式,整合行政系统内部力量,全力以赴完成兼并重组目标;[3]另一方面,各级政府部门采取了“勒令停产整顿、责令关闭矿山”等强制手段迫使被兼并方签定协议。[4]

有代表性观点认为,“山西煤矿兼并重组的实质,是对煤矿矿业权的处置和利益的再分配,是二级市场的矿业权转让,国土资源部门不得擅自撤销或变更已经生效的矿业权许可证,更无权强制矿业权人转让。”[5]其论证逻辑是:这是一场民事兼并重组,理应按照民事法律关系来界定,依据意思自治原则进行。问题是,这场兼并由政府主导,并且具有强制性,为什么就一定是民事性质的兼并而不是类似征收的一种行政强制呢?一味地强调兼并重组的市场性质有先验主义嫌疑。民事权利在遭遇公共利益时都面临制度上的例外,即可以受到适当限制。事实上,前述观点持有者也承认政府有权对矿业权进行强制征收,“前提是基于公共利益的需要并给矿业权人合理补偿”。[5]不过对于山西煤矿兼并重组当中是否存在公共利益追求这一关键性问题,他们则避而不答。而山西省政府之所以理直气壮地不回避兼并重组过程中的强制因素,恰恰就在于他们认定这场改革有公共利益依据,即“提高煤矿安全保障程度,提升煤矿整体开发水平”。② 当然,上述目标是否构成公共利益,强制兼并重组是否是实现上述目标的合法合理手段这些都值得分析。但一口咬定兼并重组的实质是民事意义上的矿业权转让而完全否定强制可能的合理性,则过于武断。

当然,如果能够通过民事思路(也即自由兼并重组)解决“山西煤改”所试图要解决的问题,强制自然就成了无源之水,无本之木。那么,能否通过市场竞争实现煤矿企业的优胜劣汰、“大进小退”?

---

① 参见《山西省人民政府关于加快推进煤矿企业兼并重组的实施意见》(晋政发〔2008〕23号),《山西省人民政府关于进一步加快推进煤矿企业兼并重组整合有关问题的通知》(晋政发〔2009〕10号),《山西省煤炭产业调整和振兴规划》(晋政发〔2009〕18号),《关于煤矿企业兼并重组所涉及资源采矿权价款处置办法的通知》(晋政办发〔2008〕83号)。

② 《山西省人民政府关于加快推进煤矿企业兼并重组的实施意见》(晋政发〔2008〕23号)。

自1996年《矿产资源法》规定矿业权有偿取得制度以后，矿业权的二级市场一直在成形、发展之中。但是多年来的现状是，山西一直矿难不断，生态破坏严重，产业水平整体偏低，市场似乎没有达到预期效果。这一方面与市场本身的局限有关——资本的逐利本性和安全、环保等要求背道而驰；另一方面，因为监管体系制度不完善，腐败严重，投资者在理性的驱动下，不是加大安全投资而是加大行贿力度。市场机制这一“看不见的手”在腐败严重的环境下失灵，没有“优胜劣汰”，反而“劣币驱逐良币”——活跃在山西煤矿行业的多是一些投机性资金，很少有规范的大型民企能够生存。[6]而兼并重组方案将中小煤矿投资者逼出煤矿行业，其隐含的一个逻辑就是斩断他们与监管体系之间的黑金链条，从根本上重塑市场的制度环境。在外部环境短期内无法有效改善的情况下，市场自由兼并的思路显然难以解决煤矿安全与产业水平问题。

退一步讲，即使坚持市场原教旨主义立场，强调只能通过民事思路改革，但这也未必能有效规范政府行为。如果一方面执政压力巨大①，另一方面可供运用的法律手段过于单一，执政者就可能会运用一些介乎合法与非法之间的手段去实现其政策目的。这实际上就将政府与被兼并方的博弈推向了法治平台之外，造成双输局面。

与其绝然地从民事的角度来解读或规范山西煤改，还不如坦然承认其中可能存在强制性理据，以“征收”的制度逻辑来思考山西煤矿整合运动，既能够把握山西煤改的实质，又能在制度逻辑上反思山西煤改，对其有更好的规范。

二、一种行政征收？

现代征收制度是调和公共利益与私人权利冲突的一种法律装置，其不主张私人财产权神圣不可侵犯，也不简单的唯公共利益至上，而是强调用一整套技术设置来保证公共利益的优先性，同时将对私人权利的限制和损害降到最低点。通过合理的征收程序，我们既可以避免武断地否定公共利益存在的可能，也不会当然的就默许政府的强制，而是借助征收程序中的审查机制，筛选公共利益，判断在山西煤矿行业，是否有必要通过损害公民财产权的方式去实现政府所追求的公共利益，以及可以损害到什么程度等。

如果说兼并重组的实质宜界定为政府基于某些公共利益的考虑对私人财产权的一种限制，那么，针对其中的强制特点，是不是可以将其纳入我国法律所规定的行政征收？

学界目前的主流观点都是将行政征收界定为“行政机关为了公共利益需要，依照法律规定将非国有财产收归国有，并给予补偿的一种行政行为。”[7](P251)依此标准，山西的兼并重组方案似乎不构成征收。首先，它不是政府（国家）将煤矿的资产收归国有，而是政府运用行政手段迫使某些煤矿将其资产以合同形式出让或入股到政府划定的煤矿企业，换言之，它是将某些市场主体的财产权②强制转让到另一些市场主体手中。这些接收主体当中，既有国有煤矿企业，也有民营煤矿企业，还有混合所有制企业。尽管对于国有企业作为接收主体的情

① 2006年至2008年，山西省连续两任省长因矿难事件在任职期间引咎辞职，其他市级领导因此下台的更是为数甚多，以至于山西被誉为官场的火山口。

② 被兼并方所享有的两类财产权受到严重侵犯。一是对有形资产（厂房设备等）所享有的所有权遭到剥夺，二是对无形资产（主要是采矿权）所享有的用益物权遭到剥夺。

形,可以在法教义学上证成其构成征收,但对于混合制企业、尤其是民营企业作为接受主体的情形,则很难在规范的意义上断言征收成立。[8]其次,被兼并企业的损失由兼并企业给予适当补偿。① 而传统上所理解的征收,补偿主体是国家,其理由很明显——由于被征收的财产是收归国有,所以被征收人的损失也由国家补偿。②

但除接收主体与补偿主体不同之外,强制兼并重组和一般的征收并无实质区别:第一,行政相对人失去了其合法拥有的财产权;第二,这是政府的行政强制手段所致;第三,政府的行政行为是基于公共利益诉求而非行政相对人有违法行为,因此不同于没收、罚款等行政处罚。从对公民财产权的影响程度来讲,其激烈程度丝毫不亚于国家作为接收主体的征收。

以往将"收归国有"作为征收定义的一部分,可能是认为只有收归国有才谈得上是符合公共利益。在大多数情形下也确实如此,但有些情形下则未必。譬如山西煤矿兼并重组中的财产权接收主体与补偿主体是大型企业,但其最终目的不是为了将财产权转移到这些企业,而是通过此举提高煤矿的产业化水平和机械化开采程度,从而减少矿难,改善生态环境等公共治理目标。在此意义上,接收主体的非国家化未必与公共利益矛盾。③ 而补偿主体也可以是国家以外的第三方——征收受益人,这一点也许会影响到补偿的法律关系定性——补偿变成了一种民事法律关系,但并不影响强制行为的法律性质——仍然是一种征收。[9]因此,"收归国有"与"国家补偿"很难说构成了征收的本质性要件。

而在山西煤矿整合当中,强制兼并重组行为区别于传统征收概念的那两点也正是其合理之处。与之相比,传统征收概念多少有些僵硬。兼并重组方案如果采取传统的国家征收模式,将中小煤矿企业的财产权先收归国有再出让给符合条件的大型煤矿企业,人为地增加了中间环节,加大了政府部门与企业的工作量,也给政府寻租增加了机会。而要求企业之间的直接兼并重组则操作简便,改革成本大减。与之相应的,国家也没有必要出面补偿,而是由受益方(接收主体)直接补偿被兼并人。

另外,强制兼并重组也不同于一般的财产权限制。后者是基于一般公共利益对不特定主体的财产权予以限制,且这种限制必须是有限度的,否则如霍姆斯所言,"财产权可以受到管制,但管制走得太远就构成征收"。④ 而征收是基于特定公共利益对特定公民的合法财产权造成了特别损害,让部分公民为公共利益做出了特别牺牲,有违宪法上的平等原则,因此必须给予补偿。[10](P427-428)强制兼并重组的实质是要求中小投资者为解决矿难和提高产业水平等公共利益做出特别牺牲,迫其出让财产权,应当视为一种征收。

所以,完全可以抓住实质性的要素,修正传统对征收的僵硬理解,将强制兼并重组行为纳入征收的范畴。以征收的视角来解析山西煤改,我们更能切入问题实质,对其获得更为恰当的理解,并作出恰当的批评与建议。

---

① 《山西省人民政府关于加快推进煤矿企业兼并重组的实施意见》(晋政发〔2008〕23 号)。

② 《宪法》第 13 条规定:"公民的合法的私有财产不受侵犯。国家依照法律规定保护公民的私有财产权和继承权。国家为了公共利益的需要,可以依照法律规定对公民的私有财产实行征收或者征用并给予补偿。"另外,沈岿、王锡锌、陈端洪、姜明安和钱明星在"关于对《城市房屋拆迁管理条例》进行审查的建议"也强调"依据宪法和法律,征收、补偿主体应该是国家,征收补偿法律关系应该是行政法律关系"。http://npc.people.com.cn/GB/14840/10553850.html,2015 年 10 月 3 日最后访问。

③ 美国也有学者强调公共利益并不等于就得"公共使用"。参见 Matthew P. Harrington, "Public Use" and the Original Understanding of the So-Called "Taking" Clause, Hastings Law Journal,2002(53)。

④ Pennsylvania Coal Co. v. Mahon 260 U.S. 393.

三、征收视角下的“强制兼并重组”

我国的《行政程序法》与统一的《公用征收法》均未出台，有关征收的法律规定散落在《宪法》《立法法》与《物权法》等法律当中，但都不够具体，可操作性不强，难以有效规范强制兼并重组这种行为。这也表明山西煤矿的强制兼并重组并不具有明确的法律依据，不符合法律保留原则要求。① 在法治主义者看来，立法的不完善不能成为政府超越法律的理由，行政领域强调“法无授权即禁止”。但在一个处于法治转型时期的社会，良性违宪论仍然有不小的市场，简单的法条主义回答多少显得有些苍白；而且从法学理论的角度而言，简单地追问合法与否容易遮蔽问题实质，关键是法条本身有没有提供一个合理的解决机制，这才是需要理论省思之处。

山西煤矿整合事件中最具争议的问题有两个：一、政府能否强制企业之间的兼并重组？二、给予被兼并企业的补偿是否合理？而这恰恰也是征收制度的两个主要部分——征收必须基于公共利益且给予合理补偿。下面，我们将超越实证法，在学理的层面，运用征收的制度要素（公共利益、合理补偿与正当程序）来对上述问题予以审视，并根据强制兼并重组本身的新特点提出合理化建议，进而为相关法条的完善提供智识上的帮助。

（一）征收目的必须经过实体与程序双层检验

实体层面，征收目的必须符合比例原则。依据山西省政府出台的煤改文件，兼并重组的目的在于通过把小企业变成大企业来扩大生产规模和机械化开采程度，从而“提高煤矿安全保障程度，提升煤矿整体开发水平”，可谓一石多鸟。但有不少学者对此提出质疑。学者秋风认为，兼并主体多是国有企业，而政府又是国企股东，指望政府有效监督自己企业的安全恐怕是一厢情愿。[11] 而钟瑞庆则提出，这些改革目标之间本身就存在龃龉。提高产业水平，暗含了山西省政府掌控煤炭市场的野心，而掌控市场与安全生产存在矛盾，前者的落脚点在于效益而非安全。[12](P120) 不过，从政府公布的一些数据来看，我国大型煤矿的安全事故率确实大大低于中小煤矿。[13](P345-346) 常见的说理是，国企的逐利冲动远低于私人企业主，靠违规生产来追求效益的冲动不大。当然，这些实体上的争论需要全面、深入的调查数据与社会科学研究成果支撑，法学不能越俎代庖。

另外，即使强制兼并重组确实有利于煤矿企业提高产业水平，减少事故率和环境破坏程度，但是否值得为此牺牲特定投资者的财产权？公共利益有没有大到这个程度？还有没有相对危害更小的改革方式？等等，所有这些实体问题都必须根据行政法上的比例原则予以拷问。

由于公共利益主要是一个“程度性”概念，而非“归类性”概念，对其的界定有赖于具体语境根据比例原则的衡量。[14](P20) 虽然法学难以在规范层面给出一个直接的答案，但能提供合理的方法与程序让具体的决策者去寻找“正确”答案。从现实来看，山西煤矿兼并重组方案完全由山西省政府单方面决定，这既不利于决策的科学、审慎，更重要的是，其违背了一条基

① 有关法律保留原则在山西煤矿整合事件中的规范境遇的分析，参见罗秀兰：《公权力、私权利与法律保留——从“山西煤改”事件切入》，《政法学刊》2010 年第 3 期。

本的法治原理——利害关系人应当回避。山西省政府作为征收发起人，而且是几大兼并主体的股东，其完全可能借兼并重组之名行经济利益之实。因此，强制兼并重组目的是否合理应该交由独立的第三方来裁决。① 在我国的现实与制度语境下，这交由地方人大及其常委来处理相对合理。基本程序是山西省政府作为征收发起人，事先准备几套改革方案，提请山西省人大举行听证会，由后者召集利益相关人，就改革方案的目的进行辩论。而山西省政府必须证明其强制兼并重组方案符合征收制度所要求的比例原则。

通过实体与正当程序双层检验，强制才能获得足够的正当性，也才能在最大程度上获得社会认可，并减少被兼并方的抵制。

（二）补偿应当合理

1. 补偿标准应当如何确定？

征收意味着被征收人必须为公共利益承受特别的牺牲，相应的，公共利益获得者（政府作为代表）也必须给予被征收人公平的补偿。我国现行法律仅仅规定征收必须“给予补偿”，而没有给出具体的标准。② 其实私人权利为公共利益让路本身就蕴含了对价补偿的要求。如果改革所要实现的公共利益要低于被兼并方的财产权利益，何必改革？此举并没有增加社会价值和财富的总量。如果公共利益大于被兼并方的财产权利益，何不公平补偿？在此意义上，能否给予足额补偿其实本身就是一块试金石。而现代宪政国家，通常根据市场价来评估被征收人的财产。一份财产到底值多少钱，通过自由交换最能衡量出其真实价格。[15] 我国矿业权二级市场已经形成多年，在客观上也为被兼并方的资产价格评估提供了现实条件。

被兼并煤矿的资产分两部分：有形资产（厂房设备等）和无形资产（主要是采矿权）。根据煤改文件，前者由山西省国资委指定评估机构评估，后者则由山西省政府统一划定补偿价格。其标准是：在《山西省煤炭资源整合和有偿使用办法》（山西省人民政府令 187 号）实施前（即 2006 年 2 月前）缴纳了采矿权价款的，除按剩余资源量退回其价款外，再补偿 100%；在此之后的则是再补偿 50%。③ 换句话说，主要资产（采矿权）的转让补偿价格由政府根据当初的出让价指定，最高 2 倍。虽然有山西官员认为该价格已经充分考虑到市场的溢价因素，比较合理。但按照被兼并煤矿企业主们的估算，“这个标准远远低于市场的评估价格，甚至还不及市场评估价格的一半”。双方之所以分歧甚大，原因在于采矿权进入二级市场后，几经流转，采矿权价格已经远远高于当初的出让价，有些甚至高出许多倍。对于后来从二级市场获得采矿权的投资者而言，政府指定的补偿价格尽管最高可达最初出让价格的两倍，但往往仍然远低于市场价。二级市场中采矿权价格的高涨是因为全球煤炭资源价格上涨所致，还是资本恶意炒作的结果？这些必须细致分析。但可以肯定一点，所谓市场价补偿，当以反映正常供需状况的市场为基础，否则公共利益就可能被资本炒作方攫取。[15]

对于双方的分歧以及其中纠结的经济学问题，可以通过由第三方主持的专家出席、利害

---

① 在我国现行的征收法律规定里，无论是征收农村集体土地还是城市房屋拆迁，政府既是征收发起人，又是公共利益的判断者。这种角色的错位，导致征收往往异化为假借公共利益之名肆意侵犯公民财产权，公共利益和私人权利都受到损害。

② 《宪法》第十三条，《物权法》第四十二条。

③ 《山西省人民政府关于加快推进煤矿企业兼并重组的实施意见》（晋政发〔2008〕23 号）第四条。

关系人参与的听证程序来解决。这种集专业知识与利益角力的程序可以大致保证补偿标准的公平性。

2. 如何保障征收受益人的补偿到位？

根据现行法律的规定，人们通常将征收中的补偿主体理解为政府。其实征收理论强调的是政府有义务确保补偿的落实，而不是只能由政府作为补偿主体。[16]一味地强调征收当中只能由国家来补偿，未免有意识形态化嫌疑实质，关键是技术上如何操作方便。当然，有些民事主体的信誉或者财力可能没有政府强，被征收人的权益可能会因此受到影响。对此，法律可以将政府作为补偿的连带责任人，如果征收受益人不予补偿，被征收人可以一并将其和政府告上法院。煤改文件中只规定了兼并主体是补偿人，而没有将政府作为连带责任人，这无疑是一种缺憾。而这其实又与整个煤改没有经过充分的民主讨论，尤其是没有听取利益受损方意见有关。政府完全主导政策内容，如果思虑不周，把改革成本推向弱势群体，这实际上并没有真正解决问题，而是将问题和矛盾累积在一起，推迟爆发而已，即推向了政策的执行当中乃至执行之后。①

总而言之，借助现代征收制度的三大要件（公共利益、合理补偿与正当程序），再结合强制兼并重组这种新型征收本身的特点，完全可以更为合理、合法（广义）地平衡公共利益与私人财产权之间的紧张关系。

四、结语

需要说明的是，强调用征收而非民事兼并的制度逻辑来审视“山西煤矿整合”并不就认为其是一种合法征收。事实上，无论从现有法律制度还是从征收的学理逻辑来看，山西煤矿兼并重组存在诸多违法嫌疑与不合理之处。之所以强调根据征收的制度逻辑来审视“山西煤矿整合”，理由是其比民事思路的视角能更恰当地理解整个事件的实质，从而更为公允的评判这一改革模式，并在制度层面思考更为现实、妥当的规范方案。

对于征收，民间一直畏之如虎，一方面是我国相关的征收制度不完善，不合理；另一方面则是几千年以来的暴力式征收给这个民族留下了许多阴影。其实征收是现代社会平衡公共利益与私人权利的一个调和机制。好的征收制度既可以帮助公共决策者办成利国利民的大事，防止私人利益集团鸠占鹊巢；又可以限制公权力肆意侵犯公民权利、与民争利。在公私领域的边界需要随时调整的今天，征收制度亟须完善，以便成为公权力与私权利双赢的法治装置。

参考文献：

[1] 肖明，刘春芳．山西煤炭重组经验将推广[J]．21世纪经济报道，2010-01-05.
[2] 高立萍．山西七大国有煤企集体亏损，曾强力整合中小煤矿[J]．北方金融，2014(11).

① 据媒体报道，山西煤矿整合的后期进展不顺。由于补偿标准不合理且补偿资金不到位，导致“煤炭交易协议的签订、主体的进驻、接管、证件办理、技术资料的收集和地质报告、设计方案的编制及矿井的关闭等一系列工作都陷于被动。”大多数企业签订的只是意向合同，很多兼并主体和地方政府目前仍为兼并重组的后遗症所累，所谓重组整合煤矿正式协议签订率达99.5%的水分很大。参见王秀强：《山西煤炭重组样本调查》，《二十一世纪经济报道》2010年9月3日。

[3] 刘鑫焱,张向斌.山西国土厅:换证任务不能如期完成,要求一把手辞职[EB/OL].人民网(2009-11-12).http://politics.people.com.cn/GB/14562/10372978.html.
[4] 何忠洲.临汾煤改:艰难的利益调整[N].南方周末,2009-11-05.
[5] 平云旺,张玉成.山西煤矿整合当重归自由市场[N].南方周末,2009-11-19.
[6] 叶檀.煤老板,为何无法成为企业家?[J].南都周刊,2010(2-3).
[7] 章剑生.现代行政法基本理论[M].北京:法律出版社,2008.
[8] 罗秀兰.公权力、私权利与法律保留——从"山西煤改"事件切入[J].政法学刊,2010(3).
[9] 米万英.澳门征收制度的特色[J].法学,2007(8).
[10] 陈新民.德国公法学基础理论:下册[M].济南:山东人民出版社,2001.
[11] 秋风.山西煤炭行业不公平的国有化[J].中国新闻周刊,2009(38).
[12] 钟瑞庆.对山西煤矿兼并重组方案的合法性分析[J].法学,2010(1).
[13] 王绍光.安邦之道:国家转型的目标与途径[M].北京:三联书店,2007.
[14] 徐继强.宪法权利规范的结构及其推理方式[J].法学研究,2010(4).
[15] Glynn S. Lunney. Compensation for Takings: How Much Is Just? [J]. Catholic University Law Review, 1993,42(4).
[16] 涂四益.从拆迁到征收——当下中国拆迁面临的问题、出路及难点[J].法学评论,2010(3).

(责任编辑:熊樟林)

公司法人人格否认制度的司法适用

卢　迎*

摘　要　对于公司法人人格否认制度在司法实践适用中的情况，本文的调查显示：第一，法院支持否认的比率总体上逐渐降低，东部地区法院的支持率低于中部和西部地区；第二，法院在判决时会考虑债权人的类型，虽然该因素对法院支持比率的影响较小，但在面对非自愿债权人时法院更倾向于否认公司的人格；第三，涉及公司法人人格否认的案件主要发生在股东人数较少、公司规模较小的有限责任公司中，且公司人格被否认的比率与股东人数、公司规模呈反向关系；第四，法院会倾向适用多种理由去否认公司的人格，并且其对每一个理由的认定标准较高；第五，债权人不能从公司获得全部清偿是判断债权人利益遭受严重损害的依据，且多数法院要求严重损害和股东的滥权行为之间存在因果关系。

关键词　公司法人人格否认　滥用公司人格　债权人保护

引言

（一）选题的背景

2005年《公司法》首次以成文法的形式确立了"刺破公司面纱"制度，亦称"公司法人人格否认"制度，这是我国公司法的一大创举。该制度最早起源于英美法系，主要由一系列的判例构成，其内容随着判例的发展而不断丰富。我国《公司法》第20条第3款对该制度的规定较为抽象，不易操作，因而在司法实践中引起的争议较大。

通过对中国知网和北大法宝的检索发现，以公司法人人格否认制度的司法适用为视角对这一制度进行实证研究的例证实属凤毛麟角。其中，较为完整同时也较为新颖的一篇为黄辉教授2012年在《中国法学》发表的"中国公司法人人格否认制度实证研究"。在这篇文章中，黄辉教授通过对2006年至2010年涉及公司法人人格否认制度案件的收集分析，从案件的时间分布、地域分布、公司人格的否认比率、公司类型等角度介绍了该制度在司法实践中的适用情况，同时也提出了自己对该制度的完善建议。[1]纵观学者们的著述，大都集中在有关公司法人人格否认制度的构成要件以及相关要件的判断标准上，这些讨论对解决现实问题的功效仍有待考量。法律的生命在于实施，作为法律体系中的一个创新性的制度也应通过实践得到检验，从中发现不足并加以改进。

* 卢迎，西南政法大学民商法学2013级硕士研究生。研究方向：商法学。

（二）调查说明

本篇文章的案例全部来自北大法宝和中国裁判文书网。通过交叉检索上述两个数据库，截止到 2015 年 3 月 10 日，笔者收集到与公司法人人格否认制度相关的案例共有 451 件。

需要说明的是，有部分案件为系列案件也即案件的原告或者被告、上诉人或者被上诉人一方为多数，这些案件的实质案情相同或者相近。为着眼于增强实证研究效率性这一目的，笔者特意将此类案件归为一个案件进行研究，这类案件共有 322 件。扣除后，剩余案件为 129 件。

此外，由于我国实行裁判文书网上公开制度时间尚短，北大法宝的更新速度较为缓慢且其对案件的分类不够精确，研究所依托的样本可能有局限，故研究结果的客观性会受到影响。

一、法院否认公司法人人格的比率

要对公司法人人格否认制度的司法适用情况进行研究，首先必须明确法院在司法实践中对该制度的适用偏好。实证研究法院的否认比率无疑是探求法院适用偏好的最佳方式。本部分，笔者选取了法院否认的总体比率和不同区域法院否认的比率两个要素进行分析。

（一）总体比率

表 1　法院否认公司法人人格的总体比率　　单位：件

时间	案件数量	否认	未否认	否认比率(%)
2014	6	2	4	33.33
2013	38	14	24	36.84
2012	12	5	7	41.67
2011	8	5	3	62.5
2010	16	13	3	81.25
2009	9	7	2	77.78
2008	20	13	7	65
2007	7	2	5	28.57
2006	13	8	5	61.53

从表 1 可以看出，总体上看，法院受理案件的数量大致呈现上升趋势，但公司法人人格被否认的比率却呈现明显的阶段性特征。2006 年到 2010 年，否认比率总体逐年增长，峰值出现在 2010 年，高达 81.25%；然而，2011 年到 2014 年，否认的比率却呈逐年降低的趋势。

对于此种现象出现的原因，可以从以下两个角度进行分析。首先，在 2005 年《公司法》颁布之前，我国公司治理水平比较低下，虽然存在股东滥用权力的行为，但由于缺乏成文法的规定，法院不能通过否认公司人格的方式来为债权人提供救济。《公司法》以成文法的形式确立该制度之后，法院为债权人救济权利寻找到了新的路径。在公司股东滥用公司人格和股东有限责任情形依旧频发的情况下，法院否认公司人格比率总体上逐渐上升也实属必然。其次，最高人民法院在2010年10月发布的《公司法》司法解释(三)的规定颠覆了法院以往的裁判思路。在该解释颁布之前，股东如若存在瑕疵出资等行为，法院就会倾向于否认公司的人格。但《公司法》司法解释(三)明确了股东即使零出资，公司人格也不得被否认的原则。上述转变，迫使法院在审理债权人以公司法人人格否认为由提起的侵权纠纷或合同纠纷时必须转变已有的裁判思维，严格依据司法解释的规定进行审理，因此在2011年之后，公司法人人格被否认的比率大幅降低。

（二）区域差异

表2　不同区域法院否认公司法人人格的比率　　单位:件

	省份	案件数量	否认	未否认	否认比率(%)
东部地区	北京市	7	2	5	28.57
	上海市	12	4	8	33.33
	浙江省	20	8	12	40
	广东省	8	3	5	37.5
	江苏省	9	3	6	33.33
	山东省	5	2	3	40
	河北省	3	1	2	33.33
	海南省	7	3	4	42.85
	辽宁省	2	1	1	50
中部地区	河南省	10	9	1	90
	湖南省	2	1	1	50
	湖北省	6	3	3	50
	江西省	5	3	2	60
	安徽省	3	2	1	66.67
	山西省	3	2	1	66.67
西部地区	重庆市	5	2	3	40
	四川省	2	2	0	100
	云南省	4	3	1	75
	陕西省	5	2	3	40
	甘肃省	5	4	1	80
	广西省	5	4	1	80
	贵州省	2	1	1	50
案件数量为1件的地区为青海、甘肃、宁夏、西藏					

表2从地域的角度展示了有关公司法人人格否认案件的分布情况，仔细解读，我们可以发现如下信息：

从否认比率上来看，中西部地区的法院在处理涉此类纠纷时往往更倾向于采用否认公司人格这一较为彻底的方式为债权人提供直接、有力的救济；东部地区的法院态度则相对比较谨慎、保守。

笔者认为，上述结果的出现与不同地域的法院对商事纠纷解决机制理念的理解有紧密联系。东部地区的法院在处理有关商事纠纷尤其是关乎现代公司制度基石的公司法人独立和股东的有限责任纠纷时，往往会更多的借助已有的商事纠纷解决机制，对各种商事解决机制进行综合的考量，更好的在保护债权人利益和维护现代公司制度基石之间寻求平衡。因此，东部地区法院在适用该制度之时态度自然会趋于谨慎，在存在对债权人的利益进行救济的其他途径时，除非能排除法院的合理怀疑，否则法院不会轻易适用该制度。相反，中西部地区的法院，可能由于法官法学专业能力的有限，导致法院对于该制度的理解不够精确，无法很好的把握该制度的立法目的，因此否认比例较高。笔者在整理、阅读和分析判决书时，非常直观的感觉到东部地区法院和中西部地区的法院所制作的判决书在质量、规范程度等方面差异非常之大。

二、债权人情况对法人人格否认的影响

债权人是提起公司法人人格否认诉讼的原告，同时也是法院运用司法权利救济的对象。从诉讼的角度而言，法院应该更注意保护哪类债权人的利益？从立法角度而言，授予债权人诉权的立法目的和价值是什么？通过对债权人情况的研究，将有助于我们找到答案。

（一）债权人类型

公司法学者根据商法的某些原则对商事债权人的类型进行了分类。[2]他们将商事债权人分为贸易债权人、机构贷款人和公司债券持有人等类型。这些划分反映了公司债权人类型的常态，有一定的意义，但其仍然无法揭示一般民事债权人和商事债权人在法律地位上的不同。笔者认为，只有能够体现管制强弱需要的划分，对于此部分的讨论才有价值。故而，笔者采纳了以缔约主体为标准，将债权人分为自愿性债权人和非自愿性债权人两种类型。根据此观点，合同债权人因为能够和公司主动进行磋商，债权债务关系是基于意思自治而形成的，因此属于自愿性债权人；[3]可归责于公司的侵权行为而获得的赔偿请求权的债权人是非自愿性债权人。此外，由于公司欺诈和虚假陈述而错误订立合同的缔约者，因合同并未正确反映此类债权人应该承担的风险，也应该归入非自愿性债权人这一范畴。[4]笔者根据上述标准将收集到的案例作了表3的归类。

表3　债权人身份对公司法人人格否认的影响　　单位：件

债权人身份类型	案件数量	否认	未否认	否认比率(%)
自愿债权人	72	34	38	47.22
非自愿债权人	47	35	12	74.47

通过对比分析可得知，在以非自愿债权人作为原告提起的公司法人人格否认诉讼时，法院更倾向于否认公司的人格。

自愿性债权人可以更多的获得与公司有关的经营信息，及时了解公司经营情况的变化，有更多的机会通过多种方式来保护自身利益免受损害。反过来，公司本身也会愿意和自愿性债权人达成协议，自我约束不从事具有过高风险性质的行为，以此避免额外的成本发生。

此外，政府的监管不力也造成了恶性事件的频频发生，产生了集团性的受害者，而有限责任则加重了对非自愿债权人利益的侵害。虽然在理论上，非自愿债权人可以通过事前的保险等方式降低面临的风险，但由于实践中风险的不可知性和极易变动性，实际上并不存在此类保险品种，因此需要《公司法》对其利益进行特殊保护。[5]

（二）债权人的主体

表 4 债权人主体对公司法人人格否认的影响 单位：件

债权人主体	案件数量	否认	未否认	否认比率（%）
自然人	85	49	36	57.65
法人	55	31	24	56.36
其他组织	0	0	0	0

需指出的是，表格 4 中的案件数量超过 129 个，原因在于部分案件中，原告同时包括法人和自然人，为了统计的精准性，笔者将其分类归入。

实证研究发现，债权人的类型对公司人格否认比率的影响较小。这和部分学者认为的公司类原告比自然人类原告负有更高的注意义务和防范风险的能力，因而否认比率更高的观点有所出入。[6]

笔者认为，无论是以公司类债权人作为原告还是以自然人作为原告而提起公司法人人格否认之诉，法院都必须结合特定的案件情况进行裁量。股东机会主义具有极强的隐蔽性，其早已超出债权人的识别能力，片面强调因为原告类型不同而赋予公司类债权人过多的注意义务，对其利益保护无益。

三、被告情况对法人人格否认的影响

虽然股东提起诉讼的目的是为了通过法院对特定案件的审查来否认公司的独立人格，最终使滥用权力的股东对公司债务承担连带责任。从表面上与债权人利益发生激烈冲突的应当是滥用权力的股东，债权人仅仅起诉股东即可。但通过笔者对所调查案件的分析发现，在所有涉及公司法人人格否认制度的案件中，原告都毫无例外的将公司和滥用权力的股东作为共同被告。故而，探求被告基本情况对公司法人人格否认的影响，势必也要从公司和股东两个角度来进行实证研究。

（一）公司情况

1. 公司类型

表 5　公司类型对否认比率的影响　　单位：件

公司类型	案件数量	否认	未否认	否认比率(%)
股份公司	0	0	0	0
有限公司	104	49	55	47.12
一人公司	25	23	2	92

需指出的是，为了更加全面直观的反映股东所在公司类型对公司法人人格否认比率的影响，笔者将一人公司作为独立的一类类型进行统计。

实证研究发现，公司法人人格否认之诉主要发生在有限责任公司中。法院否认有限责任公司人格的比率较高，其中一人公司的否认比率最高，股份有限公司否认比率为零。笔者认为，此种现象的产生是由于有限责任公司和股份有限公司所具有的不同特质诱发的。

首先，有限责任公司所有权和经营权分离的不完整性容易导致公司人格混同。和股份公司所有权和经营权完全分离，董事会作为独立的阶层有自己独立的责任体系不同，有限公司所有权和经营权趋于统一的特征，易导致股东的道德风险和机会主义。有限责任公司具有更高强度的人合性，股东有更多的机会将公司的经营风险不当地转嫁给债权人，因此有限公司的股东比股份公司的股东更容易面临否认公司人格的追索风险。这符合法人人格否认的法理基础，法院也由于该制度所具有的“威力”而更乐意适用。[7]

其次，有限责任公司的封闭性导致债权人所知信息的不对称。有限公司基于自由化公司法的趋势，加之《公司法》没有规定有限公司强制披露的内容，导致有限公司信息公开程度很低，存在信息不对称的现象。这一现象导致债权人获得信息的成本高昂，因此法院也更容易否认公司的人格。[8]而上市公司由于有严格的信息披露制度，财务报表、重大交易以及盈利状况都必须定期及时的公开，债权人可以根据信息进行自我保护，类似纠纷相对较少。

最后，有限公司契约化更容易导致滥用公司人格。有限公司的人合性较强，股东的意思自治赋予了章程更大的自由性，容易导致管理上的不规范，公司决策也多随意，因此多发生滥用公司人格的行为。相比之下，股份公司的法律管制相对严格、管理比较规范、社会信用充实，故而发生滥用公司人格的行为相对较少。[9]

2. 公司规模

公司性质与规模的差异导致公司在治理结构方面存在不同特征。如上所述，既然有限公司的人格否认比率较高，那是否意味着公司人格否认案件主要发生在规模较小的公司呢？其否认比率和公司规模又有何种关系呢？

表 6　公司规模对公司人格否认比率的影响　　单位：件

注册资本(万元)	案件数量	占样本比例(%)	否认	未否认	否认比率(%)
3～99	56	43.41	35	21	62.5
100～299	33	25.58	16	17	48.48
300～499	17	13.18	10	7	58.82
500～999	17	13.18	7	10	41.18
1 000	5	3.88	1	4	20
1 000 以上	1	0.78	0	1	0

实证研究发现，公司法人人格否认之诉主要发生在规模较小的公司，并且公司人格否认的比率和公司规模大体上呈现负相关关系。

笔者认为，公司资产是公司信用的基础，规模较小的公司其资产情况略微薄弱，股东滥用公司的独立人格对债权人利益造成的影响是直接的，缺乏缓冲的基础。债权人提出诉讼时，其利益已经遭受实质损害的可能性较高，法院会更倾向于否认公司人格。相反，对规模较大且资产较为稳固的公司而言，即使存在股东滥用权力的行为，但这一行为对债权人利益所造成的影响是间接的，加之不轻易否认公司独立人格和股东有限责任的观念已经深入裁判者内心，因此出现法院否认公司人格比率较低的现象也实属当然。

（二）股东情况

1. 公司股东人数

表7　被诉公司股东人数对公司人格否认比率的影响　　单位：件

股东人数（人）	案件数量	否认	未否认	否认比率（%）
1	25	23	2	92
2	45	24	21	53.33
3	30	16	14	53.33
4	25	5	20	20
5—10	4	1	3	25
10人以上	0	0	0	0

从表7的统计数据可以看出，公司法人人格否认之诉主要发生在股东人数较少的有限公司，并且股东人数越少，法院否认公司人格的比率就越高。

公司需要股东进行日常管理，股东人数越少，就意味着股东之间的人合性因素所起的作用更为强烈，股东对公司的控制能力越强就越有可能破坏股东之间的制约平衡机制。此外由于有限责任公司股权分布的单调性，使得股东的道德风险上升，因而法院否认公司人格的比率也较高。

笔者认为，法院否认一人公司人格比率较高的原因主要有以下两点：首先，我国一人公司确立的时间较晚，由于其本身所具有的特殊结构，导致公司人格被滥用的可能性相对较大；其次，在涉及一人公司的人格否认时，法院将证明财产混同与否的证明责任转移到被告，加之法院对《公司法》第63条的适用极其严格，因此导致一人公司的人格否认比率极高。

2. 股东表决权的比率

表8　被诉股东所持表决权的情况　　单位：件

表决权比例	案件数量	所占样本比重（%）
50%以下	32	24.81
50%以上	97	75.19

从表8中我们发现，在129个案件中，有75.19%的被诉股东拥有对公司的实际控制权，但这并不意味着滥用公司独立人格和股东有限责任的情形全都发生在控股股东之中，有

24.81%的非控股股东同样也可以实施滥权行为,也可以作为公司法人人格否认之诉的被告。

实证研究发现,控股股东虽然是公司法人人格否认之诉的主要被告,但公司非控股股东也可作为被告,被告的主体资格适格与否和股东的控制权并无必然联系。

笔者认为,这一实证研究的结果是合理的。因为在判断被告是否适格的时候,不应该首先从股东是控股股东还是非控股股东入手,而应从股东身份的判断和滥权行为的确认入手,股东究竟是否会实施滥权行为和其所处地位并无直接关联,对股东是否追究责任取决于股东是否实施了滥权行为,而不是其是否有参与公司决策和管理的机会。[10]

四、对股东滥用行为的分析

现行法非指法律的综合,毋宁是所有有效的法条及其裁判规则的集合。[11]行为要件的确认所要解决的问题是在何种情形之下、遵循何种标准、依据何种理由来否认公司的人格,具体到《公司法》第 20 条第 3 款的规定,就是要判断股东的何种行为属于滥用公司独立地位和股东有限责任的行为。

通过笔者对 129 个案例的分析发现,原告向法院请求否认公司人格的理由主要包括股东对公司过度控制、公司资本显著不足、股东不履行清算义务、关联关系四种。那么法院对这些理由的认定态度如何?这些理由与公司人格否认制度的关联如何?笔者将通过实证的方式予以揭示。

(一)过度控制

股东对公司的过度控制在某种程度上意味着股东有可能会使公司成为为自己谋求不当利益的工具。本部分统计原告通过向法院主张股东对公司构成过度控制请求法院否认公司人格的案件,得出法院采纳原告主张的比率,从而分析法院认定股东过度控制公司的比率与否认公司人格之间的关系。

1. 法院在司法实践中对过度控制的适用情况统计

表 9　法院在司法实践中对过度控制的适用情况统计　　单位:件

原告所主张理由	案件数量	法院认定构成过度控制	否认	未否认	否认比率(%)
过度控制	33	22	17	5	77.27

通过表 9 的统计结果我们可以发现,在笔者经过甄别收集到的 129 个案例中,原告通过向法院主张股东对公司构成过度控制请求法院否认公司人格的案件数量共有 33 件。其中法院认定股东的行为构成对公司过度控制的案件数量为 22 件,未予认定的案件数量有 11 件。

在法院认定股东对公司构成过度控制的 22 个案件中,法院最终裁决否认公司人格的案件数量为 17 件,否认比率为 77.27%,未予否认公司人格的案件数量为 5 件,未予否认的比率为 22.73%。

2. 对样本统计情况的分析

如上所述,法院一旦认定股东的行为构成对公司的过度控制,并且债权人因为股东的这种过度控制行为而遭受严重损害时，法院就会倾向于通过否认公司的人格的方式为债权人提供救济。

一般来说，控股股东拥有决定公司重大事项的权利是其股权效能的直接体现。在司法裁判中，法院在对股东的哪些行为会构成股东对公司的过度控制进行认定的时候，态度非常谨慎。他们普遍认为，在合理的限度之内，为了维护公司良好的运行基础，股东对公司的过度控制是允许的，只有在这种控制行为超过了股东行使权利的合理限度，才会认定股东实际上将子公司变成母公司的分支机构，丧失独立性。在认定股东的行为属于对公司的过度控制之时，也并不意味着法院就要否认公司的人格，只有在股东滥用控制权的行为严重损害了债权人的利益并且符合公司法人人格否认制度的其他构成要件的时候，法院才会在综合考量的基础上去否认公司的人格。

然而，不可否认的是，混同、公司形骸化都是股东过度控制公司所导致的结果。为了更好的呈现法院对过度控制的认定态度，笔者将在接下来的分析中将对混同、公司形骸化予以单独的说明。

（1）混同

表 10　法院在司法实践中对混同的适用情况统计　　单位:件

原告所主张理由	案件数量	法院认定构成混同	否认	未否认	否认比率(%)
混同	101	85	61	24	71.76

从表 10 的统计结果可以看出，在所收集到的 129 个案例中，原告主张股东和公司之间构成混同的案件数量为 101 件，占样本比例的 78.29%。最终法院认定股东和公司之间构成混同的案件数量为 85 件，未予认定的案件数量为 16 件。

在法院认定股东和公司之间构成混同的 85 个案件中，法院最终裁决否认公司人格的案件数量为 61 件，否认比率为 71.76%；未予否认的公司人格的案件数量为 24 件，未予否认的比率为 28.24%。

表 11　对混同具体内容的分析　　单位:件

理由		案件数量	否认	未否认	否认比率(%)
混同	财产混同	65	47	18	72.31
	人员混同	20	9	11	45
	业务混同	10	4	6	40
	经营场所混同	6	4	2	66.67

从表 11 的统计结果来看，混同行为进一步细分可分为财产混同、人员混同、业务混同、经营场所混同四种类型。法院适用混同中的财产混同和经营场所混同否认公司人格的比率分别为 72.31%和 66.67%，高于由于公司人员混同和业务混同而导致的公司人格被否认的比率。

公司财产是公司对外承担责任的基础，也是公司信用最主要的象征。公司和股东之间的财产混同意味着股东具有利用自身优势地位，隐匿、私吞或者非法转移公司财产的可能性，这势必会影响交易的安全和稳定，按照传统的裁判思维，法院会更倾向否认公司的人格。

对于经营场所混同，法院很少单独适用，更多的是将经营场所混同作为公司财产混同、业务混同、人员混同的认定依据。但应该明确，无论是财产混同还是经营场所混同，法院不认为这些混同本身有害于债权人，债权人必须承担因为这些混同而遭受损害的举证责任。[12]

此外，笔者还认为此种现象的产生和最高人民法院曾经在 2003 年拟出台的《关于审理公司纠纷若干问题的规定(一)》有关。该征求意见稿的第六部分专门规定了公司股东对债权人直接承担责任的几种情形，其中第 50 条规定的主要适用情形就是混同，包括资金混同、财产混同、业务混同等。虽然此规定最终未能正式施行，但还是对法院的司法审判产生了重要影响。

(2) 公司形骸化

表 12　法院在司法实践中对公司形骸化的适用情况统计　　单位:件

原告主张理由	案件数量	法院认定构成	否认	未否认	否认比率(%)
公司形骸化	21	16	13	3	81.25

从表 12 的统计结果可以看出，在所收集到的 129 个案例中，原告主张公司形骸化的案件数量为 21 件，占样本比例的 16.28%。最终法院认定公司形骸化的案件数量为 16 件，未予认定的案件数量为 5 件。

在法院认定公司构成形骸化的 16 个案件中，法院最终裁决否认公司人格的案件数量为 13 件，否认比率为 81.25%；未予否认的公司人格的案件数量为 3 件，未予否认的比率为18.75%。

笔者认为，上述现象的产生和传统的公司法学者在商法视角之上对公司形骸化的论述不无关系。有学者指出，基于公司形骸化理论的公司法人人格否认制度才是标准的“刺破公司面纱”制度，基于其他理论的公司法人人格否认制度都不属于该制度。[13]法院认为，在存在公司形骸化的情形之下，公司仅仅是一个虚假的幌子，纯粹是股东用来规避法律义务或者合同义务的一个工具。股东通过设立公司的形式可以获得商业交易的全部收益但却不承担相应的成本，即股东将公司行为的社会成本外部化，转嫁给公司其他的利益相关人，这与有限责任制度鼓励投资、促进交易安全和便捷性的设立初衷是背道而驰的，故而对此种现象应予以否定评价。

公司形骸化关注公司股东利用有限责任公司的外表来不合理转嫁风险的可谴责性，给公司外部的潜在债权人构成了威胁，故而法院在特定情形之下，有必要去否认公司的人格。但这是不是意味着法院在司法实践中对于公司的任何形式上的瑕疵都会去否认公司的人格呢?

在瑞信投资有限公司诉鲁南化肥厂等借款合同担保纠纷案中，法院认定鲁南化肥厂的企业组织形式不健全，股东和公司之间没有建立实质性的独立关系，因而属于典型的公司形骸化的表现。但法院又接着认定鲁南化肥厂公司形骸化产生的原因是由于我国公司体制的变革，因而应该给予一定的容忍，故而判决不予否认鲁南化肥厂的独立人格和股东的有限责任，责令其限期改正公司经营过程中存在的不规范的行为。类似的如在李满意诉石狮市利恒织造印染有限公司等分期付款买卖合同纠纷案、李策勋与云南津城保健品有限公司等股东有限责任纠纷赔偿纠纷上诉案、林云来等与上海南汇人民电器等优先公司等买卖合同纠纷等案件中法院都秉持类似观点。[①]

3. 小结

如上所述，法院对过度控制行为的认定标准较高，且根据此种行为否认公司人格的比率也较高。

（二）公司资本显著不足

公司资本是公司开展业务的基础，也是公司对债权人的偿债担保。如果没有充足的资本，公司将无法开展正常的业务活动，也无法及时清偿债权人的债权。本部分统计原告通过向法院主张公司资本显著不足请求法院否认公司人格的案件，得出法院采纳原告主张的比率，从而分析法院认定公司资本不足的比率与否定公司人格之间的关系。

1. 公司资本显著不足在公司法人人格否认制度中的适用情况

表 13　法院在司法实践中对公司资本显著不足适用情况的统计　单位：件

原告所主张理由	案件数量	法院认定构成资本显著不足	否认	未否认	否认比率(%)
公司资本显著不足	13	10	8	2	80

从表 13 的统计结果可以看出，在所收集到的 129 个案例中，原告主张公司资本显著不足的案件数量为 13 件，占样本比例的 10.08%。最终法院认定公司资本显著不足的案件数量为 10 件，未予认定的案件数量为 3 件。

在法院认定公司构成资本显著不足的 10 个案件中，法院最终裁决否认公司人格的案件数量为 8 件，否认比率为 80%；未予否认的公司人格的案件数量为 2 件，未予否认的比率为 20%。

表 14　不同时间法院适用公司资本显著不足的情况统计　单位：件

理由	时间(年)	案件数量	否认	未否认	否认比率(%)
公司资本显著不足	2006—2010	10	8	2	80
	2010—2014	3	0	3	0

从表 14 的统计结果可以看出，法院在司法实践中适用公司资本不足这一理由否认公司人格的比率情况明显分为两个阶段。在 2006 年到 2010 年之间法院否认公司人格的比率远高于 2010 年之后法院否认公司人格的比率。

2. 对样本统计情况的分析

需要说明的是，虽然判断公司资本是否充足的标准很多，但根据《最高人民法院关于适用〈中华人民共和国公司法〉若干问题的规定(三)》(以下简称《公司法解释三》)第 14 款第 2 条的规定，即使股东验资后又将出资全部撤出，或者虚构债权债务将出资全部转出，均无需对公司债务承担连带责任，而只需在抽逃出资的范围内对债权人承担补充清偿责任。因此在 2006 年到 2010 年，对于在实践中出现的由于股东抽逃出资等行为而导致公司资本显著

① 参见(2010)昆民五终字第 34 号判决书、(2010)浙台商终字第 234 号判决书、(2010)鲁民四初字第 2 号判决书、(2010)泉民初字第 284 号判决书。

不足的情形，法院会倾向于否认公司的人格，因此否认比率较高。而在2010年之后，新的《公司法》一般性的取消了设立公司最低注册资本的限制，公司资本是否充足的判断标准完全依靠法院的自由裁量来决定，对于之前司法审判中出现的股东抽逃出资等行为不能再适用公司法人人格否认制度对债权人提供救济。简而言之，虽然抽逃出资、股东瑕疵出资等行为在一定程度上也可以导致公司运营资本显著不足，但由于司法解释的例外，使得法院适用此种理由去否认公司人格的空间大为缩减。

此外，笔者认为，公司资本显著不足在实践中虽然被认为是公司人格被滥用或者不公平情形的最常见证据。在大多数的案件中，债权人以否认公司人格为由提起诉讼的重要动因就在于公司财产已经无法清偿其债权，而公司资不抵债的原因往往又与控股股东滥用股东权利进行不合理的关联交易、非法的利益输送等有关联。但对于何为判断资本不足的标准等关键问题只能借助于法官的自由裁量，而无任何实体法的依据。在做出正确判决、适中判决和错误判决之间，法官也会进行一番趋利避害的价值选择，尤其当前的这种司法环境更加剧了这种选择的效用，故而导致司法不能够对当事人的诉求及时给予回应。[14]

3. 小结

如上所述，法院适用资本不足这一理由否认公司人格的比率较高，但否认的比率呈现阶段性特征。

（三）股东不履行清算义务

公司清算的目的在于及时厘清公司的债权债务关系，维护交易的安全和稳定。本部分统计原告通过向法院主张股东未履行清算义务请求法院否认公司人格的案件，得出法院采纳原告主张的比率，从而分析法院认定股东不履行清算义务的比率与否定公司人格之间的关系。

1. 股东不履行清算义务在公司法人人格否认制度中的适用情况

表15　股东不履行清算义务在公司法人人格否认制度中的适用情况　　单位:件

原告所主张理由	案件数量	法院认定股东构成不履行清算义务	否认	未否认	否认比率(%)
股东不履行清算义务	10	6	4	2	66.67

从表15的统计结果可以看出，在所收集到的129个案例中，原告向法院主张股东不履行清算义务请求否认公司人格的案件数量为10件，占样本比例的7.75%。最终法院认定股东未履行清算义务的案件数量为6件，未予认定的案件数量为4件。

在法院认定股东未履行清算义务的6个案件中，法院最终裁决否认公司人格的案件数量为4件，否认比率为66.67%；未予否认的公司人格的案件数量为2件，未予否认的比率为33.33%。

2. 对样本统计情况的分析

通过对此类案件的进一步分析，笔者发现，在涉及股东不履行清算义务的10个案件中，有3个案件法院认定，虽然存在股东没有及时履行清算义务的事实，从表面上看，债权人的利益也受到了损害，但这些企业本身还能通过诸如重整、和解、变更公司章程等方式使得公司继续存续，重新焕发生机，应该给予公司一定的宽限时间，在此情形之下法院也不倾向去否认公司的人格。[①] 法院只有在股东怠于履行或者不履行清算义务，通过其他方式不能排除公司的经营障碍，并因此造成公司最终无法清算，严重损害了债权人利益之时，才会否认公司的独立人格和股东的有限责任。在王一江诉李日新等清算组成员责任纠纷一案中，法院也秉持类似观点。[②]

笔者认为，法院的这种判决，更多的是囿于学者主张的所谓“低频率刺破公司面纱”的影响。过于片面的追求维护公司的独立地位和股东的有限责任，未区分该制度适用的具体情况和立法初衷，为债权人救济权利设置了过多的障碍，价值判断超越已有的事实判断，因而使得债权人的诉讼成本陡增。

针对《公司法》对债权人利益保护薄弱的现状，笔者认为，法院在处理以股东怠于履行清算义务为由提起的涉及公司法人人格否认之诉时，要区分对待：在存在因股东怠于履行清算义务导致公司无法进行清算，并因此严重损害了债权人利益的情形之下，法院就可以否认公司的独立人格和股东的有限责任，而不必给债权人行使权利设置过多的条件。虽然依据2014年新修订的《公司法》第184条规定，债权人可以申请人民法院指定有关人员组成清算组进行清算，但此种情形往往会因为股东的下落不明而难以进行。这种情形之下，直接排斥股东承担有限责任的适用，可以最大限度同时也最大力度的保护债权人的合法权益。[③] 而在公司虽怠于履行清算义务但此时公司依然可以进行清算的情况之下，就不能再对该条款做出扩大解释，即使股东的行为可以归入滥用权力的范畴且对债权人造成了实质损害，也不可否认公司的独立人格，法院应当依法行使释明权引导当事人依据2014年修订的《公司法》第182条的规定寻求法律救济。[④]

3. 小结

在司法实践中，法院适用股东不履行清算义务这一理由去否认公司法人人格的态度异常谨慎。

（四）关联关系

在公司实践中，存在大量的借助合法的合同形式损害合同相对方利益的情形，而利用关联关系进行公司日常经营并利用公司的独立人格和股东的有限责任逃避债权人追究的情形更是尤为常见。本部分统计原告通过向法院主张关联关系请求法院否认公司人格的案件情况，得出法院采纳原告主张的比率，从而分析法院认定关联关系的比率与否定公司人格之间的关系。

---

① 参见(2013)宿中商终字第0057号、(2013)秀民初字第43号、(2009)信中民初字第(112)号、(2011)浙金商终字第798号、(2012)沪一中民二终字第1823号判决书。

② 参见(2008)安商初字第1634号判决书。

③ 2014年新修订的公司法第184条规定：“公司因本法第一百八十一条第(一)项、第(二)项、第(四)项、第(五)项规定而解散的，应当在解散事由出现之日起十五日内成立清算组，开始清算。有限责任公司的清算组由股东组成，股份有限公司的清算组由董事或者股东大会确定的人员组成。逾期不成立清算组进行清算的，债权人可以申请人民法院指定有关人员组成清算组进行清算。人民法院应当受理该申请，并及时组织清算组进行清算。”

④ 最高人民法院在审理的北京城乡吴都建设有限公司诉杨金贵、翟宝刚、高世英建设工程施工合同案中秉持类似观点。

1. 关联关系在公司法人人格否认制度中的适用情况

表 16　关联关系在公司法人人格否认制度中的适用情况　　单位:件

原告所主张理由	案件数量	法院认定	否认	未否认	否认比率(%)
关联关系	13	10	2	8	20

从表 16 的统计结果可以看出,在所收集到的 129 个案例中,原告通过向法院主张关联关系请求法院否认公司人格的案件的案件数量为 13 件,占样本比例的 10.08%。最终法院认定构成关联关系的案件数量为 10 件,未予认定的案件数量为 3 件。

在法院认定构成关联关系的 10 个案件中,法院最终裁决否认公司人格的案件数量为 2 件,否认比率为 20%;未予否认的公司人格的案件数量为 8 件,未予否认的比率为 80%。

2. 对样本统计情况的分析

关联关系是现代公司制度发展中出现的新现象,能否对关联企业适用公司法人人格否认制度取决于对《公司法》第 20 条第 3 款的解释。实证研究发现,在司法实践中,法院对法条的解释出现了明显的分歧。如上所述,在认定构成关联关系的 10 个案件中,法院只在 2 个案件中否认了公司的人格,否认比率为 20%。

在上诉人四川泰来装饰工程有限公司、四川泰来房屋开发有限公司与中国信达资产管理公司成都办事处借款担保合同纠纷案中,最高人民法院认定,四川泰来装饰工程有限公司、四川泰来房屋开发有限公司之间存在关联关系,并且通过不正当的关联交易进行利益输送,且泰来装饰工程有限公司对泰来房屋开发有限公司存在过度控制等情形,故而否认了两公司的独立人格和股东的有限责任。①

在四川通信服务公司与四川金融租赁股份公司、中国建设银行成都市金河支行借款担保纠纷案中,法院虽然认定四川通信服务公司与四川金融租赁股份公司存在关联关系,但根据《公司法》第 20 条第 3 款的解释,公司法人人格否认制度的被告只限于公司的股东,对于非公司股东不得随意否认公司的人格,以免使得该制度被滥用,进而动摇公司制度的基石。但在该案中,法院也阐述了一种比较新颖的观点,即公司法人人格否认制度并不是保护债权人利益的唯一手段,即使不否认公司法人的人格,也并不意味着债权人的利益不能得到保护,债权人可以借助其他法律如《侵权责任法》《民法通则》的规定寻求权利救济。在陈建民诉德清县三丰食品有限公司等运输合同纠纷案、北京广利康医药科技开发有限公司与康恩贝集团有限公司技术委托开发合同纠纷上诉案中,法院也都秉持类似观点。从以上几则案例中可以看出,法院对于关联关系能否适用公司法人人格否认制度的争论主要集中在是否可以对《公司法》第 20 条第 3 款进行扩大适用,但主张不能扩大适用的观点成为主流观点。②

有学者认为,根据《公司法》第 20 条第 1 款后半段的规定,即股东"不得滥用公司法人独立地位和股东有限责任损害公司债权人的利益",可以包含股东滥用公司人格导致的利益不当输送的其他情形。该款为一般规定,只要属于股东滥用公司法人独立地位和股东有限责任的情形,均在该款的规制范围之内,即使某些滥用情形不属于第 3 款的规制范围。[15]

① 参见(2008)最高人民法民二终字第 00112 号判决书。

② 参见(2009)湖德商初字第 374 号判决书;(2008)浙民三终字第 181 号判决书;(2011)皖民字第 1123 号判决书。

如上所述，对于裁判者争论不休的公司法人人格否认制度究竟能否适用于关联交易的问题，笔者认为从维护公司制度基石的角度考虑，不应该将其随意适用。

首先，《公司法》关于公司法人人格否认制度的规定只是涉及了传统的公司人格否认情形，即滥权股东对公司的债务承担对债权人的连带责任。从《公司法》第 20 条第 3 款的规定可以看出，无论是实施滥权行为的主体还是最终承担责任的主体均为公司的股东。在关联企业中，承担责任的主体不限于公司股东，而扩展到关联公司，鉴于此，无法直接适用《公司法》第 20 条第 3 款的构成要件。

其次，公司法人人格否认制度的立法目的在于对因为股东滥用公司独立地位和股东有限责任而使利益遭受损失的债权人提供救济，但绝非意味着只要存在股东的滥权行为，债权人就能或者只能通过公司人格否认制度获得救济。公司人格否认制度与其他民事法律法规为债权人提供的救济途径是并存的，而非只能选择其一的关系。[3]

再者，在关联交易中，裁判者如若认定关联公司、姐妹公司实质上已经沦为股东任意摆布的工具，则法院只需判定否认其中一个公司(债务人)与股东的人格，通过执行滥权股东在另一个关联公司中的股权，一样可以使债权人受偿。也即否认公司人格不是最终使关联公司承担对债权人的连带责任的必要条件，法院只要是认定成立共同侵权或者通过运用《民法通则》中诚实信用原则加以权衡即可达到目的。

最后，根据《侵权责任法》第 2 条的规定，侵权行为的客体包括财产权益，而财产权益是一种绝对权。在公司法人人格否认之诉中，公司和债权人之间成立的是一种有效的债权债务关系，而该制度其本质就是对第三人可以侵犯债权的一种突破，让侵犯债权的股东对公司债务承担连带赔偿责任有正当的法理依据。

故而综上，公司法人人格否认制度固然是对债权人利益进行救济的一种途径，但绝非唯一有效的路径。《公司法》第 20 条第 3 款的规定只是一种典型的公司法人人格否认制度，对于在司法实践中发生的非典型性的公司人格否认案件，裁判者不应该盲目对《公司法》第 20 条第 3 款进行扩张解释否认公司的独立人格和股东的有限责任，从而破坏法的安定性和可预测性，而应当寻求其他法律所提供的救济途径，虽不轻易否认公司的人格，但在实际上亦可到达同否认公司独立人格相同的法律效果。

3. 小结

如上所述，在司法实践中，法院不会因为关联关系而轻易否认公司的人格。

五、对损害债权人利益的分析

从《公司法》第 20 条第 3 款的规定看，债权人要提起公司法人人格否认之诉需要证明其因为股东的滥权行为其利益遭受到了严重损害。该要件其实包含了两个方面的证明内容：其一，债权人利益受到严重损害；其二，该损害和股东滥权行为之间存在因果关系。这就意味着，如果股东虽有滥权行为，但债权人利益未受到严重损害或者债权人利益虽然受到严重损害，但其所受到的严重损害和股东的滥权行为之间没有因果关系，法院都不会否认公司的人格。那么，债权人起诉如何判断自身利益是否遭受严重损害以及两者之间的因果关系呢?笔者将予以如下分析。

（一）严重损害

在笔者所收集到的129个案例中，法院认定因为公司不具备清偿能力而导致债权人无法完全从公司获得全部清偿，因而认定债权人利益受到严重损害的案件有70个，占所有案件比重的54.26%；债权人能够从公司清偿，或者暂时不能从公司获得清偿，法院认定债权人利益未受到严重损害的案件为50个，占所有案件比重的38.76%；未予论证债权人利益是否遭受严重损害的案件为9个，占所有案件比重的6.98%。

如上所述，债权人无法从公司获得完全清偿是判断债权人利益遭受严重损失的实质要件，但也存在法院不对债权人利益遭受损害的程度进行界定而径行裁决的情形。

笔者认为这一结果总体是合理的，但同时对严重损害的判断标准还应根据债权人类型的不同有所区分。债权人无法从公司获得清偿作为证明其利益受到严重损害的正当性毋庸置疑，但对某些非自愿债权人尤其是侵权行为的受害人、劳动债权的债权人，可能其债权的部分损失对其来说就已经是极其严重的，如果法院不考虑这些因素，而采用一刀切的方式直接裁定不予否认公司法人人格，这对此类债权人来说也是不公平的。[16]

（二）因果关系

在笔者收集的129个案例中，法院认为需要证明债权人遭受的损害和股东的滥权行为有因果关系的案件为82个，占所有案件比重的63.57%；法院认为不需要证明债权人遭受的损害和股东的滥权行为有因果关系，只需从股东行为推定的案件有31个，占所有案件比重的24.03%；未予提及的案件为15个，占所有案件比重的11.63%。

如上所述，从结果来看，绝大部分案件法院需要债权人证明因果关系的存在，但也存在法院从行为推定是否具有因果关系的情形。

笔者认为，因果关系不应该作为公司法人人格否认之诉的要件之一，也不应需要债权人进行证明。

首先，公司人格被否认的原因是因为公司的独立人格和股东的有限责任被滥用，致使公司丧失人格独立性、丧失独立承担责任的基础。从公平正义的角度出发，不应该仅仅由公司对债权人承担责任，滥权股东也应该承担连带责任。而至于债权人无法从公司获得清偿是否是因为股东的滥权行为而产生，其本身并不是该制度所关注的核心。

其次，从股东具体滥权行为的表现上来看，也并非股东所有的滥权行为都有可能会造成公司偿债能力的减损。如笔者在对行为要件的分析时指出，在资本明显不足和财产混同的情形下，该滥权行为确定会造成公司财产的减损和公司偿债能力的不足，致使债权人无法获得清偿的因果关系比较容易证明。但在人员混同、过度控制、欺诈等情形之下，则很难认定股东滥用权力的行为和债权人利益所受损害之间存在因果关系，片面强调债权人对因果关系的举证责任对其利益保护不利。所以，债权人在诉讼中只需证明其利益收到了严重损害即可，而无需证明其利益所受的损害和股东的滥权行为之间存在因果关系。

六、结论

综上所述，本文笔者利用实证研究的方法，通过对与公司法人人格否认制度有关的129

个案例的归纳和分析，得出了如下结论：

第一，法院支持否认的比率总体上逐渐降低，东部地区法院的支持率低于中部和西部地区。

第二，法院在判决时会考虑债权人的类型，虽然该因素对法院支持比率的影响较小，但在面对非自愿债权人时法院会更倾向于否认公司的人格。

第三，涉及公司法人人格否认的案件主要发生在股东人数较少、公司规模较小的有限责任公司中，且公司人格被否认的比率与股东人数、公司规模呈反向关系。

第四，法院会倾向适用多种理由去否认公司的人格，并且其对每一个理由的认定标准较高。

第五，债权人不能从公司获得全部清偿是判断债权人利益遭受严重损害的依据，且多数法院要求严重损害和股东的滥权行为之间存在因果关系。

附录

实证研究结果的客观与否取决于所研究样本的真实性，为了更好的展示在此篇文章中所援用的样本，笔者现将收集到的案例以表格的形式做一汇总。

年份	案件编号
2014	(2014)晋中商初字第 187 号、(2014)苏执复字第 0007 号、(2014)山东费初字第 58 号、(2014)湖吴康商初字第 57 号、(2014)宝民初字第 5972 号、(2014)信中法民终字第 1732 号
2013（此处少 4 个）	(2013)吴江商初字第 0833 号、(2013)奉民二商初字第 1376 号、(2013)粤高法民终字第 148 号、(2103)鲁高法民终字第 036 号(2013)浙甬商再终字第 12 号、(2013)浙甬商再终字第 15 号、(2013)浙甬商再终字第 17 号、(2013)东中法民二终字第 1275 号、(2013)东中法民二终字第 1269 号、(2013)东中法民二终字第 1268 号、(2013)江中法民二终字第 215 号、(2013)信中民初字第 117 号、(2013)新民初字第 5972 号、(2013)浙甬商再终字第 7 号、(2013)晋中法民一终字第 2046 号、(2013)奉民二商初字第 1908 号、(2013)鲁提民字第 331 号、(2013)锡法商初字第 0089 号、(2013)鄂监二抗再终字第 00036 号、(2013)晋中民初字第 101 号、(2013)鄂监二抗再终字第 00038 号、(2013)鄂监二抗再终字第 00040 号、(2013)苏民终字第 0001 号、(2013)徐民二商初字第 619 号、(2013)徐民二商初字第 620 号、(2013)宿商终字第 0056 号、(2013)宿商终字第 0057 号、(2013)秀民初字第 43 号、(2013)湖长初字第 234 号、(2013)菏民一终字第 641 号、(2013)常商终字第 267 号(2013)高民申字第 03342 号、(2013)肇四法民初字第 707 号、(2013)浙绍商终字第 1149 号、(2013)一中民终字第 13745 号、(2013)高民终字第 611 号、(2013)穗中法审监民抗再字第 55 号、(2013)奉民二(商)初字第 1376 号
2012（此处少 1 个）	(2012)济商初字第 77 号、(2012)闵民二商初字第 77 号、(2012)穗中法民二终字第 2590 号、(2012)浙金商终字第 798 号、(2012)常商终字第 452 号、(2012)沪一中民二(民)终字第 1823 号、(2012)执复字第 30 号、(2012)沪二中民四(民)终字第 910 号、(2012)金民二商初字第 77 号、(2012)浙甬商字第 131 号、(2012)晋中民二终字第 1182 号、(2012)泰中初字第 245 号
2011	(2011)浙温商终字第 914 号、(2011)苏商终字第 0107 号、(2011)皖民二终字第 00111 号、(2011)皖民字第 1123 号、(2011)豫开商初字第 210 号、(2011)徐民二商初字第 1210 号、(2011)鲁商初字第 673 号、(2011)浙金商终字第 798 号
2010	(2010)陕民再字第 00013 号、(2010)鲁民四初字第 2 号、(2010)沪一中民四(商)终字第 2316 号、(2010)沪一中民四(商)终字第 2531 号、(2010)泉民初字第 382 号、(2010)青民二(商)初字第 1763 号、(2010)泉民初字第 284 号、(2010)皖民二终字第 00150 号、(2010)开民二初字第 2330 号、(2010)渝五中法民终字第 3029 号、(2010)北民二初字第 220 号、(2010)浙台商终字第 234 号、(2010)昆民五终字第 34 号、(2010)佛中法民一中字第 324 号、(2010)浙温商终字第 1276 号、(2010)句执字第 0961 号

续表

年份	案件编号
2009 (此处少1个)	(2009)桂民一终字第118号、(2009)桂民一终字第612号、(2009)渝四中法民终字第720号、(2009)汨民初字第328号、(2009)东商终字第138号、(2009)浙湖商终字第134号、(2009)浙湖商终字第148号、(2009湖德商初字第374号、(2009)信中民初字第112号、(2009)泉民初字第108号
2008	(2008)甬民二初字第2920号、(2008)安商初字第1634号、(2008)浙民三终字第181号、(2008)高法民二终字第00112号、(2008)玄民二初字第124号、(2008)香执字第79号、(2008)香执字第11号、(2008)平民初字第1960号、(2008)郑民三终字第1285号、(2008)沪高民四(海)终字第105号、(2008)平民初字第3065号、(2008)张商终字第390号、(2008)鲁民提字第214号、(2008)沪一中民三(民)终字第1839号、(2008)黑商终字第60号、(2008)霸民初字第4112号、(2008)浙湖商终字第577号、(2008)宜民一再终字第00012号、(2008)松民三(民)初字第2501号
2007	(2007)高民商初字第127号、(2007)惠民初字第2269号、(2007)穗中法知民终字第790号、(2007)泰中商终字第00248号、(2007)苏民初字第0004号、(2007)牧民二初字第391号、(2007)牧民二初字第391号
2006	(2006)门民初字第180号、(2006)湖民初字第1945号、(2006)苏中民二终字第312号、(2006)闽民终字第615号、(2006)佛中法民一终字第396号、(2006)沪一中民四(商)终字第226号、(2006)高民终字第362号、(2006)汨民初字第328号、(2006)东商终字第138号、(2006)浙湖商终字第134号、(2006)浙湖商终字第148号、(2006)湖德商初字第374号、(2006)北新民初字第2256号

参考文献：

[1] 胡晓静. 公司法专题研究：文本、判例、问题[M]. 武汉：华中科技大学出版社，2013.
[2] 刘俊海. 现代公司法[M]. 北京：法律出版社，2011.
[3] 黄辉. 现代公司法比较研究[M]. 北京：清华大学出版社，2011.
[4] 虞政平. 股东有限责任：现代公司法律之基石[M]. 北京：法律出版社，2001.
[5] 刘俊海. 公司的社会责任[M]. 北京：法律出版社，2007.
[6] 张民安. 公司法上的利益平衡[M]. 北京：北京大学出版社，2008.
[7] 丁广宇. 有限责任公司的债权人保护：理论和实践[M]. 北京：法律出版社，2011.
[8] 韩丽红. 公司人格否认制度在民事执行中的适用[J]. 人民司法，2008(17).
[9] 刘俊海. 新公司法的制度创新：立法争点与解释难点[M]. 北京：法律出版社，2006.
[10] 王保树. 商事法论集[M]. 北京：法律出版社，2005.
[11] [德]卡尔·拉伦茨. 法学方法论[M]. 陈爱娥，译. 北京：商务印书馆，2003.
[12] 孟勤国，张素华等. 公司法人人格否认理论与股东有限责任[J]. 中国法学，2007(3).
[13] 金剑锋. 公司人格否认理论及其在我国的实践[J]. 中国法学，2008(2).
[14] 徐琼. 资本不足适用公司人格否认理论之质疑[J]. 政治与法律，2014(3).
[15] 朱慈蕴. 公司法人人格否认：从法条跃入实践[J]. 清华法学，2007(2).
[16] 王保树，崔勤之. 中国公司法原理[M]. 北京：中国社会科学文献出版社，2006.

（责任编辑：宋亚辉）

论我国宪法宣誓制度之构建

高谭媚　贾燕飞*

摘　要　宪法宣誓制度的建立是一个国家政治文明的体现，世界上绝大多数国家和地区均建立了宪法宣誓制度，我国各地方也早有宪法宣誓现象，但是完善的宪法宣誓制度仍未建立。本文在总结我国各地方宪法宣誓现象、分析借鉴联合国193个成员国宪法规定的基础上，对我国建立宪法宣誓制度提出了系统建议。要建立宪法宣誓制度，关键在于对宪法宣誓主体、程序、时间、地点以及法律地位等内容的规定，难点在于对违反宪法宣誓誓言法律后果的设计。

关键词　宪法　宪法宣誓　制度设计　法律保障

宪法是国家的根本大法，是一切法律的基础和本源，党的十八届四中全会提出依宪治国是依法治国的基石。宪法宣誓制度对于彰显宪法权威，维护宪法尊严，提高公民的宪法意识，重塑公民的宪法信仰，强化公职人员的使命感和责任感具有极其重要的意义。目前世界上193个国家，其中127个国家的宪法文本中规定了宪法宣誓制度，只有66个国家的宪法文本中没有规定该制度，我国就是其中之一。[①]由于没有建立起统一的宪法宣誓制度，实践中的宪法宣誓活动由于缺乏法律上的规范及监督，往往流于形式，甚至仅仅是一种高调作秀。2014年党的十八届四中全会通过的《中共中央关于全面推进依法治国若干重大问题的决定》（以下简称《十八届四中全会决定》）指出，我国要"建立宪法宣誓制度，凡经人大及其常委会选举或者决定任命的国家工作人员正式就职时公开向宪法宣誓"[②]。2015年7月1日，全国人民代表大会常务委员会通过了《全国人民代表大会常务委员会关于实行宪法宣誓制度的决定》（以下简称《实行宪法宣誓制度的决定》），勾勒出了宪法宣誓制度的雏形。如何在新时期下深入推进宪法宣誓制度建设，成为我国宪法宣誓制度所面临的重大课题。

一、宪法宣誓制度内涵分析

宪法宣誓，是指新任的国家公职人员对宪法的起誓，即在一定的仪式中当众表示遵守、维护、捍卫宪法的决心。宣誓者在拥有宪法赋予的权力后，通过一种公众性的、可视化的仪

* 高谭媚，四川大学法学院硕士研究生。主要研究方向：宪法与行政法学。贾燕飞，四川大学法学院硕士研究生。主要研究方向：宪法与行政法学。

① 数据来源于笔者对联合国193个成员国宪法的统计，统计资料为：《世界各国宪法》编辑委员会. 世界各国宪法. 北京：中国检察出版社，2012。

② 新华社. 授权发布：中共中央关于全面推进依法治国若干重大问题的决定[EB/OL]. http://news.xinhuanet.com/2014-10/28/c_1113015330.htm，2015-1-23。

式，对其如何对待责任和职权进行宣誓，从而达到自我内心对宪法的认同，并以宪法约束自我行为，承担违背誓言所造成的不利法律后果。宪法宣誓制度，则是将宪法宣誓概括为一种一般的行为准则，并通过国家强制力来保障其被普遍遵守的制度。相较于其他宣誓制度，宪法宣誓制度具有如下几个特征：

1. 宪法宣誓制度的重要性。一国的宪法宣誓制度往往为宪法所规定，在联合国193个成员国中，就有127个国家的宪法文本规定了宪法宣誓制度，赋予其至高无上的法律地位。不仅如此，为了体现对宪法宣誓的重视，许多国家还在宪法中详细规定了宣誓的日期、宣誓的地点、宣誓的对象，甚至包括领誓人、宣誓人宣誓的动作等。同时，宪法宣誓制度具有自身特殊的意义，要么是公职人员就职的标志，要么是就职的前提，体现出宪法宣誓的重要性。宣誓忠于宪法意味着对宪法的遵守和维护，相应地，也要承担因违背誓言而造成的法律后果。

2. 宪法宣誓主体的公职性。宣誓主体一般是国家公职人员，例如一国的形式元首或是政府官员，有些国家甚至把司法人员及一般公务员也纳入到宪法宣誓制度中，以体现宪法至高无上、全民守法守宪的重要理念。如《利比里亚共和国宪法》规定，“担任公众信任的所有职位的所有公务人员及雇员，无论是选举的或是任命的，应同意下列庄严的誓词或誓言”[1](P497)。而其他宣誓制度的宣誓主体并非国家公职人员，而是其他职业的工作人员或者一般的社会成员，例如司法部《关于建立律师宣誓制度的决定》第1条规定，“经司法行政机关许可，首次取得或者重新申请取得律师执业证书的人员，应当参加律师宣誓”。

3. 誓词内容的特殊性。宪法宣誓誓词以“拥护宪法、忠于宪法、遵守宪法”为基本内容，再辅以“忠于国家”“忠于人民”“忠实地履行职责”等内容，重在强调以宪法规范自身行为，并受宪法监督与制约。而效忠宣誓、保密宣誓等宣誓制度并不包含“拥护宪法、忠于宪法、遵守宪法”的内容，例如《圣克里斯托弗和尼维斯宪法》在附件四中规定的效忠宣誓和保密宣誓誓言分别为：“我将根据法律，真诚效忠于伊利莎白女王二世陛下、她的继承者和后代”，“作为内阁成员在任何情况下无论任何原因不泄露由任何部长作出的会议、建议、观点或投票的内容，除非有内阁授权且又符合圣克里斯托弗和尼维斯政府行为要求，我不会直接或间接泄露内阁的工作事项或程序，或泄露作为内阁成员（或秘书长）掌握的事项”。[2](P720)

二、我国宪法宣誓制度的现状

（一）各地宪法宣誓内容不统一

宪法宣誓应当成为一种制度，而不仅仅是一个活动。就目前来看，即在2016年1月1日《全国人民代表大会常务委员会关于实行宪法宣誓制度的决定》生效之前，我国各地的宪法宣誓现象倾向于是一种自发性的活动，没有一个统一的执行标准，宣誓与否取决于各地“爱好”，宣誓仪式较为随意，并未制度化、常态化。实践中各个地方的宪法宣誓现象可谓是“五花八门”，誓词内容欠缺严谨、程序设计略显简陋、宣誓主体不尽统一。

1. 誓言内容不够严谨

例如2012年9月11日，河南省南阳市淅川县第十四届人大常委会第三次会议上，新任政府工作部门负责人、法院审判委员会委员以及检察院监察委员会委员左手持《宪法》文本，右手高举，面对国徽，庄严宣誓“永远忠于《宪法》，忠于党，忠于祖国，忠于人民，依法行政，公正司法，恪尽职守，爱岗敬业，开拓创新，为党的事业和人民的利益而努力奋斗……”。[3]2014年12月4日，新疆维吾尔自治区巴楚县人大常委会协同县委、县人民政府在县四大班子联合办公楼前组织全县四大班子领导、各级党政、部分干部职工、师生代表、宗教人大代表，面对国旗、举起右手，庄严宣誓：“我是中华人民共和国公民，坚决拥护中国共产党的领导，忠于祖国，忠于人民，忠于宪法，维护宪法权威，捍卫法律尊严。正确行使公民权利，积极履行公民义务，自觉遵守社会公德。加强民族团结，维护祖国统一，反暴力、讲法治、讲秩序。为实现巴楚社会稳定和长治久安而努力！”①

宪法是党和人民意志的最高体现，在宪法宣誓中只需宣誓“忠于宪法”即可，无须赘述。宪法宣誓是一种仪式，宣誓人如果是民主党派，“忠于党”可以有“忠于民主党派”和“忠于中国共产党”两种理解，此时应作何种解释？宣誓人如果是无党派人士，则进行上述宣誓未免沾上了过于浓厚的政治色彩。

2. 程序设计略显简陋

2005年3月22日，成都市金牛区新任政府部门负责人、区法院法官和人民陪审员站在国徽下，面对《宪法》庄严宣誓：“我接受任命，向宪法宣誓……忠于祖国，忠于人民，忠于宪法，坚定信念，牢记宗旨，恪尽职守，依法办事……”[4]2012年12月4日，浙江省宁波市鄞州区人民法院33名新任法官和人民陪审员手持《宪法》文本，面对宪法庄严宣誓：“我以自己的人格与良知向宪法庄严宣誓：永远忠于宪法和法律，坚定信念，牢记宗旨……我将倾毕生之力，为维护社会公平正义、为保护公民权利、为捍卫宪法和法律尊严而努力奋斗。”[5]2014年首个国家宪法日，最高检院领导、专职检委会委员和180多名最高检新任和新晋升人民检察官，在共和国首席大检察官、最高检检察长曹建明同志的带领下，身着统一检察制服，面对国旗和宪法，高举右拳，庄严宣誓：“我是中华人民共和国检察官，我宣誓：忠于国家、忠于人民、忠于宪法和法律，忠实履行法律监督职责，恪守检察职业道德，维护公平正义，维护法制统一。”最高人民法院大法庭内，来自全国四级法院的法官代表穿着审判制服，在最高人民法院常务副院长沈德咏同志的带领下，举起右手向宪法庄严宣誓：“我是中华人民共和国法官，我宣誓：忠于祖国，忠于人民，忠于宪法和法律，忠实履行法官职责，恪守法官职业道德，遵守法官行为规范，公正司法，廉洁司法，为民司法，为维护社会公平正义而奋斗！”[6]

成都市金牛区进行宣誓时是站在国徽下、面对宪法宣誓；前文所述南阳市淅川县和新疆巴楚县分别是左手持《宪法》文本、右手握拳高举、面对国徽宣誓，以及面对国旗、举起右手宣誓；鄞州区是手持《宪法》、面对宪法宣誓；最高检是面对国旗和宪法、高举右拳宣誓；最高法只是举起右手宣誓。宣誓时双手的姿势以及面向的对象关乎宣誓仪式的庄重性，而在此六例宪法宣誓活动中各有不同，不能使宪法宣誓的庄重性得到很好的体现。

3. 宣誓主体不统一

宪法宣誓的主体应当是新任的国家公职人员，但是在前述12月4日“两高”的宣誓仪式上，宣誓主体分别为“来自全国四级法院的法官代表”和“最高检院领导、专职检委会委员和180多名最高检新任和新晋升人民检察官”。新疆巴楚县的宣誓主体更为“特殊”——全县四大班子领导、各级党政、部分干部职工、师生代表、宗教人大代表。“两高”的“法官代表”和

① 陈国华. 迎首个国家宪法日，巴楚县举办全民宣誓活动[EB/OL]. http://www.xjpcsc.gov.cM/gdrd/201412/t4028807b49f007bf014a14d70840011d.html，2014-12-27。

“最高检院领导和专职检委会委员”并非新任，而巴楚县的宣誓主体不仅非为新任，有的甚至根本不属于国家工作人员，这不符合宪法宣誓主体的要求，使宪法宣誓显得过于随意。

现实中还有很多诸如此类的宪法宣誓现象，一方面体现了各级国家工作人员对于宪法的重视，另一方面也显现出我国宪法宣誓制度建设的滞后性，宪法宣誓较为随意，具有“地域性”。由此导致宪法宣誓制度没有得到应有的重视，宣誓流于形式，没有很好地起到增强宣誓主体责任意识、树立宪法权威的作用，没有达到宪法宣誓制度应有的效果。

（二）《实行宪法宣誓制度的决定》

2015 年 7 月 1 日，全国人民代表大会常务委员会通过的《实行宪法宣誓制度的决定》，对宪法宣誓的主体、誓词、时间、组织者以及现场仪式做了简单规定，但是却存在以下重大问题：

1. 未明确宪法宣誓的法律地位。如前文所述，宪法宣誓制度具有自身特殊的意义，往往作为公职人员就职的标志或者前提，以此体现出宪法宣誓的重要性，但是《实行宪法宣誓制度的决定》中却未对此作出说明。《实行宪法宣誓制度的决定》中规定，“各级人民代表大会及县级以上各级人民代表大会常务委员会选举或者决定任命的国家工作人员，以及各级人民政府、人民法院、人民检察院任命的国家工作人员，在就职时应当公开进行宪法宣誓”①。这段文字采用的是“应当”一词，却没有规定未进行宪法宣誓的法律后果，这样的规定仅具有指导性、指引性，而不具有强制性，因为即使有人故意不进行宪法宣誓，也缺乏相应的措施进行处理，长此以往，宪法宣誓渐渐受到漠视，建立宪法宣誓制度的初衷很难实现。

2. 未规定违背宪法宣誓誓言的法律后果。进行宪法宣誓不仅意味着对宪法的遵守和维护，还意味着要承担因违背誓言而造成的法律后果。宪法宣誓是一种仪式，但绝不仅仅是形式，要避免宪法宣誓仪式沦为形式，除了赋予宪法宣誓仪式重要的法律地位之外，还必须规定违背宣誓誓言的法律后果，使之得到应有的重视。但《实行宪法宣誓制度的决定》不仅没有明确宪法宣誓的法律地位，而且对于违背宣誓誓言的法律后果也没有作出规定，难以引起足够的重视。如果宪法宣誓不被重视，仅仅被当作就职时的一个陪衬物，宣誓仪式很容易沦为一种形式。

3. 宪法宣誓时间规定太模糊。关于进行宪法宣誓的时间，《实行宪法宣誓制度的决定》采用了“就职时”和“依照法定程序产生后”的说法，但是，这两个时间节点太过模糊，文本对于何谓“就职”也未进行解释。

4. 宪法宣誓其他规定存在缺陷。首先，《实行宪法宣誓制度的决定》未明确宣誓的地点。其次，相比《十八届四中全会决定》，《实行宪法宣誓制度的决定》规定的宪法宣誓主体增加了“各级人民政府、人民法院、人民检察院任命的国家工作人员”，范围大大扩张，但仍有不妥，人大代表以及人大常委会委员难道无需宣誓？再次，《实行宪法宣誓制度的决定》将宣誓的具体事项规定权赋予了负责宣誓仪式的机关，同时规定“宣誓的具体组织办法由省、自治区、直辖市人民代表大会常务委员会参照本决定制定，报全国人民代表大会常务委员会备案”②，有可能会延续当下宪法宣誓“地域性”的局面。最后，誓词的统一虽带来简便，却过于空泛，未能针对不同职能特点进行有差别的统一，例如司法系统的国家工作人员的誓言中可加入维护公平正义的内容。

---

① 新华社. 全国人民代表大会常务委员会关于实行宪法宣誓制度的决定[EB/OL]，http://www.npc.gov.cn/npc/xinwen/2015-07/01/content_1940407.htm，2015-9-29。

② 新华社. 全国人民代表大会常务委员会关于实行宪法宣誓制度的决定[EB/OL]，http://www.npc.gov.cn/npc/xinwen/2015-07/01/content_1940407.htm，2015-9-29。

三、宪法宣誓制度比较研究

宪法宣誓制度在国外由来已久，1787年《美利坚合众国宪法》首次以宪法形式确认了宪法宣誓制度。① 其后，很多国家的宪法中都先后确立了忠于宪法的宣誓制度，如1815年《荷兰王国宪法》、1875年《汤加宪法法案》、1901年《澳大利亚联邦宪法法案》、1917年《墨西哥合众国政治宪法》、1920年《奥地利联邦宪法》、1949年《德意志联邦共和国基本法》、1968年《瑙鲁宪法》、1993年《俄罗斯联邦宪法》等。本文在比较研究193个联合国成员国的宪法文本基础上，对宪法宣誓制度作出了具体分析。

（一）宪法宣誓的宪法依据

联合国193个成员国中，有127个国家的宪法文本规定了宪法宣誓制度。从总体上来看，没有规定宪法宣誓制度的国家大致分为三类（详见表1）：第一类是宪法中没有任何关于宣誓的规定；第二类是规定了宣誓制度，但誓言并不包括“忠于宪法”的内容，不属于宪法宣誓制度；第三类是规定了宣誓制度，但是未对誓言内容作出具体规定，无法判断是否是宪法宣誓制度。规定了宪法宣誓制度的宪法文本对宪法宣誓的主体、时间、地点、誓言等有基本规定，其中有31个国家专门设置了宪法附件或附表来详细规定宪法宣誓誓言②，典型国家有瑙鲁、牙买加和萨摩亚。《瑙鲁宪法》附件一、附件三、附件四、附件八、附件九分别规定了内阁成员、议会议员、法官、副总统、议长的誓词。[2](P1150-1151)《牙买加宪法》的附件一规定了忠诚誓言、总督的就职誓言、司法誓言以及总理、议会秘书长和部长的就职誓言。[2](P948)《萨摩亚独立国宪法》附件三专门规定了“誓言格式”。[2](P1178)

表1

	无宣誓	非“忠于宪法”	未规定誓言内容
欧洲	安道尔、波斯尼亚和黑塞哥维那、法国	英国	黑山、摩纳哥、瑞典、瑞士、圣马力诺
美洲、大洋洲	古巴、帕劳、马绍尔群岛、密克罗尼西亚、瓦努阿图	加拿大、澳大利亚、所罗门群岛、图瓦卢、巴巴多斯、圣卢西亚	委内瑞拉、尼加拉瓜、危地马拉、新西兰、巴哈马、安提瓜和巴布达、巴拉圭、秘鲁、玻利维亚、多米尼克、厄瓜多尔、圣文森特和格林纳丁斯、巴布亚新几内亚
亚洲	朝鲜、韩国、吉尔吉斯斯坦、柬埔寨、老挝、蒙古、日本、沙特阿拉伯、土库曼斯坦、乌兹别克斯坦、也门、伊拉克、印度尼西亚、约旦、越南、中国	文莱	

① 《美利坚合众国宪法》第2条第1款以及第6条第3款分别规定了总统以及参议员、众议员、各州议会议员和所有行政、司法官员，都应当进行拥护宪法的宣誓。

② 共31个国家设置了宪法附件或附表。美洲大洋洲：圭亚那、海地、基里巴斯、牙买加、格林纳达、圣克里斯托弗和尼维斯、萨摩亚、伯利兹、特立尼达和多巴哥。非洲：莱索托、肯尼亚、南非、纳米比亚、津巴布韦、塞拉利昂、加纳、毛里求斯、利比里亚、尼日利亚、乌干达。亚洲：缅甸、孟加拉国、不丹、尼泊尔、马来西亚、巴基斯坦、马尔代夫、新加坡、斯里兰卡、马耳他。

续表

	无宣誓	非“忠于宪法”	未规定誓言内容
非洲	佛得角、刚果(布)、吉布提、喀麦隆、马达加斯加、赞比亚、摩洛哥、利比亚		博茨瓦纳、赤道几内亚、冈比亚、马里、塞舌尔、斯威士兰、坦桑尼亚、乍得

(二)宪法宣誓的主体

宪法宣誓主体是宪法宣誓制度的关键元素,规定了宪法宣誓制度的国家都或粗或细地规定了宪法宣誓的主体,这可分为两大类:单一主体和多种主体。(详见表2)

首先,单一主体可分为六大类。第一种是国家元首型,比如总统、总督、大公、摄政王、国王,总共有65个国家作此规定:如《阿富汗伊斯兰共和国宪法》第63条规定:“当选之总统在就职前应面对国会议员和首席法官作如下宣誓”[7](P132);《意大利共和国宪法》第91条规定,“共和国总统在就职前必须在两院联席会议上宣誓遵守宪法、忠于国家”[8](P7531)。第二种是议会议员型,有6个国家作此规定:如《泰王国宪法》第123条规定,“众议员和参议员在就职时必须分别向众议院和参议院庄严宣誓如下”[7](P575);《土耳其共和国宪法》第81条规定,“土耳其大国民议会议员在就职时宣誓”[7](P609)。第三种是国家高官型,如首相、总理、部长、国务秘书、审计署长、国务会议委员、省督、内阁成员或政府成员、国家总检察长等,有1个国家作此规定:即苏丹[1](P731)。第四种是司法官员型,如最高法院院长和法官、上诉法院院长和法官、宪法法院的院长和法官,有1个国家作此规定:《斐济群岛共和国1997年宪法》1050条,“司法官员须按照宪法规定的形式进行庄严宣誓”[2](P100)。第五种是一般官员型,有5个国家作此规定:如《利比里亚共和国宪法》附件,“担任公众信任的所有职位的所有公务人员及雇员,无论是选举的或是任命的,应同意下列庄严的誓词或誓言”[1](P497)。第六种是其他特殊规定,如规定选举监督官和军人须宣誓,几内亚作此规定。

其次,多种主体分为十三大类。第一种是国家元首、议员型,有4个国家作此种规定:如《阿拉伯埃及共和国宪法》第30条,“总统履行职务时须在国民议会前进行如下宣誓”[7](P41)。第二种是国家元首、议员、高官型,有5个国家作此规定:如《波兰共和国宪法》第151条,“总理、副总理及部长应向共和国总统宣誓”[8](P155)。第三种类型是国家元首、议员、法官型,有5个国家作此规定:如《阿尔巴尼亚共和国宪法》第99条,“在开始任职之前,总理、副总理和部长在共和国总统前宣誓”[8](P8)。第四种类型是国家元首、法官型,有2个国家作此规定:如《乌克兰宪法》第104条,“新当选的乌克兰总统应当在选举结果正式公布之后,向人民宣誓”[8](P679)。第五种类型是国家元首、议员、法官、高官型,有16个国家作此规定:如《孟加拉人民共和国宪法》附件三,“总统按下列誓言在议长主持下宣誓”[7](P413)。第六种类型是国家元首、法官、一般官员型,有1个国家作此规定:《墨西哥合众国政治宪法》第87条,“总统就职必须在国会面前,或国会休会时在常设委员会面前进行,并作以下宣誓”[2](P644)。第七种类型是议员、高官型,有2个国家作此规定。第八种类型是国家元首、高官型,有6个国家作此规定:如《德意志联邦共和国基本法》56条,“联邦总统就职时,在联邦众议院议员和联邦参议院议员面前作如下宣誓”[8](P184)。第九种类型是国家元首、高官、其他型,有1个国家作此规定:《格林纳达宪法》第20条,“被任命为总督之人,在履行职务之前,应宣誓并签署任职和效忠誓言”[2](P463)。第十种类型是国家元首、议员、高官、其他型,有1个国家作此规定:《圣克里斯托弗和尼维斯宪法》附件四,“总督在行使职权之前应进行庄严宣誓”。[2](P729)第十一种类型是国家元首、一般官员型，有 2 个国家作此规定：如《挪威王国宪法》第 21 条，“国王在任命之前应宣誓，或者依法免于宣誓”[8](P463)。第十二种类型是一般官员、其他型，有 1 个国家作此规定：《萨尔瓦多共和国宪法》第 235 条，“所有的公务员就职前以自己的名义宣誓，忠诚于共和国”。[2](P496)第十三种类型是国家元首、高官、法官型，有 1 个国家作此规定：《毛里求斯宪法》附件，“最高司法人员在就职前必须进行忠于宪法的宣誓”[1](P605)。

表 2

	具体类型	国家		具体类型	国家
主体	国家元首	以意大利为代表的 65 个国家①	主体	国家元首、议员、法官、高官	以孟加拉国为代表的 16 个国家⑦
	议员	以土耳其为代表的 6 个国家②		国家元首、法官、一般官员	墨西哥
	国家高官	苏丹		议员、高官	荷兰、列支敦士登
	法官	斐济		国家元首、高官	以德国为代表的 6 个国家⑧
	一般官员	以利比里亚为代表的 5 个国家③		国家元首、高官、其他	格林纳达
	其他	几内亚		国家元首、议员、高官、其他	圣克里斯托弗和尼维斯
	国家元首、议员	以埃及为代表的 4 个国家④		国家元首、一般官员	挪威、哥伦比亚
	国家元首、议员、高官	以波兰为代表的 5 个国家⑤		一般官员、其他	萨尔瓦多
	国家元首、议员、法官	以阿尔巴尼亚为代表的 5 个国家⑥		国家元首、高官、法官	毛里求斯
	国家元首、法官	乌克兰、立陶宛			

（三）宪法宣誓的时间

在规定了宪法宣誓制度的宪法文本中，只有 12 个国家没有对进行宪法宣誓的时间做出规定。在 115 个规定了宪法宣誓时间的国家中，宪法宣誓的时间规定大体可以分为以下四种（详见表 3）：第一种共 72 个国家规定为“就职前”，例如阿富汗和几内亚。《阿富汗伊斯兰共和国宪法》第 63 条规定，“当选之总统在就职前应面对国会议员和首席法官作如下效忠宣

① 欧洲：马其顿、意大利、塞浦路斯、希腊、斯洛文尼亚、匈牙利、摩尔多瓦、塞尔维亚、斯洛伐克、西班牙、罗马尼亚、芬兰、俄罗斯、丹麦、白俄罗斯、比利时、冰岛、爱沙尼亚。美洲大洋洲：葡萄牙、阿根廷、巴西、美国、乌拉圭、智利、多米尼加。亚洲：阿富汗、阿塞拜疆、卡塔尔、黎巴嫩、塔吉克斯坦、叙利亚、东帝汶、菲律宾、格鲁吉亚、哈萨克斯坦、印度、阿拉伯联合酋长国、亚美尼亚、尼泊尔、伊朗、巴林、以色列、斯里兰卡。非洲：莱索托、刚果（金）、肯尼亚、卢旺达、南苏丹、尼日尔、中非、厄立特里亚、加蓬、科摩罗、几内亚、马拉维、科特迪瓦、毛里塔尼亚、莫桑比克、索马里、阿尔及利亚、埃塞俄比亚、安哥拉、贝宁、布基纳法索、多哥。

② 亚洲：泰国、土耳其、科威特、马来西亚、缅甸。非洲：突尼斯。

③ 欧洲：利比里亚、圣多美和普林西比、不丹。美洲大洋洲：哥斯达黎加、洪都拉斯。

④ 欧洲：保加利亚、拉脱维亚、卢森堡。非洲：埃及。

⑤ 欧洲：波兰。美洲大洋洲：苏里南。亚洲：巴基斯坦、阿曼。非洲：南非。

⑥ 欧洲：阿尔巴尼亚、爱尔兰。美洲大洋洲：瑙鲁、汤加、伯利兹、海地。

⑦ 欧洲：捷克。美洲大洋洲：牙买加、圭亚那、特立尼达和多巴哥、基里巴斯。亚洲：马尔代夫、孟加拉国、新加坡、斯里兰卡。非洲：纳米比亚、尼日利亚、乌干达、津巴布韦、塞拉利昂、塞内加尔、加纳。

⑧ 欧洲：马耳他、德国、奥地利、萨摩亚、克罗地亚。非洲：布隆迪。

誓”[7](P32)；《几内亚共和国宪法》第 244 页第 35 条规定，“总统就职前应在宪法法院就以下事项进行宣誓”[1](P244)。第二种共 36 个国家规定为“就职时”，例如格鲁吉亚。《格鲁吉亚宪法》第 71 条规定，“新当选的格鲁吉亚总统在就职时，得发表施政演说，并宣读下述誓词”。第三种则是对宪法宣誓的时间作了详细规定，规定具体某一天进行宪法宣誓，只有巴拿马、智利和哈萨克斯坦如此规定。《巴拿马共和国政治宪法》第 181 条规定，“共和国总统和副总统在大选后的 7 月 1 日在国民大会宣誓就职”[2](P141)；《智利共和国宪法》第 27 条规定，“国会应于现任总统卸任之日召开全员大会，并于当日以审核法院宣布的总统选举决定对新总统任职进行认定；总统在同一活动中，应向参议院议长宣誓”[2](P956)；《哈萨克斯坦共和国宪法》第 42 条第 2 款规定，“宣誓应当在 1 月的第二个星期三举行”[7](P227)。第四种则是规定在某一时间区间内须完成宪法宣誓，具体国家有白俄罗斯、阿尔及利亚、厄立特里亚和阿塞拜疆。《白俄罗斯共和国宪法》第 83 条规定，“宣誓应当在总统当选之日起两个月内举行”[8](P100)；《阿尔及利亚民主人民共和国宪法》第 75 条规定，“共和国总统于其当选的下一周经国家所有高级官员出席向人民宣誓”[1](P4)；《厄立特里亚国宪法》第 45 条规定，“在总统当选后应进行以下宣誓”[1](P139)；《阿塞拜疆共和国宪法》第 103 条规定，“当选为阿塞拜疆共和国总统的人在阿塞拜疆共和国总统选举结果宣布之日起 3 日内，在阿塞拜疆共和国宪法法院法官出席的情况下宣读下述誓词”[7](P64)。

表 3

	具体类型	国家		具体类型	国家
时间	就职前	以阿富汗为代表的72个国家①	地点	在议会	以多米尼加和阿尔巴尼亚为代表的 58 个国家④
	就职时	以格鲁吉亚为代表的 36 个国家②		在某一次具体的会议	以保加利亚和捷克为代表的 25 个国家⑤
	具体时间	哈萨克斯坦、智利、巴拿马		就职仪式	安哥拉和葡萄牙
	某一时间区间	以阿塞拜疆为代表的 4 个国家③		不同主体不同地点	墨西哥

① 亚洲：阿富汗、不丹、卡塔尔、东帝汶、菲律宾、印度、尼泊尔、巴林、以色列、斯里兰卡、科威特、马来西亚、巴基斯坦、阿曼、马尔代夫、新加坡、斯里兰卡、马耳他。非洲：埃塞俄比亚、贝宁、布基纳法索、多哥、莱索托、刚果(金)、肯尼亚、卢旺达、南苏丹、尼日尔、科摩罗、几内亚、马拉维、毛里塔尼亚、苏丹、南非、纳米比亚、津巴布韦、塞拉利昂、塞内加尔、加纳、毛里求斯、圣多美和普林西比、利比里亚。欧洲：波兰、阿尔巴尼亚、爱尔兰、奥地利、挪威、立陶宛、马其顿、意大利、塞浦路斯、希腊、斯洛文尼亚、匈牙利、摩尔多瓦、西班牙、罗马尼亚。美洲大洋洲：美国、乌拉圭、牙买加、瑙鲁、伯利兹、多米尼亚、哥伦比亚、格林纳达、圭亚那、海地、萨尔瓦多、圣克里斯托弗和尼维斯、特立尼达和多巴哥、基里巴斯、墨西哥。

② 亚洲：格鲁吉亚、阿拉伯联合酋长国、亚美尼亚、伊朗、泰国、土耳其、缅甸、孟加拉国。非洲：埃及、安哥拉、布隆迪、中非、加蓬、科特迪瓦、莫桑比克、索马里、突尼斯、几内亚比绍、尼日利亚、乌干达、黎巴嫩、塔吉克斯坦。欧洲：芬兰、荷兰、德国、俄罗斯、葡萄牙、爱沙尼亚、冰岛、捷克、列支敦士登、卢森堡、乌克兰、塞尔维亚。美洲大洋洲：洪都拉斯、苏里南。

③ 亚洲：阿塞拜疆。非洲：阿尔及利亚、厄立特里亚。欧洲：白俄罗斯。

④ 亚洲：泰国、孟加拉国、不丹、尼泊尔、斯里兰卡、马来西亚、巴基斯坦、马尔代夫、新加坡、斯里兰卡、马耳他、马其顿。非洲：埃及、埃塞俄比亚、贝宁、布隆迪、莱索托、肯尼亚、卢旺达、南非、纳米比亚、津巴布韦、塞拉利昂、塞内加尔、加纳、毛里求斯、利比里亚、科特迪瓦、索马里、尼日利亚、乌干达。欧洲：芬兰、德国、丹麦、波兰、阿尔巴尼亚、奥地利、比利时、挪威、圣克里斯托弗和尼维斯、特立尼达和多巴哥、爱沙尼亚、克罗地亚、拉脱维亚、立陶宛、卢森堡、希腊、斯洛文尼亚、斯洛伐克。美洲大洋洲：多米尼加、哥伦比亚、海地、巴西、乌拉圭、牙买加、智利、瑙鲁、巴拿马。

⑤ 亚洲：卡塔尔、亚美尼亚、伊朗、东帝汶、巴林、科威特、哈萨克斯坦、塔吉克斯坦、阿塞拜疆。非洲：多哥、几内亚、马拉维、中非、莫桑比克。欧洲：保加利亚、捷克、列支敦士登、意大利、塞浦路斯、摩尔多瓦、罗马尼亚、乌克兰、塞尔维亚。美洲大洋洲：洪都拉斯、苏里南。

（四）宪法宣誓的地点

127 个在宪法文本中规定了宪法宣誓制度的国家中有 86 个国家规定了宪法宣誓地点，主要分为四种(详见表 3)。首先，以多米尼加和阿尔巴尼亚为代表的 58 个国家规定在议会(或称国民大会、国会)上进行宪法宣誓：如《多米尼加共和国宪法》第 127 条规定，“当选总统和副总统就职前在国民大会上宣誓”[2](P318)；《阿尔巴尼亚共和国宪法》第 72 条规定，“议员在议会宣誓”[8](P6)。其次，以保加利亚和捷克为代表的 25 个国家详细规定了在某一次具体会议上进行宪法宣誓，宣誓地点即为会议会场：如《保加利亚共和国宪法》第 76 条规定，“在第一次国民议会会议上议员应当宣誓”；《捷克共和国宪法》第 23 条规定，“众议员应在他/她参加的第一次众议院会议上宣誓就职；参议员应在他/她参加的第一次参议院会议上宣誓就职”。再次，安哥拉和葡萄牙只是规定须在就职仪式上进行宪法宣誓，宪法宣誓的具体地点视就职仪式举行的地点而定：《葡萄牙共和国宪法》第 127 条规定，“当选总统应在就职仪式上宣誓”[8](P487)；《安哥拉共和国宪法》第 115 条规定，“就职典礼期间，共和国当选总统将右手置于安哥拉共和国宪法上，宣读以下誓言”[1](P39)。最后，只有墨西哥针对不同主体的宣誓地点作出了具体的不同规定：《墨西哥合众国政治宪法》第 87 条规定，“总统就职必须在国会面前，或国会休会时在常设委员会面前进行”[2](P644)，第 97 条规定，“最高法院每位法官履行职务时将向参议院宣誓；巡回裁判官和地区法官应向最高法院和联邦司法委员会宣誓”。[2](P645)

（五）宪法宣誓的具体仪式

在 127 个在宪法文本中规定了宪法宣誓制度的国家中，有 103 个国家规定了宪法宣誓的仪式(详见表 4)。有 31 个国家规定了宪法宣誓的监誓和见证人，其中包括由特定个人见证，如国家元首、议会议长、最高法院院长、首席大法官监誓；也包括由一类人予以见证，如参议员和众议员监誓。代表国家有洪都拉斯、斐济和德国。《洪都拉斯政治宪法》第 244 条规定，“总统和副总统应在国会议长面前宣誓，如国会议长正值会期或不能为之，则在最高法院院长面前宣誓。如无法在上述见证人见证下宣誓，应在适格的文职法官或治安官的见证下宣誓”[2](P244)；《斐济群岛共和国 1997 年宪法》第 94 条和第 101 条分别规定，“总统和副总统须在首席法官面前做忠诚宣誓和附件二规定的相关职位的誓言”，“部长须在总统面前做忠诚宣誓以及附件三规定的誓言”[2](P1067)；《德意志联邦共和国基本法》第 56 条规定，“联邦总统就职时，在联邦众议院议员和联邦参议院议员面前作如下宣誓”[8](P184)。

6 个国家规定了宪法宣誓的主持人，主要包括首席大法官或首席大法官指定的其他法官、总统、宪法法院院长。如《奥地利联邦宪法》第 72 条规定，“联邦政府成员在就职前须在联邦总统主持下举行宣誓”[8](P73)，第 101 条规定，“州长在就职前应在联邦总统主持下宣誓遵守联邦宪法，其他成员应在州长主持下宣誓遵守联邦宪法”[8](P779)。

30 个国家规定了宪法宣誓的对象，即向谁宣誓，主要包括向人民宣誓、向国家元首宣誓、向议会宣誓等。如《苏里南共和国宪法》第 114 条规定，“国务院委员就职时，应向总统宣誓”[2](P799)；《列支敦士登公国宪法》第 54 条、第 87 条分别规定了“新当选的议员应向大公或其全权代表作如下宣誓”[8](P374)，“首相应向大公或摄政者作就职宣誓，其他部长和政府成员向首相宣誓就职”[8](P377)。

36 个国家规定要按照“法律或法令规定的形式”进行宣誓。如《荷兰王国宪法》第 49 条规定，“部长和国务秘书就职时，应按照议会法令规定的方式，在国王面前宣誓”[8](P299)；《克罗地亚共和国宪法》第95条第7款，“共和国总统的选举、宣誓及其进行，由法律规定”[8](P341)；特立尼达和多巴哥以及基里巴斯规定的仪式稍为详细，《特立尼达和多巴哥共和国宪法》第37条规定总统“宣誓由首席大法官或首席大法官指定的其他法官主持”[2](P814)，第91条规定，“监察专员在众议院议长面前宣誓”[2](P824)，第117条第3款、第126条、第131条分别规定，审计长、公务委员会成员、申诉委员会成员“须在总统或总统为此目的指定的人员面前宣誓”[2](P828-830)；《安哥拉共和国宪法》第115条规定，“就职典礼期间，共和国当选总统将右手置于安哥拉共和国宪法上，宣读以下誓言”[1](P39)。

表4

	具体类型	国家		具体类型	国家
仪式	监誓、见证人	以洪都拉斯为代表的31个国家①	仪式	向谁宣誓	以苏里南为代表的30个国家③
	主持人	以奥地利为代表的6个国家②		按照“法律或法令规定的形式”	以荷兰为代表的36个国家④

（六）宪法宣誓的誓言内容

有98个国家的宪法文本规定了宪法宣誓誓言的内容，主要可以分为十一大类（详见表5）。第一，6个国家仅仅规定要“忠于宪法、法律”：如《巴拿马共和国政治宪法》第181条，“我向上帝和祖国宣誓，忠实履行共和国宪法和法律”[2](P141)。第二，22个国家规定不仅要“忠于宪法、法律”，还要“忠实履行职责”：如《泰王国宪法》第123条，“我将据良心指示，为国家和人民利益忠诚履职，在各个方面维护和遵守泰王国宪法”[7](P575)。第三，2个国家规定除了要“忠实宪法、法律”，还要“忠于国王”：如《挪威王国宪法》第9条，“我保证并宣誓，我将遵照挪威王国的宪法和法律治理国家，愿全知全能的上帝真诚帮助我”[8](P462)。第四，2个国家规定不仅要“忠于宪法、法律”，还要“忠于国家”：如《意大利共和国宪法》第91条，“我宣誓效忠宪法、忠于国家”[8](P753)。第五，21个国家不仅有“忠于宪法、法律”的规定，还有“其他（比如：为人民服务）”的规定：如《巴西联邦共和国宪法》第78条，“我宣誓维护、捍卫和遵守宪法、遵守法律，增进巴西人民的福利，维护巴西国家统一、领土完整和主权独立”[2](P172)。第六，4个国家规定不仅要“忠于宪法、法律”，还要“忠诚地履行职责”“忠于国王”：如《1962年牙买加枢密院（宪法）法令》附件一，“我，在任职期间，要努力并真诚地效忠伊丽莎白二世女王陛下及其后嗣和继承人，我将遵守牙买加的法律和习惯，公正坦率地对待所有人。千真万

① 欧洲：德国、阿尔巴尼亚、卢森堡、墨西哥、萨摩亚、汤加、哥伦比亚。美洲大洋洲：阿根廷、斐济、巴拿马、洪都拉斯。亚洲：伊朗、缅甸、印度、巴林、哈萨克斯坦、阿塞拜疆。非洲：阿尔及利亚、贝宁、布基纳法索、多哥、马拉维、毛里塔尼亚、苏丹、南非、津巴布韦、塞拉利昂、南苏丹、尼日尔、中非、几内亚比绍。

② 欧洲：奥地利、斯洛伐克。美洲大洋洲：圭亚那。亚洲：东帝汶。非洲：肯尼亚、莫桑比克。

③ 欧洲：芬兰、俄罗斯、波兰、保加利亚、挪威、爱沙尼亚、捷克、列支敦士登、罗马尼亚。美洲大洋洲：牙买加、智利、海地、苏里南。欧洲：阿拉伯联合酋长国、亚美尼亚、阿富汗、斯里兰卡、马来西亚、马尔代夫、新加坡、斯里兰卡、马耳他、黎巴嫩。非洲：布隆迪、卢旺、科摩罗、纳米比亚、加蓬、科特迪瓦、索马里。

④ 欧洲：荷兰、克罗地亚、意大利、塞浦路斯、希腊、斯洛文尼亚、匈牙利、摩尔多瓦、西班牙、乌克兰、塞尔维亚。亚洲：格鲁吉亚、泰国、土耳其、缅甸、孟加拉国、不丹、卡塔尔、菲律宾、尼泊尔、以色列、科威特、巴基斯坦、阿曼、叙利亚、塔吉克斯坦。非洲：几内亚、塞内加尔、加纳、毛里求斯、圣多美和普林西比、利比里亚、突尼斯、尼日利亚、乌干达、厄立特里亚。

确，上帝佑我”[2](P948)。第七，29 个国家除了规定要“忠于宪法、法律”“忠诚地履行职责”，还有其他特殊内容：如《列支敦士登公国宪法》第 54 条，“我宣誓遵守国家宪法和现行法律，不存私心。竭尽所能，在议会中增进国家福利。愿上帝保佑我”[8](P374)。第八，7 个国家规定要“忠于宪法、法律”“忠诚地履行职责”“忠于国家”：如《以色列国基本法》第 9 条，“本人宣誓效忠以色列国及其法律，并谨以至诚执行国家总统职务”[7](P759)。第九，19 个国家除了规定要“忠于宪法、法律”“忠诚地履行职责”“忠于国家”，还有其他特殊内容：如《苏里南共和国宪法》第 65 条，“我宣誓（保证），我没有直接或者间接的以任何人的名义或借口，给予或承诺给予、也不会给予或承诺给予任何人以任何允诺或礼物，我谨此宣誓（承诺），效忠苏里南共和国。愿万能的上帝助我”[2](P796)。第十，3 个国家规定了“忠于宪法、法律”“忠于国王”，并有其他特殊内容：如《西班牙王国宪法》第 61 条，“我宣誓忠于职守，尊守宪法和法律，保证宪法和法律的遵守，尊重公民和自治区的权利”[8](P694)。最后，12 个国家规定了“忠于宪法、法律”“忠于国家”和其他：如《摩尔多瓦共和国宪法》第 79 条，“我宣誓：我将为摩尔多瓦共和国的繁荣昌盛贡献自己全部的力量和智慧，遵守国家的宪法和法律，捍卫民主，捍卫人的基本权利和自由，捍卫摩尔多瓦共和国的主权、独立、统一和领土完整”[8](P449)。

表 5

	具体类型	国家		具体类型	国家
誓言	忠于宪法、法律	以巴拿马为代表的 6 个国家①	誓言	忠于宪法、法律、忠诚履职、其他	以列支敦士登为代表的 29 个国家⑤
	忠于宪法、法律、忠实履行职责	以泰国为代表的 22 个国家②		忠于宪法、法律、忠诚履职、忠于国家	以以色列为代表的 7 个国家⑥
	忠于宪法、法律、忠于国王	挪威、莱索托		忠于宪法、法律、忠诚履职、忠于国家、其他	以苏里南为代表的 19 个国家⑦
	忠于宪法、法律、忠于国家	意大利、突尼斯		忠于宪法、法律、忠于国王、其他	西班牙、卢森堡、巴林
	忠于宪法、法律、其他（如为人民服务）	以巴西为代表的 21 个国家③		忠于宪法、法律、忠于国家、其他	以摩尔多瓦为代表的 12 个国家⑧
	忠于宪法、法律、忠诚履职、忠于国王	以牙买加为代表的 4 个国家④			

① 欧洲：丹麦、冰岛、克罗地亚、马其顿。美洲大洋洲：巴拿马、洪都拉斯。

② 欧洲：荷兰、德国、爱尔兰、奥地利、爱沙尼亚、立陶宛、葡萄牙。美洲大洋洲：阿根廷、美国、墨西哥、乌拉圭、萨摩亚、伯利兹、多米尼加、哥伦比亚、哥斯达黎加、特立尼达和多巴哥。亚洲：泰国。非洲：厄立特里亚、加蓬、科摩罗、利比里亚。

③ 欧洲：阿尔巴尼亚、保加利亚、比利时、塞浦路斯、罗马尼亚、希腊。美洲大洋洲：巴西、斐济。亚洲：阿富汗、阿塞拜疆、卡塔尔、黎巴嫩、塔吉克斯坦、土耳其、叙利亚。非洲：阿尔及利亚、埃及、埃塞俄比亚、布基纳法索、几内亚、马拉维。

④ 美洲大洋洲：牙买加、汤加、格林纳达、圣克里斯托弗和尼维斯。

⑤ 欧洲：芬兰、俄罗斯、波兰、白俄罗斯、列支敦士登、斯洛文尼亚、匈牙利。美洲大洋洲：智利、圭亚那、海地、基里巴斯。亚洲：不丹、东帝汶、菲律宾、格鲁吉亚、哈萨克斯坦、印度。非洲：安哥拉、贝宁、多哥、布隆迪、津巴布韦、科特迪瓦、毛里求斯、毛里塔尼亚、莫桑比克、塞拉利昂、塞内加尔、圣多美和普林西比。

⑥ 欧洲：捷克、拉脱维亚。美洲大洋洲：瑙鲁、萨尔瓦多。亚洲：斯里兰卡、以色列。非洲：几内亚比绍。

⑦ 美洲大洋洲：苏里南。亚洲：阿曼、马尔代夫、马来西亚、孟加拉国、缅甸、尼泊尔、新加坡、伊朗。非洲：刚果（金）、肯尼亚、卢旺达、纳米比亚、南非、南苏丹、尼日尔、尼日利亚、乌干达、中非。

⑧ 欧洲：摩尔多瓦、塞尔维亚、斯洛伐克、乌克兰、马耳他。亚洲：阿拉伯联合酋长国、巴基斯坦、科威特、亚美尼亚。非洲：加纳、苏丹、索马里。

（七）宪法宣誓的法律地位

纵观23个规定了宪法宣誓法律地位的国家的宪法，宪法宣誓的法律地位可以分为两大类。第一类将宪法宣誓作为就职的前提，成为当选或者任命后的一道程序，规定未宣誓不得就任或不得行使职权，主要是以新西兰为代表的17个国家①：如《阿尔巴尼亚共和国宪法》第71条规定，“议员在未宣读誓言的情形下，其职权行使应当予以终止或者归于无效”[8](P6)；《牙买加宪法》第62条规定，“在议会进行宣誓并且签署誓言之前，议员不得参加议会的活动(涉及本条第二款规定的必要活动除外)”[2](P935)；《新西兰宪法法案》第11条规定，“议员只有在依法进行了效忠宣誓之后，才能被允许在众议院中投票或者出席”[2](P1281)。第二类将宪法宣誓作为就职的标志，把宪法宣誓仅仅当作“昭告天下”的一种仪式，不对任职产生实际影响，主要是以俄罗斯为代表的6个国家②：如《俄罗斯联邦宪法》第92条规定，“新当选的俄罗斯联邦总统从宣誓就职时开始行使总统权限”[8](P222)；《白俄罗斯共和国宪法》第83条规定，“总统应当在宣誓后就职。自新当选总统宣誓之时起，上届总统停止行使总统权限”[8](P100)。

（八）违反宪法宣誓誓言的法律后果

宪法宣誓不仅是仪式，必须要有法律保障机制对违反宪法宣誓誓言的法律后果作出规定。有185个国家的宪法文本并未规定违反宪法宣誓誓言的法律后果，在余下的8个国家中，贝宁和立陶宛两个国家的宪法详细地规定了违反宪法宣誓誓言的法律后果，即违反宪法宣誓誓言者将构成犯罪承担刑事责任，或者将适用弹劾诉讼程序予以弹劾，除此之外的6个国家只是粗略地提及“违反誓言的要承担相应的法律责任”，但是对于具体应承担的法律责任并没有做出规定。(详见表6)

表6

相关国家法条	法律后果
《贝宁共和国宪法》第74条	“共和国总统若违背其宣誓，或者实施、共同实施或共谋严重侵害人权、割让国家领土或者损害健康舒适和可持续发展之环境的维持，则构成叛国罪。”[1](P59)
《立陶宛共和国宪法》第74条	“议会可以以全体议员的3/5以上多数弹劾严重违反宪法或违背誓言的总统、宪法法院院长和法官、最高法院的院长和法官、上诉法院的院长和法官，或者剥夺严重违反宪法或违背誓言的议会议员的资格。本条规定依照议会章程确定的弹劾诉讼程序予以适用。”[8](P360)
《萨尔瓦多共和国宪法》第235条	“所有公务员和军人就职前以自己名誉宣誓，忠诚于共和国，遵守宪法以及在法律、命令、规则或决议违背宪法时仍恪守宪法，宣誓绝对履行工作职责，如违誓言应依法承担责任。”[2](P696)
《哥斯达黎加共和国宪法》第194条	“如果如你所誓，上帝将保佑你；如果相反，上帝和国家将惩罚你。”[2](P455)

① 欧洲：捷克、丹麦、波兰、阿尔巴尼亚、比利时。美洲大洋洲：牙买加、瑙鲁、伯利兹、圭亚那、圣克里斯托弗和尼维斯、特立尼达和多巴哥、基里巴斯、巴布新几内亚、安提瓜和巴布达、捷克、新西兰。亚洲：斯里兰卡。

② 欧洲：白俄罗斯、俄罗斯、拉脱维亚。美洲大洋洲：哥斯达黎加、哥伦比亚、海地。

续表

《几内亚共和国宪法》第35条	“如果违背誓言，我将接受法律的制裁。”[1](P244)
《加纳共和国宪法》附件	“无论何时违背该职位的誓词，我愿接受加纳共和国法律对我的惩罚。”[1](P308)
《科特迪瓦共和国宪法》第39条	“如若违背誓言，人民得收回对我之信任而我将接受法律之惩罚。”[1](P392)
《尼日尔第七共和国宪法》第50条	“若背弃誓言，将受到法律严厉处罚。愿神助我。”[1](P750)

四、我国宪法宣誓制度的设计构想

建立宪法宣誓制度，首先必须做到有法可依。目前大多数国家的宪法宣誓制度是规定在宪法正文或者附则之中，具有最高的权威性。考虑到我国当前实际情况，为了维护宪法的稳定和权威，全国人大常委会于2015年7月1日通过了《实行宪法宣誓制度的决定》，对宪法宣誓作出了简要规定，而未采取修改宪法加入宪法宣誓制度内容的方式。针对目前各地规定不一、程序设计简陋、誓词内容不够严谨、宣誓主体不统一等问题，《实行宪法宣誓制度的决定》简单规定了宪法宣誓主体、时间等内容，却仍未解决立法难点，即应赋予宪法宣誓制度何种法律地位，以及如何设计违背宪法宣誓誓言的法律后果。因此，完善和补充《实行宪法宣誓制度的决定》，使宪法宣誓制度很好地起到增强宣誓主体责任意识、树立宪法权威的效果，是建立我国宪法宣誓制度的重要任务。建议作如下改进和设计：

1. 宪法宣誓的主体

根据《实行宪法宣誓制度的决定》，有三大类主体具有宪法宣誓资格：第一类是由全国人大及常委会选举或决定任命的国家工作人员；第二类是由地方各级人大及常委会选举或决定任命的国家工作人员；第三类是由各级人民政府、人民法院、人民检察院任命的国家工作人员。范围虽比《十八届四中全会决定》规定更广，但仍有不足。鉴于人大代表与人大常委会委员作为国家权力机关工作人员的特殊地位，可借鉴《土耳其共和国宪法》第81条，将人大代表以及人大常委会委员纳入宪法宣誓主体范围，同时，还应当明确，只有“新任”的国家工作人员才具有宪法宣誓主体资格，其他国家工作人员无需甚至不能进行宪法宣誓。以公务员为例，“新任”包括录用、调任、公开选拔、转任以及免职后重新任职务等情况①。宪法宣誓制度的建立目的不是为这些国家工作人员设定一项新的职责，而在于提醒他们在今后履行职责的过程中要时刻记住自己的义务。

2. 宪法宣誓的时间

《实行宪法宣誓制度的决定》中将进行宪法宣誓的时间规定为“就职时”和“依照法定程序产生后”。不同主体的就职时间存在差异，以公务员为例，选任制公务员在选举结果生效

① 《公务员职务任免与职务升降规定(试行)》第9条：公务员具有下列情形之一的，应予任职：(一)新录用公务员试用期满经考核合格的；(二)通过调任、公开选拔等方式进入公务员队伍的；(三)晋升或者降低职务的；(四)转任、挂职锻炼的；(五)免职后需要新任职务的；(六)其他原因需要任职的。

时即当选职务，而委任制公务员须经试用期满考核合格才能确定任职结果。[①] 本文在考虑我国选举或任命实际情况后认为，宣誓的时间应当根据主体来确定，各宣誓主体应在任职结果确定后、正式到任期间进行，建议在正式任职文件下发后一周内举行。

3. 宪法宣誓的地点

全国人大和地方各级人大选举或任命的国家工作人员应该分别在全国人大和地方各级人大的会议会场进行，人大闭会期间应当在其常委会会场进行。全国人大常委会和地方各级人大常委会选举或任命的国家工作人员应该分别在全国人大常委会和地方各级人大常委会会场进行。人大代表应当在人大的会议会场进行，人大闭会期间应当在其常委会会场进行；人大常务会委员应当在常委会会场进行。

4. 宪法宣誓的具体仪式

宪法宣誓是一个非常严肃庄重的仪式。全国人大代表、全国人大常委会委员、全国人大及其常委会选举或任命的国家工作人员应该由全国人大常委会委员长领誓；地方各级人大代表及其常委会委员、地方各级人大及其常委会选举或任命的国家工作人员应当由地方各级人大常委会主任领誓。宣誓者公开向宪法进行宣誓前，会场须奏国歌，宣誓者必须衣着制服，右手握拳上举，左手放在《宪法》文本上，面对国徽，进行宣誓。进行宪法宣誓时还须有两名以上见证人，见证人应当是无违法记录、品性公正的公民，可以是普通公民，也可以是国家工作人员。口述宣誓完毕后宣誓人应当签署宣誓文件，并由见证人签字见证，记录在档。在宣誓者家属同意的情况下，还可以通知宣誓者家属参会，以增强宣誓的庄重感和荣誉感。

5. 宪法宣誓的誓言内容

宪法宣誓的内容可以参照域外宪法的规定，并结合我国政治体制加以明确具体化，公开向宪法进行宣誓的内容因主体不同内容存在差异，但是所有誓词内容都应包括：忠于国家宪法，维护宪法尊严，树立宪法权威，忠实履行职责。本文就宪法宣誓主体的不同，在《实行宪法宣誓制度的决定》的基础上，设想如下几类誓词：

人大代表及人大常委会委员的誓言：我庄严宣誓，在担任（职位）期间忠诚履行职责，忠于中华人民共和国宪法，忠于祖国，忠于人民，维护宪法权威，捍卫宪法尊严，全心全意为人民服务，为建设富强、民主、文明、和谐的社会主义国家努力奋斗！

国家主席的誓言：我庄严宣誓，在担任中华人民共和国国家主席期间忠诚履行国家主席的职责，忠于中华人民共和国宪法，维护宪法权威，捍卫宪法尊严，捍卫国家统一和领土完整，为建设富强、民主、文明、和谐的社会主义国家努力奋斗！

司法工作人员的誓言：我庄严宣誓，在担任（职位）期间忠诚履行职责，忠于中华人民共和国宪法，维护宪法权威，捍卫宪法尊严，恪尽职守，廉洁奉公，为维护社会公平正义而奋斗！

其他人员的誓言：我庄严宣誓，在担任（职位）期间忠诚履行职责，忠于中华人民共和国宪法，维护宪法权威，捍卫宪法尊严，恪尽职守，廉洁奉公，为建设富强、民主、文明、和谐的社会主义国家努力奋斗！

---

① 《公务员法》第 39 条：选任制公务员在选举结果生效时即任当选职务；任期届满不再连任，或者任期内辞职、被罢免、被撤职的，其所任职务即终止。第 40 条：委任制公务员遇有试用期满考核合格、职务发生变化、不再担任公务员职务以及其他情形需要任免职务的，应当按照管理权限和规定的程序任免其职务。

6. 宪法宣誓的法律地位

明确宪法宣誓的法律地位可以引起公民对宣誓的重视。《实行宪法宣誓制度的决定》未规定宪法宣誓的法律地位，而我国现有的《检察官宣誓规定(试行)》以及《法官宣誓规定(试行)》中赋予宪法宣誓的是前文所述第二类法律地位，即将宣誓作为就职的标志，把宣誓仅仅当作"昭告天下"的一种仪式，不对任职产生实际影响。相比第一种模式，这种模式对于提高宪法宣誓地位、引起公民重视的效力较弱。因此，针对人大代表及人大常委会委员，建议参照《牙买加宪法》第 62 条，规定"人大代表及人大常委会委员未经宣誓不得参加人大活动，不得行使投票权；特殊情况需参加的，须经人大常委会主任书面同意"。其次，针对国家主席，建议参照《阿尔巴尼亚共和国宪法》第 71 条和《白俄罗斯共和国宪法》第 83 条，规定"国家主席未经宣誓不得行使职权；自新当选国家主席宣誓之日起，上届国家主席停止行使国家主席职权"。最后，针对其他宣誓主体，建议参照澳门特别行政区《就职宣誓法》第 5 条①，将宪法宣誓作为任职前资格审查的一部分，规定"其他宪法宣誓主体未经宣誓不得行使职权；拒绝宣誓者，丧失任职资格"。

7. 违背宪法宣誓誓言的法律后果

要避免宪法宣誓仪式沦为形式，除了赋予宪法宣誓仪式的重要法律地位之外，还必须有相应的法律保障机制，对违背宣誓誓言的法律后果作出规定。虽然宪法宣誓体现为一种形式，但其围绕宪法而构建，主要内容是效忠宪法、维护宪法权威，其本身也是一种规则，代表一种约束。违反了誓言就应当承担法律后果。鉴于誓言的内容较宏观和抽象，而建立宪法宣誓制度的初衷更多的是让宣誓人从内心上认同誓言的内容，从良心上对宣誓人的行为进行约束；加之违反誓言内容所表现出来的外在行为多种多样，承担的责任可能有刑事责任、民事责任和行政责任等各种法律责任，这些法律责任都有具体的法律调整，无需单独创设新的法律责任加以规制。因此，可规定：宪法宣誓主体违背宪法宣誓誓言的，将根据其行为追究相应的法律责任。

总之，宪法宣誓制度的建立是一个国家政治文明的体现，我国各地方早已有宪法宣誓的实践。现阶段的任务就是在总结这些实践，并借鉴外国宪法宣誓的优秀经验，结合本国实情的基础上探索建立常态化的宪法宣誓制度，这也是"权力本位"到"权利本位"转变的需要。

参考文献：

[1]《世界各国宪法》编辑委员会. 世界各国宪法(非洲卷)[M]. 北京：中国检察出版社，2012.
[2]《世界各国宪法》编辑委员会. 世界各国宪法(美洲大洋洲卷)[M]. 北京：中国检察出版社，2012.
[3] 王章君，严志军. 面对国徽的承诺[N]. 人民代表报，2013-09-27(A2/12).
[4] 赖晓莉. 向宪法宣誓：恪尽职守依法办事[N]. 成都日报，2005-03-23(A02).
[5] 余宁. 对宪法宣誓，对民众承诺[N]. 人民法院报，2012-12-24(7).
[6] 裴晓兰，张剑，杨凤临. 最高法最高检举行宪法宣誓仪式[N]. 京华日报，2014-12-5(A03).
[7]《世界各国宪法》编辑委员会. 世界各国宪法(亚洲卷)[M]. 北京：中国检察出版社，2012.
[8]《世界各国宪法》编辑委员会. 世界各国宪法(欧洲卷)[M]. 北京：中国检察出版社，2012.

(责任编辑：熊樟林)

① 《就职宣誓法》第 5 条：应依本法宣誓而拒绝宣誓者，丧失就任资格。

实务论坛

走出中心之惑:理性对待以审判为中心

蔡福华　严义挺*

摘　要　以审判为中心的诉讼制度改革,旨在构建有效防范刑事冤假错案的司法工作体制。以审判为中心并非具体的诉讼制度,而是一种司法理念,需要理性审视。其不涉及诉讼权力的再分配,不是对现有诉讼流程的否定,也不是泛时空、无界限的。以审判为中心的司法改革和实践,不具有改变现有诉讼模式的目的和功能,也不涉及对现有公检法三方办案模式的重构。作为相似概念,以审判为中心和以庭审为中心是两个既有联系又有区别的概念。在推进这项改革的进程中,需要把握住三个关键点,即域外经验本土化是推进改革的应有理念、审判独立是实现审判应有地位的根本所在、司法能力的提升是回归理性认识以审判为中心的重要途径。

关键词　以审判为中心　诉讼模式　以庭审为中心　改革

古斯塔夫·拉德布如赫曾说,“法必须获得尘世的、社会学的力量,才能具有实效,而从法的理念王国进入现实王国的门径,则是谙熟世俗生活关系的法官,正是在法官那里,法才成为肉身。”[1](P84-85)这充分说明,在将逻辑上的法转化为可感知的经验上的法的过程中,法官及其所处的审判系统具有重要的作用。近年来,通过大刀阔斧的实践和借助新媒体时代强大的信息传播能力,张氏叔侄案、呼格吉勒图案等一系列案件席卷了公众的法治视野,审判系统不知不觉间刮起了一场纠错矫冤的风暴。风暴背后,庭审直播、文书上网、设立巡回法院等接踵而至,为这个时代嵌入司法改革的印记。这一切都将法院推向了公众关注的焦点,法院也从未像现在这样处在舆论的前沿。当2014年10月23日中共十八届四中全会通过《关于全面推进依法治国若干重大问题的决定》(以下简称《决定》),并提出“推进以审判为中心的诉讼制度改革”时,各界一片点赞之声。与此同时,那些批评现有诉讼制度导致庭审走过场、侦查中心主义等种种问题的观点也趋之若鹜,仿佛所有的问题都肇始于审判的非中心地位,似乎审判中心主义是一剂天然的根治现有诉讼顽疾的灵丹妙药。法律实践和法学研究都是理性的事业,当欢呼和批评的声音落下时,需要各界冷静地思考,以审判为中心是什么,它将带给我们哪些变化,我们又该如何迎接和推进这场诉讼制度改革。所以,告别纷扰困惑,理性地审视这一概念,是一项值得研究的理论课题。

* 蔡福华,福建省莆田市人民检察院副检察长,全国检察业务专家。严义挺,福建省委政法委干部。

一个反当下的视角:认识的误区与修正

"以审判为中心"的提出具有"推动防范刑事冤假错案司法工作体制建设"的时代背景,由于目前还缺乏对概念的权威阐述,加上"中心"这样一个带有倾向性的词语的诱导,当下不少观点理所当然地认为,"以审判为中心"就是指推动形成以法院为中心的刑事诉讼格局,要在刑事诉讼各阶段主体和分工的关系上,形成以审判为中心,侦查、起诉围绕该中心运转的诉讼运行和推进方式。譬如有学者提出,审判中心主义是指在刑事诉讼各阶段之间的关系问题上,将刑事审判阶段作为整个刑事诉讼的中心,侦查、起诉等审判前程序则被视为审判程序开启的准备阶段,只有在审判阶段,诉讼参与人的合法权益才能得到充分的维护,被告人的刑事责任问题才能得到最终的、权威的确定。[2]也有学者主张,审判中心主义意味着整个诉讼制度和活动围绕审判而建构和展开,审判阶段对案件的调查具有实质化的特征,侦查是为审判进行准备的活动,起诉是开启审判程序的活动,执行是落实审判结果的活动,审判中控诉、辩护、审判三方结构成为诉讼的中心结构。[3]笔者认为,上述观点和解释存在一定的误区,对概念的阐述停留在文字表面,也脱离了我国的司法实际。在对"以审判为中心"这一概念进行定义之前,应该先对以下三个关键问题有一个清醒的认识。

(一)以审判为中心不是诉讼权力的再分配

推进向以审判为中心的转变,其直接目的在于避免冤假错案的出现,主要解决的是如何保障审前司法公正的问题,否定的是过去那种在审判阶段仍然坚持侦查中心主义的错误观念,反对的是那种"未审先判"的错误做法。以审判为中心并非一个利益分配机制,与办案单位的部门利益没有任何关联。那种认为以审判中心主义的改革"是以审判为中心的系统化司法改革,主要解决的是审判相较于侦查、起诉、刑罚执行的中心权威地位的确立问题"的观点[4],人为地放大了以审判为中心的概念外延,忽视了公检法机关如何利用对审判环节的重视来提升参与"实质庭审"①的能力、如何确保定案证据的客观真实性、如何检验和提高已完成诉讼环节的办案质量等一系列关键性、根本性的问题,却将问题焦点引向某个具体办案部门如何树立诉讼的权威地位,让审判的权力触角伸向侦查或检察的特有领域,把原本提升侦查人员取证理念的审判中心主义,变成指导侦查人员取证的侦查工作原则,明显具有打破现有办案机关诉讼地位相对平衡状态的倾向,可能在无形当中引发新的对司法权力分配状况的争论,导致这项改革无论在认识上还是在实践上都走向重新调配部门利益的误区。有研究指出,我国刑事诉讼的某些实践背后隐藏的是司法机构功利主义与机构本位的考虑,潜藏着一定程度上的功利主义动机,要么表现为司法机构出于部门利益而进行的某种"扩权式"的实践创新,要么表现为单纯处于"求政绩"而推出一些于刑事诉讼制度建设无多大实质性意义的改革。[5](P22)这些都背离了这项改革的初衷,需要我们给予应有的警惕和清醒的认识。

① 有观点认为,庭审实质化是指庭审成为定罪量刑的主要和决定性阶段,审判者的一切心证均应当来自公开进行的法庭审理活动,而不能来自庭外和庭下。[见金铁,杜邈.转变公诉理念应对庭审实质化.检察日报,2014-02-20(3)]笔者认为,庭审实质化和以审判为中心二者的精神是一致的,当然,审判者的一切心证都不能来自庭外和庭下,这样的观点太过绝对,反而又陷入教条主义的框框。

（二）以审判为中心不是对现有诉讼流程的否定

这里首先需指出的是，笔者认为，此处所论诉讼流程和下文将论及的诉讼模式是两个不同的概念，因此有必要先对刑事诉讼模式作一简要分析。从概念上看，学者们对诉讼模式的理解各有不同，学界也没有统一的界定，有的认为诉讼模式、诉讼形式、诉讼结构同为近义词，有的认为诉讼模式是审判时应遵循的原则、结构和方式，有的认为裁判者、控诉方、被追诉人在刑事诉讼中的地位与三者之间的关系及其体现形式的总体系称之为刑事诉讼模式。① 笔者赞同这样的观点，即刑事诉讼模式，是刑事诉讼构造经过简化和抽象所具有的样式。刑事诉讼构造是由诉讼目的决定的，存在于主要诉讼程序和证据规则之中，并能够使这些程序和规则实现一定诉讼功能和价值，由相关诉讼制度、原则及法则所体现出来的控诉、辩护、裁判三方的法律地位和相互关系。[6](P52)简单地说，刑事诉讼模式的研究重点在于审判过程，包括审判如何展开和推进、审判中诉讼参与各方的地位作用等问题，是一个泛化的、普适的概念，比如当事人主义和职权主义这两种主要的刑事诉讼模式，均可为多国所采用。而且，现代司法中无论哪种诉讼模式，都离不开控、辩、审的三方主体以及由这三方主体所形成的“三角构造”或其他关系模式，这些模式都是一种平面上的关系模式。诉讼流程则不同，诉讼流程在某种意义上仅是指一国处理和推进刑事诉讼的过程，更形象地说，就是指公、检、法三家在诉讼中具体的办案方式和任务分工。诉讼流程有具体的存在语境，不同国家的诉讼流程各有差异。如果放置于诉讼的整个流程来看，诉讼流程也包含了侦查、检控、审判的不同过程，但如果放置于各个阶段来看，侦、控、审各成一体，三者递进推演，形成的是一种线上的关系模式。当然，从概念间的联系来看，诉讼流程存在于诉讼模式当中，并与诉讼模式一道，共同为诉讼法体系所欲实现的目的服务。

刻意凸显审判实质化的功能和审判在不同办案机关当中的中心地位，把侦查、起诉等活动视为服务于审判的诉讼活动，隐含着对现有诉讼流程（诉讼阶段布局和诉讼推进方式）的否定，这是很值得商榷的。在我国，公、检、法三方办案机制既是一个推进诉讼进行的保障机制，也是一个多层次、跨部门的监督制约机制，通过审查起诉、审判两轮的审查过滤、层层把关，最大限度地提高办案质量，避免冤假错案。长期的司法实践也证明，这种诉讼流程具有较好的效果，譬如检察机关可以充分发挥法律监督职能，通过批捕和审查、起诉、监督侦查行为，既促进了公安执法规范化，又检验了移送审查起诉案件的质量，并在提高提起公诉案件的质量的同时，也在审前为法院分流了大量案件。但以审判为中心的提法一出，现有的这种分阶段推进的诉讼流程却一下子被形容成了粗放的“公检法流水作业”模式。[7]还有学者提出，“侦查本来是服务于审判的活动，与审判存在俯仰关系，但在诉讼阶段论那里，尽管侦查终结意味着案件可能要向下一个阶段输送，但侦查更像是一个具有自洽性的程序，它已经把‘饭’（案件）‘煮熟’，送‘饭’上去是检察院的事，对于侦查机关煮好的‘饭’，法院还能不吃？”[3]更为甚者，这样一段“做饭、端饭、吃饭”的戏谑之词还得到不少人的认可。笔者认为，这种提法不仅片面否定了法院长期以来大量富有成效的审判工作，否定了检察机关的法律监督性质和独立的司法职能，更主观地放大了公安机关的强势地位，难免有以“塑造并否定

① 梁欣. 刑事诉讼模式新论. 河北法学，2012：8；汪海燕. 刑事诉讼模式的演进. 北京：中国人民公安大学出版社，2004。

一种不平衡诉讼格局”来“主张另一种不平衡的诉讼格局”之嫌，实属从一个极端走向另一个极端。

（三）审判的中心地位不是泛时空、无界限的

以审判为中心在于强调规范成熟的庭审对于提高办案质量和保障人权的重要性，并不是否定审前程序的重要性，也不是有意提升法院在公检法关系中的地位。侦查、起诉、审判三者在刑事诉讼中首先应当做到各司其职。侦查的主要目的不仅在于获取定罪量刑的证据，还在于通过高效高质打击犯罪的行为，及时发现并制止犯罪，降低犯罪发案率和危害性；审查起诉承上启下，既负责指控犯罪，也承担着对侦查和审判行为实行法律监督的职责。各诉讼阶段的不同作用，不是法院一个部门或者审判一个环节所能实现。查明案件事实固然重要，但显然也不是诉讼的全部。所以说，侦查的归侦查、检察的归检察。作为一种司法理念，以审判为中心的思路可以更好地指导侦查取证，却难以在侦查阶段改变侦查权的中心地位；可以提高公诉机关的检控质量，却难以要求检察官始终以审判为中心开展工作。事实上，从历史的角度来说，最早的审判实行的就是绝对的审判“中心”主义（当然，其与当下所提的“审判中心主义”有质的区别），审判者集侦查、控诉、裁判于一身，后来正是为了克制原始司法的专横，才将司法权一分为二，审判权归法官，控诉权由专门的公诉机关来行使。如果现在又要求检察工作以审判为中心开展，从某种意义上看岂不是历史的倒退。所以说，以审判为中心的理念对诉讼活动的指导过程重在审判阶段，指导时间位于判决之前，其所适用的诉讼过程具有语境性，所适用的诉讼时间具有阶段性。刑事诉讼的各个阶段各有规律特点，侦查权、检察权、审判权各有职责任务，“把握‘中心’的内涵还要注意时空和标准的一致性”[8]，应当辩证地看待中心问题，不同的诉讼阶段理应允许不同的中心存在。以审判为中心不是放之诉讼的四海而皆准的原则，其下司法改革的内在逻辑也不否定和排斥诉讼过程的多中心论。

一个必要的质疑：以审判为中心带来诉讼模式的变化

讨论以审判为中心，不可避免会触及“诉讼模式”问题，前文所提诉讼布局流程、诉讼推进方式，也都与这个概念有关。有研究指出，自上世纪 90 年代中期以来，“诉讼模式”一词都是诉讼法学的主流话语，司法改革的目标甚至都演变成了诉讼模式的改革。[9] 同样，在讨论以审判为中心的司法改革时，也有研究直接将这场改革置于诉讼模式变革的范畴之内，如河南省高级人民法院院长张立勇曾撰文指出，从诉讼模式的视角进行考察，冤错案件的成因与审判的诉讼中心地位未完全确立有密切关系，要构建以审判为中心的诉讼模式。[10] 类似的思考不在少数。笔者认为，这种观点放置于以审判为中心的语境下，其实具有很强的迷惑性。以审判为中心的司法改革与诉讼模式之间有何种关联？这场改革真的会带来诉讼模式的变化吗？正确理解这些问题同样有助于我们走出对以审判为中心的认识误区。

前文笔者已就刑事诉讼模式的概念作了阐述，从这个概念的外延上讲，一般而言，刑事诉讼模式包括大陆法系的职权主义和英美法系的当事人主义两种。我国刑事诉讼历来具有浓厚的职权主义色彩，但随着司法改革的不断深入，我国在刑事诉讼模式的优化上也以对抗式的审判制度作为借鉴目标，进而形成一种以职权主义为主，兼具当事人主义的折中模式

（或称混合模式）。一方面强调法院在审判中积极作为，发挥审判对侦查、起诉的引导制约作用，主动查明案件事实；另一方面又主张法院恪守中立原则，推广证人、鉴定人出庭作证，贯彻直接言词原则，试图通过加大控辩双方的举证质证、辩论对抗程度，更好地证明案件事实。据此不难发现，以审判为中心和诉讼模式虽有一定的交叉，但并没有直接的关联，二者实属不同的范畴，是否选择以审判为中心，与一国采取职权主义还是当事人主义的诉讼模式甚至是其他的诉讼模式都并无关联，反之，无论哪种诉讼模式均可能具有以审判为中心的特征，所以不应粗放地将二者联系在一起。更进一步来说，以审判为中心的诉讼制度改革无论是在制度设计出发点上还是在实际运作功能上都不具备重构诉讼模式的功能。

（一）以审判为中心的司法改革并无改变现有诉讼模式的任务和目的

诉讼模式搭建的是推进刑事诉讼的总框架、总布局、总流程，相比于此，以审判为中心则是在已有诉讼模式的宏观基础上，对办案机理所作的微观疏导。事实上，我国诉讼模式发展至今业已相对成熟并且还在不断完善当中，若一提改革，便要从结构上入手进行大手术大修复，显然有失理性，也显草率，还是对既往努力和成绩的无视。有观点主张，审判中心主义意味着要调整我国刑事诉讼现行的阶段论体系，按照国外的审判中心论来重建，重调法典结构、重设警检关系乃至司法权与侦查权的关系，若不如此，审判中心主义只是一句口号。[3]笔者认为，虽然我国将刑事程序划分为立案、侦查、审查起诉、审判和执行程序等不同的阶段，与国外许多以审判为中心，将刑事程序划分为审前程序、审判程序和执行程序的做法确有不同，但这种差别仅仅存在于各国对诉讼过程归类细化层面上，并无孰优孰劣之分，正如刑法学犯罪构成要件的三要件说和四要件说，二者的内容实质是一致的，差别仅仅在于不同二级构成要件的组合方式上。① 退一步讲，即使将刑事诉讼法中立案、侦查、审查起诉并入审前程序，重新修订法典结构，也难以改变实践的具体办案流程方式，所以说，刻意去挖掘字面表述上的不同点对推动改革取得成效并不具有实质意义。

（二）以审判为中心的实践运作也不具有改变现有诉讼模式的功能

作为一种简化和抽象后的诉讼构造，诉讼模式一旦确立即相对稳定。我国近些年来虽然一直在借鉴吸收当事人主义诉讼模式的优点，但以职权主义为主的模式并没有被动摇，公、检、法三机关在刑事诉讼过程中始终对查明案件事实发挥着关键的作用，控、辩、审的三角关系整体上也保持一种相对稳定的状态。以审判为中心，与其称之为制度，不如称之为一种指导具体司法办案的理念，其出发点和落脚点都在于提高办案质量、防范冤假错案，并不具有改变诉讼模式的功能。不同部门间对这种理念的执行方式同样存在差异，尤其是在涉及部门利益、可能影响诉讼权力的平衡与制约、改变现有诉讼模式的问题时，处于审判系统之外的检控、侦查部门都显得格外谨慎。2015 年初，“两高”分别发布了《关于深化法院改革

① 刑法学犯罪构成领域主要有三种犯罪论体系。一是以前苏联为代表的犯罪构成四要件说，将犯罪构成要件分为主体要件、客体要件、主观要件、客观要件四部分；二是以德日为代表的三要件说，认为犯罪构成要件包括该当性、违法性、有责性三个不同的层次；三是英美等国所采用的二要件说，把犯罪构成要件分为犯意和犯行。四要件说在我国司法实践中的运用相对较广，三要件说次之。但不论哪个学说体系，讨论犯罪构成，都离不开主体、行为、结果、因果关系、主观罪过等二级构成要件，对实践而言，不同学说最大的区别，其实是对这些二级要素的组合不同，这种不同对实践中对案件事实性质的分析判断并没有实质性的影响。

的意见》(以下简称《法院改革意见》)和《关于深化检察改革的意见》①,通过比较可以发现,二者对"建立以审判为中心的诉讼制度"的阐述内容相差甚远,前者在文件第三部分第(二)大点,从七个方面详细论述如何构建这一制度,后者仅在文件第23小点用百余字表明要"适应以审判为中心的诉讼制度改革"(用词是"适应"),并明确指出,事实上也是在强调,深化检察改革的总目标之一,就是要使得检察机关与其他政法机关既相互配合又依法制约的体制机制更加健全。来自检察系统的研究也认为,"以审判为中心的诉讼制度改革还必然要求扩大检察机关的起诉裁量权,强化其审前调节的职能"[10],即通过科学的分流机制,让不符合起诉标准的案件在起诉阶段得到有效的消化,提高诉讼效率和办案质量。这些都足以说明,那种希望借以审判为中心的改革来构建一个法院在诉讼各阶段各参与方之中均具有中心地位的意愿,在实践上并不具有可行性。

(三)以审判的一中心主义取代当前三方办案的诉讼方式也与我国基本法律原则不符

我国刑事诉讼法兼有保障人权和打击犯罪的双重任务,公、检、法等部门代表国家承担着相应的诉讼职责并共同参与到刑事诉讼中,为正确处理公、检、法三机关的关系,刑事诉讼法专门规定了分工负责、互相配合、互相制约的基本原则。虽然实践中存在诸如重配合轻制约的弊端,特别是"互相配合"这一点在理论上受到了较多的批评。② 但前文已述,这并不足以否定这项原则在实践中对规范三机关关系起到的显著作用,而且,近些年来,随着相关程序法律制度的不断完善,各机关职责权限更为明晰。产生问题的根源,往往不在于制度本身,而在于制度执行得不到位。这种不到位与司法的观念(司法理念)的偏差有直接的关系。在改革与进步的过程中,人们似乎习惯了遇到问题就质疑制度不健全的思维方式,热衷于创设制度,却很少反思如何落实制度,"制度变革的速度与观念上出现的混乱形成巨大的反差,正是由于观念的问题,有法不依成为现代社会的痼疾。"[6](P109) 故而不应因此简单地否定这一原则。从另一个角度来看,这一原则的确立,也体现了法律对公、检、法三方在刑事诉讼中分别具备独立诉讼地位的状态给予了确认。反过来说,各机关均具备不依附于任何他方的独立的诉讼地位也是落实分工负责、互相配合特别是互相制约的前提。再者,还有一个重要的因素,宪法第135条明确规定了分工负责、互相配合、互相制约的诉讼原则,从法律位阶和法律效力的角度来看,这项原则具有宪法层面的高度和效力,对这种审判中心主义办案方式的解构,事实上也涉及对宪法规范的违背。所以,以审判为中心的司法改革需要遵循刑事诉讼法的规范,在宪法和法律的范畴内推进,不能任意违背刑事诉讼的基本原则。这项改革的初衷,也理应不触及对现行公、检、法三方办案方式的重构。

一个必要的辨析:以庭审为中心与以审判为中心的关系

理论上认为,"概念乃是解决法律问题所必需和必不可少的工具。没有限定严格的专门

① 参见最高人民法院《关于全面深化人民法院改革的意见——人民法院第四个五年改革纲要(2014—2018)》;最高人民检察院《关于深化检察改革的意见(2013—2017年工作规划)》(2015年修订版)。

② 如早在2002年,就有学者指出,公、检、法机关之间互相配合是一个沉重而陈旧的刑事诉讼法原则。相关文章可参见靳学仁.公检法机关之间互相配合:一个沉重而陈旧的刑事诉讼法原则.华侨大学学报(哲学社会科学版),2002(1)。类似的观点还可以参见王超.分工负责、互相配合、互相制约原则之反思——以程序正义为视角.法商研究,2005(2)。

概念,我们便不能清楚地和理性地思考法律问题。”[11](P504)前文之所以力图层层剖析对以审判为中心的认识误区,目的正是在于为尝试给这项新的提法(诉讼制度改革)进行定义打下基础。结合现有的文件(如前述《决定》和最高法的意见等),笔者认为,“以审判为中心的诉讼制度改革”,是指为了贯彻“未经人民法院依法判决,对任何人都不得确定有罪”的诉讼原则,落实把审判作为定罪量刑核心阶段的要求,以全面贯彻证据裁判规则、依法严格采信证据、完善证人、鉴定人出庭制度等为基本手段,以确保侦查、审查起诉的案件事实证据经得起法律检验为直接目标的诉讼制度改革。

通过定义并结合我国司法实际,可以看出,以审判为中心本身并非一项独立、具体的制度,而是一种司法理念,实际上是在强调“如何最大限度提高庭审质量”,简而言之,就是在强调审判的重要性、决定性和终局性。这种司法理念所指导的诉讼改革,要求侦查和起诉部门同样需要深刻认识到审判特别是庭审应当在查明事实、认定证据、保护诉权、公正裁判中发挥决定性的作用,以参与实质庭审的高标准要求自己,不断提高收集固定证据的能力,不断提高起诉质量。所以,以审判为中心的核心(或称实质)是以庭审为中心,即在审理案件的过程中,做到事实证据调查在法庭,定罪量刑辩论在法庭,裁判结果形成于法庭,全面落实直接言词原则,严格执行非法证据排除制度。[12]在这个意义上,以审判为中心和以庭审为中心可以视作一对同义概念。但二者并不完全相同,对二者的区别作进一步的比较研究,有助于更好地理解概念本身。

首先,从触及的制度而言,以审判为中心所涉及的制度内容相对于以庭审为中心而言更加宏大。以审判为中心虽然不是具体的制度,但这种司法理念指导下的改革必然带来一系列制度的创新,至少是制度的整合。以《法院改革意见》为例,文件认为要通过“全面贯彻证据裁判原则、强化人权司法保障、健全轻微刑事案件快速办理机制、完善刑事诉讼中认罪认罚从宽制度、完善民事诉讼证明规则、建立庭审全程录音录像机制、规范处理涉案财物的司法程序”等方面,来建立以审判为中心的诉讼制度。虽然笔者对其中部分提法与这项制度的关联度表示质疑①,但确实也反映出这项诉讼制度的建立涵盖了更多的领域,不仅包括促进庭审程序规则的进步,也包括改进法院系统内部的权责配置,切实置司法审判职能于首位,优化配置审判力量,提高司法效率等。以庭审为中心则不然,其关注点聚焦在庭审过程,目的就是为了提高裁判技术、完善证明规则,更有效地查明案件事实,保障审判质量。

其次,从实践的层面来说,以审判为中心所涉及的诉讼阶段、对诉讼参与部门的要求比以庭审为中心更多、更加复杂。第一,以审判为中心,不仅是对庭审的重视,也是对一审程序的重视。对一审程序的重视,不仅包括重视一审对案件的审理本身,也包括对案件进入一审程序的准入性的严格把关,要尽量避免“带病”的案件进入审判程序。对此,有人建议要以审判权提前适度约束侦查权、起诉权,对检察机关提起的控诉进行必要的审查,避免先天不足的‘带病’起诉进入正式审判程序。[10]笔者认为这种观点并不合理。法院自身长期面临案多人少、司法资源紧缺的状况,没有足够的力量主动“出击”,何况如此一来又会产生新的部门

① 从提高庭审质量、避免冤假错案的目的角度来看,健全轻微刑事案件快速办理机制、完善刑事诉讼中认罪认罚从宽制度涉及的分别是提高诉讼效率、从宽处罚条件的完善问题,规范处理涉案财物的司法程序是为了更好地把处置涉案财物的权力关进制度的笼子里,防范该环节可能发生的司法权力寻租现象,这些都与“以审判为中心”的诉讼改革并无直接关联。

间矛盾,特别是将原本负有法律监督职责的检察机关置于十分尴尬的被监督地位。所以,把好案件准入关,关键在于提高前一诉讼阶段办案单位的办案质量,即,第二,以审判为中心要求侦查、起诉部门在办理案件的过程中,要有意识地为今后的庭审做好准备,主动把关,把那些不符合起诉(或移送审查起诉)条件或者依法可以不起诉的案件处理在审前,这样不仅提高了侦查、起诉质量,也节约了审判资源(以庭审为中心的审判本身就需要耗费更多的司法资源),这种内在要求是以庭审为中心所不具备的。在这个意义上可以说,以审判为中心本身,客观上在更多的案件中让位"审判"的中心地位,转由审前程序来处理。国外的事实也表明,"在所有普通法国家,准备不足的审判都不再是民事或刑事诉讼程序的绝对中心。各种审前裁决对案件的处理阻止了案件进入审判阶段"。[13](P181)我国近年来的实践也证明,每年都有大量的案件被消化在审前。2013 年,全国检察机关对犯罪情节轻微、依照刑法规定不需要判处刑罚的,决定不起诉的就达 51 393 人之多。[14]2014 年,这一数据达到 52 218 人,同比上升 1.6%。[15]二者还都不包括绝对不起诉和存疑不起诉的数量。

一条本土化的路径:以审判为中心改革的三个支点

理论上的新提法、新概念,特别是那些看起来"新颖时尚"的观点,具有引发理论"狂欢"的潜在风险,加之我国法律法学对西方司法文明吸收借鉴的不断深入,国外法治发达国家的司法制度备受理论界推崇,这种潜意识里先入为主的膜拜感,往往使理性的视角遭受蒙蔽。1996 年刑事诉讼法修订时将起诉时的"卷宗移送主义"改为"复印件主义"(移送证据目录、证人名单和主要证据复印件),各界也是异口同声对此给予了无尽的赞美,仿佛制度一出,避免法官先入为主、防止法庭审理走过场等目标定然就能够实现。[16]但实践很快证明,这种制度也存在不少问题,比如控方的选择性移送问题,有多份相互矛盾的被告人供述时只移送其中的一份,反而更不利于法院全面查明案情。所以,2012 年刑事诉讼法修改时又重新确立了"卷宗移送主义",有学者还将此举称为"基于对客观实际的反思作出的更为理性的选择"。[17]所以,当面对以审判为中心的诉讼制度改革时,不应一味地拍手叫好,而是需要认真地分析和把握概念的真正内涵,这也是笔者在前文用大量篇幅检视这一概念的出发点所在,进而为这项改革提供可靠的理论支持并把握正确的改革方向。笔者认为,在我国推进这项改革中,有以下三个基础性问题(包含了改革的主要路径)构成了改革的三个支点,共同支撑起改革的稳步性,需要我们引起重视。

(一)域外经验本土化是推进改革的应有理念

近二十年来,我国刑事诉讼法改革实际上一直在移植国外先进制度,大量的证据制度、证明规则都带有明显的借鉴色彩。比如证人、鉴定人出庭制度,增加和保障辩护人诉讼权利的规定,正是以英美对抗式审判制度为模仿对象的,这些制度同样是以审判为中心的诉讼制度所不可或缺的。因此可以认为,以审判为中心需要法律移植,甚至可以说以审判为中心本身就属于法律移植。在法律移植过程中,博采众长是应有之义。法治后进的国家,理所当然地希望兼得各国法治所长,洋为己用。应当认识到,法律移植恰如艺术品的复制,在现代工艺技术条件下,任何伟大的艺术品都可以被模仿,哲人却言,即使最完美的复制品也会缺少一种因素:"它的时间和空间的在场,它在它碰巧出现的地方的独一无二的存在"。作品的本真性是无法复制的，一件艺术品的独一无二性与它置身于传统的织体之中是分不开的。[18](P234-235、238)制度同样如此，每一种制度的存在都有其特定的社会环境。如同为大陆法系国家，德国在起诉时采取卷宗移送主义，日本却选择起诉状一本主义；又如同样采取起诉状一本主义，日本和英美却分属不同法系。这些差异没有好坏之分，而是因为不同国家的制度产生于各自特定的人文历史环境中，具有不同的文化基础，譬如“日本的刑事司法体系建立在全面、彻底信任检察官的基础上”[16]，德国则不具备这种特点。

所以，在我国吸收域外以审判为中心的经验的过程中，不能“基于对域外经验制度优越性、价值合法性的预先假定，然后就以‘拿来主义’的态度对待法律移植”[5](P23)，这往往会因舶来制度水土不服而导致制度的不稳定性，如前文所述“复印件主义”评价采纳情况在立法认可上出现的剧烈变化。法律(制度)移植不能离开中国刑事诉讼的实践经验，并应当实现域外经验本土化。比如英美等国以庭审为中心的对抗制下，法官只是消极通过“听审”作出最终判决，而我国的审判实际，是法官主导审判，指挥和控制庭审全过程，这项改革在我国的一个可行思路，不是推行“消极”法官，而是应当把法官主动行使职权与辩论式审判方法相互结合。[19](P167)反之，“如果不考虑制度的社会因素，单纯地拿来，以求兼得各项制度之长，实属不切实际的做法，因为制度之间往往存在内在的价值冲突，希望通过嫁接不同的制度来提高绩效往往事与愿违”。[9]笔者下文将论及的审判独立和司法能力问题，正是当下法律移植在中国所要面对的两个突出的本土问题，也是包括以审判为中心在内的任何一项诉讼制度改革无可回避的现实问题。

（二）审判独立是实现审判应有地位的根本所在

即便是站在《法院改革意见》的角度来看法院如何建立以审判为中心的诉讼制度，也不难发现，其实这场改革并没有真正意义上的制度创新，某种意义上可以认为当下暂时也无需再创设新的制度。以促进庭审实质化与所涉及非法证据排除制度为例，在2012年刑事诉讼法修改过程中，已经从“增加不得自证其罪原则、非法言词证据排除规则、实物证据补充规则、扩大非法证据排除的阶段和主体、增加录音录像制度”等方面，进行了较大规模的补充和细化。而且，早在2010年，相关部门就发布了《关于办理死刑案件审查判断证据若干问题的规定》《关于办理刑事案件排除非法证据若干问题的规定》等。学者所提出的改革路径，其实都是换汤不换药，把旧有的制度重新整合后换上新的外壳。笔者认为，当下诉讼制度改革面临的任务，已不再是继续创设法律，所谓盖天下之事，不难于立法，而难于法之必行。最高人民法院常务副院长沈德咏曾撰文指出：“现在制度规定应当说比较完善了，关键看我们敢不敢于拿起法律制度武器。”[20]因此，要落实现有的相关诉讼制度，司法的独立、审判的独立显得尤为重要。法院如果在司法权能上缺少独立的诉讼地位，对其他部门存在依附，没有办法自主决定如何指挥、平衡庭审过程，保障控辩各方充分有效地举证质证辩论，以审判为中心的改革自然就成了无本之木。

审判的独立包括两层含义，即法官的独立和法院的独立。当前我国刑事诉讼中的审判独立问题或称非以审判为中心也集中表现在这两个方面。具体而言，一是法院内部“审者不判、判者不审”。审委会出于对审判权的控制，把许多本应交由主审法官(合议庭)依法作出判决的案件裁判权收归由审委会集体讨论决定，而这样做往往又不可避免地陷入“集体讨论＝集体负责＝集体无责”的尴尬境地，主审法官基于办案风险等考虑，也热衷于将案件提交审委会研究决定。在这种环境下，审判人员的责任感被严重削弱，并将导致审判业务能力的倒退，庭审流于形式也是必然的结果。二是来自法院外部的力量对司法进行不当干预的问题比较突出。特别是部分领导干部缺乏法治理念和法律意识，打着诸如“服务大局”的旗号，将法院视为一种服务于行政管理的工具，当作是“政府里边的法院”（而非“政府旁边的法院”）。[21](P17)而各级地方法院由于人财物管理受制于各级地方政府的缘故，独立审判的程度往往大打折扣。上述问题，凸显了当前正在推进的司法机关人财物独立、法院内部如何理顺审判权管理体制等司法改革的重要性。这些改革和以审判为中心的诉讼制度改革同属一个体系，无论哪一部分产生问题，都将对司法改革产生不利影响。

此外，还有一种观点认为，侦查权过于强大，导致刑事诉讼始终以侦查为中心推进，这种认识是经不起推敲的。侦查权过于强大的实质，是公安部门具有强大的公权力，这种认识本身并无不当。公安部门的权力一定意义上代表着国家的行政管理权，即使在法治发达国家，司法权相对于行政权甚至相对于立法权而言，都是最弱的权力。也正是因为这种相对的弱小，司法更容易遭到干预，因而更需要独立。但最弱不等于不独立，更不等于没有监督制约的能力。法院具有宪法、法律规定的对事实认定、证据采信、定罪量刑的终局裁判权，从披露的冤假错案的情况来看，比如呼格吉勒图案，存在案件关键证据来源存疑、被告人供述反复等明显瑕疵，最终法院还是判决被告人死刑，其反映出来的问题实质其实已经不是证据制度如何完善的事情了。换句话说，即使缺乏法治发达国家那种先进的诉讼制度，这种案件也显然不能轻易定罪，更不能冒然判处死刑。法院在审判案件的过程中，面临各界特别是有权部门的干预和压力，是导致此类结果的一个关键因素。只有审判真正独立了，“指控的证据不足以证明有罪，就应当依法宣告无罪；查明认定存在非法证据，就应当依法予以排除”这样的司法目标（景象）才能够实现，这也是以审判为中心的诉讼制度改革的内在之意。

（三）司法能力的提升是回归理性认识以审判为中心的重要途径

良法与良好的司法（执法）是法治两个古老的根基。司法实践的发达既有赖于完善的制度基础，也离不开司法官良好的法律素养（司法能力）。司法的过程是兼具发现和创造的过程，美国著名的现实主义法学家约翰·奇普曼·格雷认为，法官也能像立法者一样造法，“法官所立的法甚至要比立法者所立的法更具有决定性和权威性，因为法规是由法院解释的，而且这种解释决定着法规的真实含义，其重要意义远比其文本意义要大”。[11](P582)作为直接掌握司法职权、能够让民众最直观地感受司法的特殊职业群体，司法官司法能力的高低，直接关系司法创造结果的好坏。严复曾这样形容善治与民智：“善治如草木，而民智如土田。民智既开，则下令如流水之源，善政不期举而自举。否则，虽有善政，迁地弗良，势必要淮橘成枳。”[22](P48)虽然在司法的“王国”里，司法能力的重要性尚达不到“土田”的程度，但如果不具备良好乃至优秀的司法能力，即使移植创设再好的制度，最终也只能是“迁地弗良，淮橘成枳”，从这个意义上讲，司法官的司法能力也是事关司法善治的“民智”。

以审判为中心作为一种司法理念（而不是一项清晰可操作的具体制度），其在实践中的落实情况，很大程度上取决于司法工作人员的司法能力。以审判环节为例，以审判为中心的诉讼制度改革必然促使庭审方式变革，以避免庭审流于形式，要做到这点，审判人员应当掌握如何更好地听取当事人双方的意见，提高把握案件争议焦点的能力，擅于引导双方当事人针对争点充分发表意见，同时，还要适时对参与庭审的各方的意见及时作出回应，把握庭审进程和节奏,确保庭审的质量。这些都对法官的司法能力提出了更高的要求。

从内容上看,司法能力主要包括两个基础构成,一是法律理念,二是法律适用技术。相比于前者,法律技术更容易通过反复的实践训练得以培养,但以法律信仰为基础,以规则、秩序意识为基本内容的法律理念却是塑造司法官独立司法人格的基础,而这点恰恰是当下一些司法官所欠缺的。从诉讼文化的视角来考察,"诉讼在西方是一种实现正义的裁决的竞技"[6](P93-94),但在我国却主要是一种"惩罚方式",诉讼的重心在于控制犯罪,所以要突出司法官的威权,不惜一切手段查明真相,"权力行使"和"发现真实"[23](P64-65)成为诉讼的核心手段和直接目的,程序法因而成了依附于实体法存在的一种外在摆设,程序观念更是缺乏生根发芽的土壤。所以,即便是在近现代,我国的司法实践也曾长期忽视证据规则,不重视非法证据的排除,刑讯逼供、有罪推定、未审先判等观念根深蒂固,也有一些司法工作人员依然热衷于追求破案率等所谓的考核指标,沉迷于刑法的打击功能,一味地强调打击犯罪,甚至刑民不分,用刑法调整民事领域的法律关系,执法办案急功近利,缺乏平和与理性。康德认为,启蒙运动就是人类脱离自己所加之于自己的不成熟状态。不成熟状态就是不经别人引导,就对运用自己的理智无能为力。[24](P23)培养司法能力,正是在培养司法官所应具备的类似这种启蒙运动的"力量"。良好的司法能力,也能够让司法工作人员特别是法官、检察官以更加独立和自信的姿态,在实践中去理解、审视、运用和探索法律的各种理念、原则与制度,将司法官的职业角色演绎得更加生动鲜活,同时也避免自身在长年高压的办案环境下成为一名疲于应付的法律匠。

结语

无论何种诉讼制度的创新和发展,都离不开理论的支持和推动。以审判为中心的司法理念主导下的诉讼制度改革,把审判在定罪量刑中的决定性作用提升到一个更高的层次、更为宏观的层面。在解读这一理念、顺应这场改革的过程中,需要我们去发展相应的理论,"从社会科学而不是对策法学的角度"[19](P3)去进行研究、对话和交流,让这场改革的理论体系变得饱满、清晰、富有中国性、具有说服力,让实务和理论界都更好地理解这场改革,走出以审判为中心的困惑和诱惑。做到这点,相信当这场改革的帷幕落下时,留给司法界的,将不仅仅是某些具体的庭审规则、证据制度,更有发自内心的重视和尊重审判的司法思维,以及支撑刑事诉讼大厦的司法文化土壤。

参考文献:

[1] 舒国滢. 在法律的边缘[M]. 北京:中国法制出版社,2000.
[2] 四川省社会科学院法学研究所所长韩旭解析四中全会:什么是"审判中心主义"[EB/OL]. [2015-01-06]. http://focus.scol.com.cn/zgsz/content/2014-10/24/content_9425766.htm.
[3] 张建伟. 审判中心主义的实质与表象[N]. 人民法院报:法律文化周刊,2014-06-20(5).
[4] 左德起. 刑事司法改革:走向审判中心主义[EB/OL]. [2015-01-03]. http://news.gmw.cn/newspaper/2015-01/06/content_103497952.htm.
[5] 左卫民. 现实与理想:关于中国刑事诉讼的思考[M]. 北京:北京大学出版社,2013.
[6] 陈卫东. 刑事诉讼基础理论十四讲[M]. 北京:中国法制出版社,2011.

[7] 王琳. 从制度改良力推防冤纠错：从“侦查中心主义”到“审判中心主义”[N]. 中国青年报，2014-11-07(2).
[8] 王守安. 以审判为中心的诉讼制度改革带来深刻影响[N]. 检察日报，2014-11-10(3).
[9] 梁欣. 刑事诉讼模式新论[J]. 河北法学，2012(8).
[10] 张立勇. 强化审判中心地位，切实防范冤错案件[N]. 人民法院报：理论周刊，2013-08-21(1).
[11] [美]E. 博登海默. 法理学：法律哲学与法律方法[M]. 邓正来，译. 北京：中国政法大学出版社，2004.
[12] 蒋惠岭. 重提“庭审中心主义”[N]. 人民法院报：法律文化周刊，2014-04-18(1).
[13] [美]米尔建 · R. 达马斯卡. 漂移的证据法[M]. 李学军，等，译；何家弘，审校. 北京：中国政法大学出版社，2003.
[14] 最高人民检察院工作报告[EB/OL]. [2015-03-24]. http://www.spp.gov.cn/tt/201403/t20140318_69216.shtml.
[15] 最高人民检察院工作报告[EB/OL]. [2015-03-24]. http://www.spp.gov.cn/gzbg/201503/t20150324_93812.shtml.
[16] 胡莲芳. 卷宗移送主义：对理想的妥协还是对现实的尊重——2012年刑事诉讼法确立卷宗移送的正当性[J]. 西北大学学报：哲学社会科学版，2013，43(3).
[17] 汪建成. 刑事审判程序的重大变革及其展开[J]. 法学家，2012(3).
[18] [美]汉娜 · 阿伦特. 启迪：本雅明文选[M]. 张旭东，王斑，译. 上海：生活 · 读书 · 新知三联书店，2004.
[19] 陈瑞华. 刑事诉讼的中国模式[M]. 北京：法律出版社，2010.
[20] 沈德咏. 我们应当如何防范冤假错案[N]. 人民法院报，2013-5-6(2).
[21] 刘星. 西窗法语[M]. 北京：法律出版社，2013.
[22] 王人博. 法的中国性[M]. 广西：广西师范大学出版社，2014.
[23] [日]田口守一. 刑事诉讼的目的[M]. 张凌，于秀峰，译. 北京：中国政法大学出版社，2011.
[24] [德]康德. 历史理性批判文集[M]. 何兆武，译. 北京：商务印书馆，2013.

（责任编辑：王禄生）

涉自贸区争议解决机制的创新与合同纠纷审理的司法对策

石 萍*

摘 要 本文从自贸区争议解决机制存在的困境及争议解决机制创新的重要性入手，指出自贸区的"先行先试"政策使自贸区的案件具有特殊性。本文基于自贸区的功能定位，研究涉自贸区合同纠纷的新问题。针对涉自贸区合同纠纷的现状，结合自贸区的制度创新，本文认为应妥善审理各类涉自贸区的合同案件，并就合同案件的管辖、审判思路及司法对策等问题作探索思考。

关键词 自贸区 机制创新 合同纠纷 司法对策

中国(上海)自由贸易试验区(下称自贸区)于2013年9月29日正式挂牌成立，自贸区的成立引来了无数注目的目光，这不但是我国国际贸易、服务、投资、金融等经济领域的一件大事，而且对我国现有法律体系也产生了重大的影响。现有法律赋予了自贸区一种相对独立的法律地位。针对自贸区的现实需求与实践，良好应对投资、金融创新与司法保障等领域可能出现的问题，既是自贸区破题的抓手，也是其发展的关键，更是自贸区前行的目标。我们不仅要在理论上为自贸区把脉，还要在实践上为自贸区谋策。打造国际化、法治化的营商环境，是自贸区的建设目标之一。随着自贸区争议解决机制的创新及自贸区的合同纠纷案件的不断增多，为了在自贸区制度创新、扩大开放中切实发挥好民商事审判的指引作用，当需对自贸区"先行先试"情形下自贸区争议解决机制的创新与自贸区合同纠纷的审理作相应的思考与应对。

一、自贸区争议解决机制创新具有重要性

自贸区成立后，国家陆续颁布、制定数十项法规、制度，同时政府也出台了一些关于自贸区的重要文件，其中有《中共中央关于全面深化改革若干重大问题的决定》《中国共产党第十八届中央委员会第三次全体会议公报》《中国(上海)自由贸易试验区总体方案》《中国(上海)自由贸易试验区管理办法》《上海市推进国际贸易中心建设条例》等。从这些文件的字里行间可以看出，自贸区深入改革的序幕已经拉开。如何真正发挥自贸区作用，进一步理解党和中央政府对建设自贸区关键的"法治建设"及"创新"的重要精神，吸引境外企业的进驻，为中国的经济发展带来真正的益处从而带动内地经济进一步发展？首先要有一个适应国际市场环境的争端解决环境，这也是建设法治国家、法治政府、法治社会，力争把上海建设成为国际

* 石萍，南京市玄武区人民法院法官。

商事争议解决中心的需要。围绕这个目标，自贸区建设关键词之一，就是考虑如何“创新”。同时，进一步与国际接轨，完善争议解决机制，是自贸区能够长期健康发展的一个重要因素，也是跨国公司、大型国企和民企考虑把总部、主要运营机构和资金调度中心放在自贸区的关键，并且还是自贸区具有国际先进水平的标志。同样，争议解决机制的创新也与上海法治环境有着密切的关系。由此可见，在自贸区内，可尝试分不同层次、领域建立多元化的争端解决机制。

二、自贸区争议解决机制创新的几个主要问题

（一）自贸区争议解决机制存在的困境

依照中央的定位和现有法律的规定，自贸区与行政区划之间在合法性框架和法律规则的制定落实等方面极为不同。在自贸区范围内，不仅政府权力行使的法律依据相对独立于行政区划，而且在政府管理权力的分配及相互关系上也不局限于原本适用于行政区划的法律规定，这必然导致自贸区与行政区划的法律规则在具体适用过程中相互间会发生诸多冲突。为了解决这些法律冲突，各级政府机关应当发挥各自特定的职能，在特定的规则适用原则指导下，设置专门和系统的规则协调制度，以有助于自贸区的正常运行及其所肩负任务的实现。自贸区的日益繁荣、活跃，需遵循市场经济的发展规律，由此不可避免的也会出现区域内各类纠纷数量的激增，特别是各个行业的民、商事纠纷，其中合同类纠纷占一定比例。这将大大增加现有争端解决机构特别是法院的压力。

（二）自贸区的“先行先试”政策使自贸区的案件具有特殊性

上海自贸区改革试验过程已经持续了两年多，2015 年提出了共 98 项改革措施，包括制度创新、服务业开放、功能拓展和制度保障等内容。[1]98 项措施的新领域、新模式、新业态率先在自贸区出现，无先例可遵循，由此带来自贸区案件的特殊性。自贸区的企业经营形态众多，将会出现许多我国合同法未明确规定的新型交易形态，这类交易在法律上称为无名合同，诸如各类金融衍生品种交易、商业保理等，在法律上难寻名称。如何对其进行法律认定，亟需在司法实务中提出解决办法。创新是自贸区的特征，然而法律是滞后的，不可能事先顾及到创新将出现的各类新问题，纠纷的处理将会出现无法可依的情况。同时随着投资主体的多样化、经营业态的新颖化、内贸外贸的一体化，亦使纠纷的处理面临着困境。自贸区对司法来说是个崭新的课题，同时也对司法提出了更高的要求。

（三）自贸区的国际化将带来法律适用的复杂化

要建成具有国际水准的、投资贸易便利、货币兑换自由、监管高效便捷、法制环境规范的自贸区。资本“走出去”及“引进来”业务跨境、离岸贸易、国际大宗商品交易、跨境电子商务、金融面向国际的交易平台创建，以及自贸区的一些创新措施等使自贸区的涉外特征突显，更趋国际化。同时，现行国内法、冲突规范及我国参加的国际公约和缔结的国际条约、国际惯例、通行规则、一般商事规则以及外国法等各种不同的法律如何适用，法律之间存在冲突时如何加以协调等问题突显。国际标准的建设目标使得适用于处理涉自贸区纠纷的法律适用

呈现多样化与复杂化。从纵向来说，可在现有基础上，加强小额案件的快速裁判和小额纠纷调解程序，以促进小型纠纷解决的快速、有效性；从横向上来说，充分考虑当事人的意思自治，可增加、强化各类商事仲裁的作用，并可在适当时机，引入国外专业仲裁机构，如伦敦仲裁、香港仲裁等在自贸区内设立仲裁或代表机构，给予市场经济主体更加宽泛的选择机会，这亦将促进上海国际商事争议解决中心的建立。随着法治环境的进一步建立、健全，可促使中国现有诉讼制度与国际纠纷处理的进一步接轨，内容从程序上包括庭审语言的选择，法官、仲裁员人选和聘用机制多样化，代理人选任范围限制的减少；从制度上可在适当的时机引入证据公示程序、作证豁免制度等符合自贸区实践的内容。伴随法治建设进程，自贸区致力于与国际接轨，吸纳、改革司法制度，促使司法制度的更加完善、并使其可适应于自贸区特殊情况及中国司法环境。浦东新区与上海自贸区之间因各自先行先试产生的法律冲突，也应当由上海市人民政府加以协调和解决。虽然《自贸区管理办法》已经规定浦东新区政府按照其职责，“承担自贸试验区其他行政事务”，如果涉及的是中央批准的先行先试，则上海自贸区和浦东新区之间不应该存在法律效力上的差异。换言之，在处理相同性质的事务而发生争议时，上海自贸区管委会法律规则效力并不必然高于浦东新区的法律规则，而只有能更好地实现两个区域先行先试的共同目标——政府职能转变、深化经济体制改革——的规范，才能够享有较高的法律效力。上海市人民政府应当基于这一标准，设置特定法律程序对不同区域内先行先试之间发生冲突的法律规范进行选择，同时应当建立浦东新区政府与上海自贸区管委会之间完善的沟通与协调机制。

三、自贸区争议解决的法律适用

上海自贸区不属于行政区划，而且它的法律制度尚不健全、法律地位亦不确定，因此在法律适用上同普通的行政区划之间的法律系统存在着多层次法律冲突的可能。要减少这种冲突所带来的不利后果，就必须厘清自贸区与行政区划之间的法律结构差异。要先明确“创新”究竟是弥补短板还是照搬外国经验，明确创新发展的定义及其内涵、外延、目前的定位与目标以及目标走向所选择的路径。由此而言，自贸区内要建立一个更加融合于国际化的法治环境是非常必要的，但是在法治环境下的“自贸区”内市场经济主体之间争议解决机制的处理，首先必然面对的就是法律适用的问题。自贸区法制框架在未来将形成独特体系，相关纠纷处理的法律适用将会有所差异。在“自贸区”内争议解决的法律适用，可以在适用中国法的一般原则下，对其中大部分规定仍较为宽泛的法律，在实践中进一步细化。

（一）准确界定涉自贸区民商事纠纷的范围

何为涉自贸区案件？这是开展该类案件审判首先要回答的一个问题，也是受到普遍关注和讨论的问题。自贸区法庭挂牌时发布的受案范围是结合自贸区创新改革的定位和特点的，主要以审理与自贸区相关联的民商事案件为主，具体包括与自贸区相关联的投资商贸、金融、知识产权及房地产案件，并根据自贸区建设和运行实际作相应调整。[2] 从自贸区案件看，未就“涉自贸区案件”给出具体明确的标准，只以“与自贸区相关联”作笼统表述。有观点认为，这种标准可参照我国法律和司法解释关于民事关系“涉外”的界定标准来判断案件是否属“涉自贸试验区”，即当事人一方或双方住所地、经常居住地在自贸试验区内；或者标的物在自贸试验区内;或者产生、变更或者消灭民事关系的法律事实发生在自贸试验区内。[3] 自贸区作为国家制度创新"试验田"的一个特殊区域,并非一个纯粹的地理概念。上述标准具有一定的合理性,采用此标准亦易于对相关纠纷进行识别,但其未能体现自贸区的特点。区内与区外,属功能与制度方面的差别,而非空间的差别,如简单类比涉外标准来判断纠纷是否属涉自贸区纠纷则显得有些宽泛。在上海市第一中级人民法院于 2014 年 4 月 29 日对外公开发布的《审判指引》中,参照最高人民法院《关于适用〈中华人民共和国涉外民事关系法律适用〉若干问题的解释(一)》,将法律关系的主体、客体、法律事实作为区分的主要标准,规定"当事人一方或双方,公民的户籍地或经常居住地在自贸试验区内的或法人、其他组织的住所地在自贸试验区内的;诉讼标的物在自贸试验区内的;产生、变更或者消灭民事关系的法律事实发生在自贸试验区内的;被诉行政行为的合法性审查涉及自贸试验区相关法律规定适用的"案件属于涉自贸区案件。

(二)审理涉自贸区案件遇到法律法规无规定时该依照何种原则

审理涉自贸区案件时,遇到法律法规没有规定时该依照何种原则?《审判指引》共计 100 条,在厘清涉自贸区案件内涵外延的同时,对新类型合同的解释作出规定,明确加大知识产权保护的导向和配套举措。随着自贸区的建设发展,如何把握好法律关,如何用新的或正在改革的政策和法律为自贸区发展提供支持和保障,成为法院系统亟须解决的重要课题。

审理涉自贸区案件时,往往会遇到法律、法规没有规定或需要协调法律与政策规定的情况。《审判指引》从审判实际出发,将鼓励创新、依法审判原则与防范风险相结合原则、审判质量与效率统一原则确立为涉自贸区案件的审判原则,确保案件审理过程中在能正确把握审理方向的同时,对法官的自由裁量权进行合理规范。而且,在审判机制上也有所改革创新,在成立自贸区案件专项合议庭的基础上,针对不同类型案件的专业需要,将打破审判庭界限,跨审判庭约请法官临时加入专项合议庭审理案件。

(三)自贸区案件中合同纠纷所占比例与合同纠纷的新问题

从自贸区纠纷的现状可窥当前涉自贸区纠纷的主要特点为:合同纠纷占有相当大的比例。

据不完全统计(上海法院审判信息系统显示),2013 年浦东法院受理的涉自贸区所涵盖的上海外高桥保税区、上海外高桥保税物流园区、洋山保税港区和上海浦东机场综合保税区等 4 个海关特殊监管区域的民商事案件 575 件,其中商事 330 件、金融 41 件、房地产 22 件等。商事案件中合同类的纠纷偏多,330 件商事案件中买卖合同纠纷、服务合同纠纷和航空货运代理合同纠纷分别占 38%、21%和 18%,另有若干股东出资纠纷、股权转让纠纷、加工合同纠纷、修理合同纠纷。41 件金融案件中金融借款合同纠纷占 66%。22 件房地产民事案件中房屋租赁合同纠纷占 60%,另有若干房屋买卖合同纠纷、建设工程施工合同纠纷案件(因受限于审判信息系统查询统计功能,目前只可统计出自贸试验区内注册企业涉诉案件数)。[4](P83)

针对自贸区内出现的法律新问题,《审判指引》分门别类进行了明确和界定。《审判指引》提出应根据国际交易的惯例,结合当事人的约定,公平、合理地分配合同当事人的权利、义务和风险。针对新类型的无名合同,在自贸区应另作立法规制,有关法律法规亦应暂时调整实施。自贸区特有的案件,使得在法律适用上产生了特殊性。法律的滞后性、稳定性与改革的多变性之间的矛盾与自贸区创新模式及案件审理难免存在着不协调性。法院由此面临着改革创新前的“立法真空期”,并带来该类案件适用法律的特殊性,亦是民商事审判所产生的新议题。如负面清单管理模式下投资合同的效力认定;企业工商登记“先照后证”模式下已有照未获证时经营行为效力的认定;交易主体间权利义务、民事责任的确定问题等。法律新问题不断呈现,在这种特殊时期更应依法合理解决纠纷问题。

从合同案件的管辖来看,根据民事诉讼法规定的约定管辖,各类合同纠纷的管辖可能有原告住所地、被告住所地、合同履行地、合同签订地、标的物所在地供当事人选择。如果原告在自贸区内,被告不在自贸区内或合同签订地等亦不在自贸区内,而当事人很可能约定了被告住所地或合同签订地法院管辖,而在协议管辖均有效的情况下,就意味着全国各地法院均可能受理涉及自贸区的案件,这就产生一个新问题即涉自贸区案件管辖的分散化,使纠纷的法律适用、高效处理等问题面临严竣的考验。

(四)涉自贸区合同案件审理中关于合同效力的预先确定及法律释明

最高人民法院以司法解释规定法院可通过行使释明权的方式来保障合同效力的预先确定。最高人民法院《关于民事诉讼证据的若干规定》第三十五条规定:“诉讼过程中,当事人主张的法律关系的性质或者民事行为的效力与人民法院根据案件事实作出的认定不一致的,人民法院应当告知当事人可以变更诉讼请求。”最高人民法院《关于审理买卖合同纠纷案件适用法律问题的解释》第二十七条规定:“买卖合同当事人一方以对方违约为由主张支付违约金,对方以合同不成立、合同未生效、合同无效或者不构成违约等为由进行免责抗辩而未主张调整过高的违约金的,人民法院应当就法院若不支持免责抗辩,当事人是否需要主张调整违约金进行释明。”规定和解释充分注意到了合同效力预先确定在合同纠纷案件审理中的必要性,对于指导自贸区涉及合同效力的合同纠纷案件的审理具有十分重要的意义。

健全的程序保障包括建立一个对合同效力认定适用法律的释明,如德国民事诉讼法亦规定了法院应当就法律关系性质向当事人释明,通过对合同效力认定的中间判决以及对合同效力认定中举证责任分配及举证事项的告知三位一体的制度体系,来保障合同效力的预先确定,从而实现合同纠纷案件审理中的实质意义。[5]在现行民事诉讼中,虽应当承认法院对法律适用的最终决定权,但并不能由此剥夺当事人对法律适用的参与权,法院可就法律适用向双方当事人开示,与双方当事人就法律适用、法律关系的构成等问题进行充分讨论,并给予当事人陈述意见的机会,如果法院在法律认识上与当事人存在不同的理解,法院也应当向当事人释明,并给予当事人陈述意见的机会。法院和当事人之间可就法律问题展开充分的讨论和交流。在审理涉自贸区的合同案件时,可遵从合同效力的预先确定及法律释明的原则,并在审理该类案件时,对合同效力需要补正的,应告知当事人合同效力补正的举证事项。由于我国目前尚未专门就合同效力问题制定司法解释,有关合同效力补正的规范散见相关司法解释之中,法院如果不在审理中予以明示并告知举证责任,当事人很可能因不知道合同效力的补正而丧失合同效力正常状态下的实体权利。如最高人民法院《关于审理建设工程施工合同纠纷案件适用法律问题的解释》第五条规定:“承包人超越资质等级许可的业务范围签订建设工程施工合同,在建设工程竣工前取得相应资质等级,当事人请求按照无效合同处理的,不予支持。”

（五）妥善审理各类涉自贸区的合同案件

人民法院在审理涉自贸区合同案件时应坚持理性的能动司法宗旨，形成良性互动，在妥善审理这类合同案件的基础上，向立法机关提出合理的司法建议，并做好对策建议和风险提示工作。

涉及未经审批的投资合同案件，从法律关系主体上看，对于未经审批的投资合同的效力问题可以这样认为，其合同虽成立但未生效，不能据此合同约束双方当事人。双方当事人在有条件申报的条件下，应当由申报义务方继续履行申报义务；不具备申报条件或申报未经批准的，应依据具体情况认定各方责任。[6]

另外，应把握好下面几类合同纠纷的审理：

妥善审理涉自贸区股权转让合同纠纷。对于当事人进行的投资，后又将其持有的该投资转让给其他当事人，在其违反股权转让合同义务的情况下，人民法院应依法判决其承担违约责任。但如果合同约定的违约金标准过高，人民法院可依据《中华人民共和国合同法》第一百一十四条第二款的规定进行必要的合理调整，以尽量维护当事人的权益和继续经营能力。

妥善审理涉自贸区的工程承包合同纠纷及买卖合同纠纷。如当事人订立了合同承包自贸区工程项目，然后将其中部分工程转包给其他单位。其中一些贸易往往未签订书面买卖合同。合同履行完毕后，人民法院应根据案件证据证明的实际履行情况，从诉讼节约原则出发，认定供方与买方之间直接存在买卖合同关系并已实际履行完毕，避免供货方利用缺乏书面合同的交易漏洞重复受偿从而投机获利。

涉自贸区金融合同案件的审理相对于一般合同案件的审理也有其特殊之处。金融制度改革是自贸区先行先试的重要内容之一。《审判指引》出于鼓励创新的考虑，规定自贸区内的金融创新活动如遇到尚无相应的法律、法规对此作明确规定，但属于相关主管部门关于推进自贸区建设的保障意见等规范性文件所准许事项范围的情况，应在维护金融秩序和保障金融市场安全的前提下，充分尊重当事人之间的约定。同时，又分别针对银行、保险、证券业的金融创新明确了审查标准。

四、结语

诚然，我们所关注的议题是一个新生事物，但也符合认识论的一般规律。改革是一个系统工程，在“自贸区”内争议解决的法律适用，可以在适用中国法的一般原则下，以冲突法为基本依据，充分考虑涉外争议所涉全球性、区域性国际公约、惯例的适用。对于商事主体，或许可以根据双方当事人的自愿选择，更加宽泛的适用外国法、国际公约、国际惯例，由此可促使一些商事合同案件的裁决更加符合现有国际惯例，或减少当事人因缺少对一国法律的理解，而对法律理解产生偏差及担心结果的不可预测性。市场经济是法治经济，应保障合同自由，国家对自贸区相关制度创新可进行授权立法。自贸区作为试验区，在允许先行先试的情况下应充分发挥试验区的功能，各类法律法规的适用也需要一定时间来逐步修正。

自贸区要吸引企业入驻，其市场必须符合于现有国际交易惯例、行业惯例，换个说法，就是必有能吸引企业入驻的理由。但另一方面，开放的同时还必须要有秩序。由此而言，“自贸区”内建立一个更加可融合于国际化的法治环境是非常必要的。自贸区的改革说到底是法律规则的改革，作为试验区，其将体验不同的规范体系，所以重新掌握相关法律规则以及与别处不同的政策度，对法官来说也是需要专门求索方可做到的，绝非易事。[7]十八届三中全会之后，自贸区总体方案中诸多措施已经上升到三中全会改革指导方案的高度，因此如何理解自贸区的制度创新以及如何实现其复制、推广显得尤为紧迫。随着后续一些政策的出台，法律新问题还会不断出现，法制环境规范需要“有法可依”，应更好地完善立法以规范自贸区的秩序，使市场主体行为有指引，亦使自贸区发生的纠纷得以消解。对此，有必要借鉴法治发达国家的法律，在纠纷处理机制上应当率先与国际接轨，创新纠纷解决方式，增强国际辐射力，采取司法优势互补策略，在不断总结经验的基础上，体现其司法独立公正、高效便捷的特点。在审理自贸区各类合同纠纷时，应更好地融入商法理念和思维，对于自贸区的法律适用，以正确确定合同效力、维护交易的稳定和安全为要求。针对自贸区合同案件的特殊性及适用法律的复杂化，形成对此类案件特有的自贸区审判规则以引导市场秩序的建立。

参考文献：

[1] 吴曼琳，艾宝俊. 自贸区改革试验二至三年，今年提出 98 项措施[EB/OL]. [2013-12-22]. http://www.mjshsw.org.cn/shmj2011/node713/u1ai1769548.html.

[2] 郝洪. 上海自由贸易区法庭挂牌[N]. 人民日报，2013-11-06(04).

[3] 许凯. 关于自贸区司法保障的几点意见[EB/OL]. [2014-09-30]. http://www.mjshsw.org.cn/shmj2011/node713/ulai1769548.html.

[4] 包蕾. 涉自贸试验区民商事纠纷趋势预判及应对思考[J]. 法律适用，2014(5).

[5] 张华. 合同效力预先确定的必要性及其程序保障[J]. 人民司法，2014(11).

[6] 于健龙. 论外商投资合同法律效力争议解决[J]. 时代法学，2012(2).

[7] 缪因知. 上海自贸区可设级别较高法院[N]. 法制晚报，2013-10-11(43).

（责任编辑：陆璐）

健全行政执法检察监督：从问题到对策

"行政执法检察监督制度研究"课题组*

摘　要　我国现阶段的行政执法监督存在着立法缺失、流于形式和软弱无力三个方面的问题。在此背景之下，健全行政执法检察监督显示出一定的必要性，它一方面具有实现权力制衡、促进经济社会发展和保障人民群众合法权益等方面的价值与意义；同时另一方面，依法治国的良好形势、检察力量的显著发展和行政执法检察监督从诉讼检察监督中的已然延伸，也在一定程度上为在我国构建行政执法监督提供了可行性。对此，我们在具体实施中可以从赋予行政执法的检察监督权、明确行政执法检察监督的原则、设计行政执法检察监督的方式以及提高检察机关业务创新能力等方面加以展开。

关键词　行政执法检察监督　依法行政　检察监督权　监督原则　监督方式

《中共中央关于全面推进依法治国若干重大问题的决定》(以下简称《决定》)把加强对权力的制约和监督作为社会主义民主政治建设的重要任务，明确提出推进司法制度改革、完善检察监督机制，从建立督促起诉制度、完善检察建议工作机制等入手，全面推进依法治国，努力建成社会主义法治国家。然而，法治国家的建设与社会主义和谐社会的构建，有赖于法治政府和行政法治建设目标的达至，其重点在于行政机关能够遵循行政法治的要求，切实地做到依法行政，而行政机关能否做到依法行政的关键又在于其能否受到有效的监督。

一、我国行政执法监督存在的主要问题

行政执法监督，是指负有监督职责的国家机关及有监督权的媒体、社会公众对于行政执法主体实施的行政执法行为是否符合行政法律规范进行监察和督促，并对违法行为予以纠正的活动。[1](P95) 在我国，虽然行政执法行为既要受到来自行政机关的内部监督，也要受到来自国家权力机关、司法机关、媒体以及社会公众的外部监督，但这些监督方式都存在一定的缺陷和不足，作用极其有限。具体来说，这主要包括如下方面：

（一）行政执法监督的立法层面存在缺失

当前我国行政执法监督呈现碎片化，相关立法散见于《宪法》《行政复议法》《行政诉讼法》《监察法》以及地方法律规范文件中，例如人大及其常委会依据《宪法》行使监督权，行政

* 2015年东海县人民检察院重点研究课题《行政执法检察监督制度研究》阶段性成果。主要执笔人：宋金玲，江苏省东海县人民检察院党组书记、检察长，课题组组长；王龙绪，江苏省东海县人民检察院党组成员、副检察长，课题组副组长；吴恒兵，江苏省东海县人民检察院行政检察科科长，课题组成员；王贺，江苏省东海县人民检察院干警，课题组成员。

机关内部依据《行政复议法》和《监察法》行使监督权，司法机关依据《行政诉讼法》行使监督权。与此同时，人民检察院作为国家专门法律监督机关，现行法律并未对检察机关行政执法监督的范围、内容、方式方法等作出明确规定，检察机关的行政执法监督权仅限于《行政诉讼法》中对判决、裁定及部分调解书的抗诉权和检察建议权，除此之外，再无其他法律授权，这与人民检察院国家法律监督机关的定位不符，与《中共中央关于全面推进依法治国若干重大问题的决定》关于检察机关对行政机关行使职权或者不行使职权进行制约和监督的要求相悖。

（二）行政执法内部监督流于形式

行政执法的内部监督，是建立在行政权本身的可分立性和相互制约的基础之上的，是行政机关系统内部的自我监督。目前，各级行政机关的内部监督主要是依靠监察部门和行政复议两个方面。根据我国《行政监察法》第 2 条之规定，“监察机关是人民政府行使监察职能的机关，依照本法对国家行政机关、国家公务员和国家行政机关任命的其他人员实施监察”。但事实上，监察机关派驻到各行政机关的监察室早已成为该机关的内设机构，人员混同，不能或者不愿履行监督职责。同时，另一方面，对于行政复议监督模式，由于复议机关和被申请复议机关是上下级之间的关系，因而复议机关往往更加情愿作出维持决定，它也因而被批评为“是既当球员又当裁判员的做法，是自我裁判，是行政自制理念的延伸，只能倚重于自律作用发挥功效，显然不能被寄予厚望”。[2](P295)

（三）行政执法外部监督软弱无力

行政执法行为的外部监督主要有人大监督、党内监督、人民法院的行政诉讼监督以及来自新闻媒体和社会公众的监督。首先，是人大监督，根据《宪法》以及《各级人民代表大会常务委员会监督法》的相关规定，人大监督是最具权威性和效力性最高的监督。但是，一直以来，由于在体制、监督机制和监督方法上的种种原因，人大监督有名无实，只有象征意义，并未发挥应有的监督作用。更为甚者，人大监督的定位也以抽象行政行为为主，这一点和党内监督相类似。再就是人民法院的行政诉讼监督，由于特殊国情所致，在我国司法和行政的关系仍有些许暧昧，受传统官本位以及权力本位的影响，行政权在我国政治社会中一直扮演着极其重要的角色，故司法权通常会沦为维护政府权威的工具，这一点从历年“民告官”案件进入诉讼法律程序并最终获致司法公正的数量便可一窥究竟。同时，由于法院对行政机关行政行为的司法审查仅限于合法性审查，故行政诉讼受案范围极为有限，致使法院对行政执法行为的监督范围也十分有限。加之法院自身独立性、法官素质、司法裁判权威性等原因，法院的行政执法监督几乎沦为空谈。最后是媒体监督和群众监督，新闻媒体和社会公众的行政执法监督具有无组织性和偶然性，导致其只能成为监督的补充。在我国，由于独立性差和保障不足等原因，媒体监督不具有现实意义；同时，广大群众的监督意识也很淡薄，监督渠道不畅，监督能力有限，且显得十分松散和乏力。[3](P74)

二、健全行政执法检察监督的必要性和可行性

依法行政的精髓是制约和监督国家行政机关及其工作人员。行政权的监督制约不健

全，就不可能实行依法行政，也不可能有法治政府。鉴于我国行政执法监督存在上述诸多问题，在目前我国行政执法监督运行不畅的情况下，确认并强化检察机关对行政执法活动的检察监督职能，或许才是破解行政执法监督不力的出路。

（一）健全行政执法检察监督的必要性

要实现我国行政法治和法治政府建设目标，除了靠行政机关的自我约束之外，更重要的是构建起严密的行政执法监督体系，建立起一套行之有效的行政执法监督规范，以通过各种途径和方法对行政执法活动进行监督和控制。事实上，行政机关的自我约束并不牢靠。"权力导致腐败，绝对权力导致绝对腐败""一切有权力的人都容易滥用权力，这是万古不变的一条经验"都已成为关于权力属性的经典教义。作为一种公权力，行政权也天然地具有扩张性、侵犯性和腐败性。[4](P53) 相比之下，只有建立健全检察机关行政执法监督体系，强化并完善行政执法监督规范，才能对行政机关形成有效的监督，才能实现行政机关依法行政，从而满足行政法治要求。

1. 健全行政执法检察监督是实现权力制衡的必然要求

权力制衡即是通过内部和外部监督的方式，有效制约权力滥用和扩张，确保权力得到正当运行。当前，我国对行政权的内部监督主要是行政复议和来自内设监察机构的监督，这种内部监督因为历史和现实因素的影响，往往给人一种行政机关既当运动员又当裁判员的不良印象，实际监督效果并不理想。

行政权的外部监督主要包括人大监督、人民法院的行政诉讼以及党内监督。作为最高国家权力机关，人大监督具有最高权威和最高法律效率，但人大监督的对象一般不针对具体行政行为，且具有不连续性，这就在一定程度上弱化了人大监督力度。行政诉讼是人民法院通过审理行政诉讼案件，对行政行为进行审查的一种监督方式。根据"不告不理"的原则，这种监督模式具有被动性，且作为审判机关的人民法院，法律定位限制了其监督职能的发挥。至于党内监督，更多的是偏重于组织和纪律监督，一般也不涉及具体行政行为，这一点类似于人大监督。

有鉴于监督力量的缺失，作为国家专门法律监督机关的检察机关应声而出，一方面，从内部，检察机关可以监督行政机关的具体行政行为，督促其依法履职；同时另一方面，从外部，检察机关可以通过诉讼监督有效弥补审判监督的被动性的不足。

2. 健全行政执法检察监督是维护经济社会发展的必然要求

当前我国经济增速呈现下行趋势，社会结构正处于调整时期，来自各方面的矛盾大量涌现，这对各级政府行政执法提出了更高的要求。作为国家法律、法规的捍卫者和执行者，行政机关是保障国家经济秩序正常运行和社会良性循环的重要力量，是国家与人民群众密切相连的桥梁。一旦让行政权突破监督制约的牢笼，天生具有扩张性的行政权必将严重冲击社会秩序，届时不但个人诉求无法得到保障，即便是国家和集体利益也将无人主张诉权，公权力的滥用必将引发社会矛盾，影响和谐社会建设。

3. 健全行政执法检察监督是保障人民群众合法权益的必然要求

监督制约不健全直接导致部分行政机关不作为或乱作为。个别行政主体在实施行政处罚、行政许可、行政强制等具体行政行为时，因为缺乏监督，往往"重实体、轻程序"，不严格依照法定程序办事，随意执法，侵害了行政相对人的合法权益。如行政处罚过程中，一些执法人员执法时不出示证件；扣押物品不开具清单；调查取证程序违法；与行政相对人就处罚额度讨价还价等。这些问题看似小事，实则不然，如果处理不好，必将严重影响政府形象和社会和谐。在此，通过检察机关履行行政执法检察监督权，不仅从心理上警醒那些潜在的违法不作为和乱作为的行政行为执法人员，还可以通过检察权及时介入具体行政行为来纠正其违法之处，以保障公权力的正确行使和人民群众的合法权益。

（二）健全行政执法检察监督的可行性

1. 依法治国的大好形势和检察力量的发展为健全行政执法检察监督提供了可能。不可否认的是，我国现行《人民检察院组织法》取消了 1954 年《人民检察院组织法》中所规定的检察机关的"一般监督权"，公民、单位的一般违法行为和行政机关的一般违法行为不再属于检察院的法律监督范围。而且，相应地，1982 年宪法删去了 1954 年宪法的如下规定，即"中华人民共和国最高人民检察院对于国务院所属各部门、地方各级国家机关、国家机关工作人员和公民是否遵守法律，行使检察权。地方各级人民检察院和专门检察院依照法律规定的范围行使检察权"。前述立法事实从表面上看来是立法者有意排除检察机关行使行政检察权，但从整个立法体系来看，则应做相反解释，如《宪法》第 129 条和《人民检察院组织法》第 1 条均规定："中华人民共和国检察院是国家的法律监督机关"；再如现行《行政诉讼法》第 93 条规定各级人民检察院对相应人民法院的行政判决、裁定以及调解书具有抗诉权；此外，党的十八届四中全会通过的《中共中央关于全面推进依法治国若干重大问题的决定》对合理配置权力，推进检察改革做了重要的部署，其中"检察机关在履行职责中发现行政机关违法行使职权或者不当行使职权的行为，应当督促其纠正"，阐明了检察机关对行政机关行使职权或者不行使职权进行制约和监督。由此可见，健全行政执法检察监督是依法治国的大势所趋。同时，和 1978 年检察机关重建相比，人民检察事业经过 30 多年的发展，在硬件设施、技术能力、人员队伍等方面都取得了长足进步，已经有足够的力量开展行政执法监督。[5](P64)

2. 既有的诉讼检察监督已经延伸出行政执法检察监督的内容。诉讼监督是指检察机关依照法定程序对诉讼活动中的违法行为进行监督纠正，以维护法律统一正确实施的一系列诉讼活动。检察机关的诉讼监督职权派生于法律监督权，是法律监督的重要组成部分。从具体业务实践来看，检察机关诉讼监督本身已衍生出了行政执法监督的内容。具体言之，在刑事诉讼监督中，检察机关职务犯罪侦查部门对国家机关工作人员的职务犯罪行为进行侦查，自然会涉及对国家机关工作人员行为合法性的判断。而就查办案件过程中发现的问题向有关机关提出检察建议，同样也体现了检察权对行政权的监督。侦查监督部门有权监督要求行政机关及时移送犯罪线索，并通过建立行政执法与刑事司法衔接机制，检察权也已延伸至行政执法领域。驻所检察部门除对刑事看守所、监狱进行监督外，还有权对行政拘留所进行监督。行政诉讼监督从实质上看，也是对进入诉讼领域的行政执法行为进行的监督。目前，民行检察实践中存在的促进行政机关履行职责的做法，也为推行行政执法检察监督奠定了实践基础。

三、健全行政执法检察监督的对策

党的十八届四中全会通过的《中共中央关于全面推进依法治国若干重大问题的决定》明

确要求:“检察机关在履行职责中发现行政机关违法行使职权或者不行使职权的行为,应该督促其纠正”;“完善对涉及公民人身、财产权益的行政强制措施实行司法监督制度”;“探索建立检察机关提起公益诉讼制度”。但是,检察机关对行政执法检察监督的职责履行,首先需要相应的权力赋予。

(一)赋予检察机关行政执法检察监督权

1. 赋予检察机关对涉及人身自由的行政强制措施、行政处罚活动的介入审查权

由于行政强制措施或行政处罚活动是以限制或剥夺行政相对人人身自由为代价,因此,行政主体在行使权力的过程中,必须遵守比例原则,使行政手段与行政目的保持适当的比例。检察机关对限制、剥夺人身自由的行政强制、行政处罚进行监督时,可以不拘泥于事后监督原则,因为一旦行政主体行为违法,将会直接侵害行政相对人的人身自由权利,其造成的结果将无法挽回。因此,可以通过立法确立检察机关的监督审查权,保障行政相对人在得知将被施以限制、剥夺人身自由的行政强制行政处罚活动时,可以向检察机关检举控告,而在符合法定条件下,检察机关可以受理并启动监督审查程序,即由检察机关对该行政强制、行政处罚活动的合法性进行审查,并将审查结果告知申请人和被申请人。

2. 赋予检察机关提前介入涉罪行政处罚案件的权力

对于案情重大、可能涉嫌犯罪的案件,行政机关应当及时向检察机关通报和备案;对于符合《行政处罚法》以及国务院《关于行政机关移送涉嫌犯罪案件的规定》应当移交公安机关的涉罪案件,行政机关应主动移送公安机关予以刑事立案,同时将移送涉嫌犯罪案件的情况通报检察机关,以便检察机关对公安机关的立案活动进行监督。

为便于检察机关对行政执法行为中是否存在以罚代刑的审查,可以在相关立法中明确规定:对于案情重大、可能涉嫌犯罪的案件,行政机关在查处过程中应及时向人民检察院通报和备案,并可以就涉嫌犯罪的标准、证据的固定和保全等问题进行咨询。人民检察院应当认真研究,及时答复行政机关的法律适用问题。检察机关还要定期向行政机关通报和反馈刑事立案监督、批捕、起诉行政犯罪案件的情况。此外,对于行政机关将案件移送公安机关的具体条件、方式以及移送的期限、不依法移送和不依法接受移送的法律责任等都应当确立可操作性的规定,以便于检察机关监督。由此,使得检察机关能够对行政执法行为同步实施监督,使行政机关在行政违法行为同时构成行政犯罪时,必须将案件移送公安机关,而不能以罚代刑。

对于行政机关已经移送公安机关的涉嫌犯罪案件,检察机关应当跟踪了解公安机关的立案情况。对于公安机关未及时受理或者立案的,应当依法开展立案监督,督促公安机关在法定期限内依法受理或者立案侦查;对立案后久侦不结的案件,要加强督促;在审查批准逮捕过程中,必要的时候,人民检察院可以派人参加公安机关对于重大案件的讨论,协助公安机关及时侦结案件。此外,行政机关对公安机关不接受所移送的案件的,或对公安机关不予立案的决定有异议的,也可以建议检察机关进行立案监督。

对于行政机关不移送涉嫌犯罪的案件,有关单位、个人举报或者群众反映强烈的,检察机关应当有权介入行政机关的执法活动,向行政机关查询案件情况。检察机关认为行政机关掌握了需要移交的犯罪线索,应当向行政机关提出检察意见,建议其按照管辖规定向公安机关移送涉嫌犯罪案件,行政机关应当反馈落实情况。行政机关仍不移送的,检察机关应将

情况书面通知公安机关。公安机关经过审查，认为有犯罪事实需要追究刑事责任，且属于公安机关管辖的，应当立案侦查。

3. 赋予检察机关对行政机关的案卷调阅权

为保证检察机关能够实质化地介入行政机关的执法活动，作为配套措施，应当赋予检察机关对行政机关的案卷调阅权，以确保检察机关能够及时了解行政机关掌握了哪些证据以及后者做出的处理是否得当，同时能够防止证据灭失，并便于对相关人员的渎职犯罪进行调查。

检察机关的法律监督是外部监督，所以对行政行为的过程不能够加以干涉，只能调取案卷。同时，如果行政机关对案件的处理仅涉及到合理性问题，而没有违法，检察机关不能启动移送监督程序。因此，法律法规应当赋予检察机关对行政机关案件处理结果的调查权、对不移送理由的质询权和对违法不移送的检察建议权三个基本部分。这种调查权是监督权本身的组成部分，是与监督权同时存在的。检察机关具体的调查措施，如案卷调查权，能够确保检察机关及时了解执法机关是否掌握了犯罪线索。

4. 赋予检察机关提起行政公益诉讼的权力

对行政机关违法行使职权或者不作为，侵害国家和社会公共利益的案件，由于与公民、法人和其他社会组织没有直接利害关系，使其没有也无法提起公益诉讼的，应当由检察机关提起诉讼，保护公共利益。检察机关提起行政公益诉讼的呼声一度很高，但今年5月1日修订后正式实施的《行政诉讼法》并未将这一制度纳入。不过，《中共中央关于全面推进依法治国若干问题的重大决定》明确提出，“探索建立检察机关提起公益诉讼制度”。《决定》无疑对赋予检察机关提起行政公益诉讼的权力给出了最高指示。

而在当前探索阶段，检察机关的公益诉讼权应在以下几类案件上尝试行使：国有资产流失等损害国家利益的案件；污染环境、资源破坏的公害案件；破坏公平竞争的垄断案件；违法行政导致的土地资源浪费案件。为了防止检察权的滥用，同时为了节约司法资源，建议将检察建议程序设置为行政公益诉讼的前置程序[6](P37)，即先向行政机关提出书面检察建议通知其依法履行自身职责，并给予行政机关以自我纠正的合理期限；如果行政机关对建议置若罔闻或检察机关对其答复有异议的，可以向法院提起行政公诉。应该注意的是，这里的检察建议作为检察机关提起行政公益诉讼的前置程序应是原则性而非强制性规则，而在少数情况下，如果不及时提起诉讼，可能导致证据难以保存、公共利益遭受巨大损失等情况时，可以直接以行政公益诉讼进行监督。

5. 赋予检察机关对拒绝移送刑事案件的行政执法人员的建议处分权

检察机关对行政机关不移送涉嫌犯罪案件，或者明知违法行为构成犯罪而故意作为一般行政违法行为对行为人先行适用了行政处罚的，有权要求乃至于责令行政机关将案件移送司法机关作为刑事案件予以立案。经要求或者责令而行政机关拒绝移送的，可建议监察部门或上级行政机关对不移送案件的行政机关主管人员和直接责任人员予以行政处分。实践中，行政机关对涉嫌犯罪的行政处罚案件故意不移送，背后往往隐藏着行政机关人员涉嫌贪污、渎职等犯罪问题，故检察机关应及时进行监督，发现行政执法人员涉嫌职务犯罪的，要及时督促立案查处，追究其刑事责任，以保证行政机关严格履行将在查处行政违法活动中发现的犯罪案件及时移送司法机关的义务。

（二）明确行政执法检察监督的原则

1. 坚持依法规范监督原则。检察机关实施行政行为法律监督应遵循“参与不干预、引导不主导、监督不失职、配合不越位”指导思想，确保依法规范监督。一是检察机关行使行政执法检察监督权力本身应该具有合法性，要按照法律规定的方式、范围、程序进行监督，不能超越法律的规定，越权监督、随意监督；二是检察机关在对具体行政执法行为进行监督中，必须依据宪法和法律的规定来判断行政机关是否违法；三是检察机关应该建立完备的行政执法检察监督体系，确定监督工作流程，将行政执法检察监督权置于具体框架之内，使行政执法检察监督有序进行。

2. 坚持合法性审查原则。检察机关的宪法定位是法律监督机关，对行政行为的合法性监督是检察监督应有之意。[7](P19)但检察机关开展行政执法检察监督仅限于对行政执法行为的合法性审查，而对行政行为的合理性则不宜列入检察监督的范围，一方面因为行政机关长期处理行政事务具有专门经验，能够合理考虑相关因素作出恰如其分的决定；另一方面行政自由裁量权是行政机关依法享有的专属权限，对其行使的合理性问题一般情况下行政权以外的公权力不得干涉。

3. 坚持适时监督原则。适时监督原则核心是“事后监督为主、事中监督为辅”。检察机关行使行政执法检察监督权应充分考量行政行为的公定力和行政效率，做到“参与不干预、引导不主导”，不宜过度参与具体行政行为的作出过程，更不参与或干涉行政机关的正常执法活动。这是因为检察机关的宪法定位是法律监督机关，而非法律执行机关。检察机关认为某一具体行政执法行为存在违法情形的，应在该具体行政行为作出后及时介入，提出纠正意见。只有当检察机关认为行政执法行为可能存在严重损害国家利益、社会公共利益、引发群体性事件等严重后果等情形时，才可以进行事中监督。[8](P67)

4. 坚持普遍监督与重点监督相结合原则。检察机关实施行政行为法律监督，应该坚持普遍监督与重点监督相结合原则。需要指出的是，这里的普遍监督并不是通常意义上的“一般监督”，是指检察监督要做到面面俱到，不能留有监督死角，形成权力真空。此外，由于行政行为种类繁多，且具有极强的专业性，故在当前行政执法监督探索阶段，从检察机关现有的监督能力和节约司法资源的角度考量，检察机关实施行政执法监督要坚持点面结合、突出重点，讲究方法，集中精力针对重点领域内严重违法的行政执法行为开展监督，以提升检察监督实际效果。

（三）明确行政执法检察监督的监督方式

1. 检察建议。检察建议是检察机关为促进法律正确实施、促进社会和谐稳定，在履行法律监督职能过程中，结合司法办案，建议有关单位完善制度，加强内部制约、监督，正确实施法律法规，完善社会管理、服务，预防和减少违法犯罪的一种重要方式。检察机关发现行政主体或其公务人员的违法行为造成公民的人身、财产及民主权利受到侵害而这种侵害比较轻微没有构成犯罪时，应当对有关行政主体提出检察建议，督促有关行政主体和个人自行纠正违法行政行为；对于行政执法人员涉及违规违纪问题的，检察机关还可以向行政监察部门发出检察建议，以使相关人员受到行政处罚。

2. 行政公诉。行政公诉权，是指检察机关认为行政主体损害或危及国家利益或社会公共利益以及不特定多数人合法权益的行政违法行为，在无人起诉或当事人无法起诉等情况下，代表国家将该行为提交法院进行审判并在诉讼中享有相应权力的一种诉讼活动。行政公诉本质上具有监督性、救济有限性和功能预防性等特征，也具有当事人的特定性、程序的特殊性和判决的扩张性等诉讼特征。检察机关提起行政公诉应该做到既要充分保护公共利益，又要防止浪费司法资源，既要充分赋予公民诉权，又要防止滥诉。为防止社会公共利益受到行政权损害而出现主张权利之主体缺位造成的监督真空，赋予检察机关行政公诉权，代表社会公共利益而对行政执法行为依法进行监督是具有重要意义的。

3. 刑事立案侦查。对于行政主体和公务人员的作为或者不作为行为造成公民的人身权利、民主权利受到侵害或者国家利益、社会公共利益和人民的利益遭受重大损失构成犯罪的，检察机关应当立案侦查，追究有关人员的刑事责任。对行政人员不作为、乱作为涉嫌职务犯罪的行为予以立案侦查的权力，是我国法律赋予检察机关用以监督、制约和控制行政权的一种重要权力。作为一种事后补救方法，通过对行政职务犯罪的有效查处，刑事立案侦查能起到特殊预防的作用，故其是检察权对行政权制约的最有效、最直接的方法之一。

4. 行政审判监督。行政审判监督是检察机关实现行政行为法律监督的重要补充措施。修订后的《中华人民共和国行政诉讼法》第93条规定："地方各级人民检察院对同级人民法院已经发生法律效力的判决、裁定，发现有本法第91条规定情形之一，或者发现调解书损害国家利益、社会公共利益的，可以向同级人民法院提出检察建议，并报上级人民检察院备案；也可以提请上级人民检察院向同级人民法院提出抗诉。"通过提起抗诉这种审判监督方式，对人民法院已经发生法律效力的错误的判决、裁定予以纠正，间接实现对行政行为的法律监督。

四、结语

行政执法检察监督是一项系统工程。党的十八届四中全会赋予检察机关监督行政违法行为新的职责，是党和人民对检察机关的信任与重托，这也预示着党和国家已充分认识到行政执法行为检察监督的重要性。检察机关要抓住历史机遇，对外全面推动检察改革，使检察监督行政执法的权力全面化、具体化和可操作化，对内创新检察监督工作模式，提高自身法律监督能力，不断拓展检察监督途径，充分发挥检察机关对涉及公民人身、财产权益的具体行政行为的监督职能，切实加强人权保障，维护公民合法权益，从而推动法治中国建设。

参考文献：

[1] 钟荣丙.行政执法监督体系的系统构成与完善重点[J].湖北经济学院学报：人文社会科学版，2008(8).

[2] 熊樟林.重大行政决策概念证伪及其补正[J].中国法学，2015(3).

[3] 周海生.行政执法监督体制的制度分析[J].山东省经济管理干部学院学报，2006，14(3).

[4] 王圭宇.行政执法、检察监督与法治政府的实现[J].云南大学学报：法学版，2012(3).

[5] 霍成茹.检察机关行政执法监督的机制构建[J].湖南警察学院学报，2011，23(6).

[6] 胡卫列.论行政公益诉讼制度的建构[J].行政法学研究，2012(2).

[7] 张智辉.中国检察[C].北京：中国检察出版社，2009.

[8] 郑锦春，乌兰.行政执法检察监督的正当性及其机制探析[J].中国检察官，2014(9).

（责任编辑：熊樟林）